基金来源：国家社科基金项目（17BSH141）：文化记忆视阈下老字号工匠精神传承研究。

百年百号：老字号的传承与变迁

王 焯 著

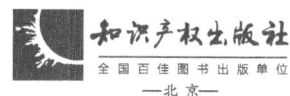

全国百佳图书出版单位

—北京—

图书在版编目（CIP）数据

百年百号：老字号的传承与变迁/王焯著. —北京：知识产权出版社，2020.1
ISBN 978-7-5130-6606-8

Ⅰ.①百… Ⅱ.①王… Ⅲ.①老字号—研究—中国 Ⅳ.①F279.24

中国版本图书馆 CIP 数据核字（2019）第 255704 号

内容提要

本书基于文化人类学和历史学的学术理念，通过文献法、参与观察法、比较分析法和个案分析法等，对中国老字号的传承与变迁历程进行历史性的脉络梳理。由于老字号涉及行业众多，书中仅选取了与我们日常生活息息相关或在老字号发展史中不可或缺的餐饮业、服饰业、工艺美术类、金融业和药业五个行业共计 110 多家老字号进行描述、分析和探讨。全书共分六章，每一章中不仅对各个老字号进行了个案研究，而且对该行业老字号的历史发展特点也进行了综合性的归纳总结。

责任编辑：石红华	责任校对：谷　洋
封面设计：臧　磊	责任印制：孙婷婷

百年百号：老字号的传承与变迁

王　焯　著

出版发行：知识产权出版社有限责任公司	网　　址：http://www.ipph.cn
社　　址：北京市海淀区气象路 50 号院	邮　　编：100081
责编电话：010-82000860 转 8130	责编邮箱：shihonghua@ sina.com
发行电话：010-82000860 转 8101/8102	发行传真：010-82000893/82005070/82000270
印　　刷：北京建宏印刷有限公司	经　　销：各大网上书店、新华书店及相关专业书店
开　　本：787mm×1092mm　1/16	印　　张：16
版　　次：2020 年 1 月第 1 版	印　　次：2020 年 1 月第 1 次印刷
字　　数：270 千字	定　　价：58.00 元
ISBN 978-7-5130-6606-8	

出版权专有　侵权必究

如有印装质量问题，本社负责调换。

序 言

张继焦

王焯同志的《百年百号：老字号的传承与变迁》即将出版，邀我写个序言。

王焯和我都毕业于中山大学人类学系，她算是我的小师妹，2011年初开始参加我主持的全国性老字号调研课题。

《百年百号：老字号的传承与变迁》一书针对老字号企业做专题研究，对我国老字号企业的基础研究进行了补充和完善。全书共分六章，第一章老字号中的酱醋酒茶，第二章老字号中的饭庄酒肆，第三章老字号中的服饰业，第四章老字号中的工艺美术，第五章老字号与金融文化，第六章老字号中的中药与西药等。每一章不仅对各个老字号进行了个案研究（全书涉及的老字号共计110多家），而且对该行业老字号的历史发展特点也进行了综合性的归纳总结。

《百年百号：老字号的传承与变迁》一书以老字号为切入点，从其精美的工艺、坚守的信誉、独特的经营理念和勇于创新钻研的精神等，窥探五彩斑斓的中国经济和社会文化历史，力求为振兴民族经济和文化尽绵薄之力。

《百年百号：老字号的传承与变迁》一书广征博引，援引了大量学者以往的研究成果，可见，作者下了很大的功夫。本书在同类书籍中是一本比较系统、深入研究的学术专著，其中包含了不少作者的独到见解。正如作者在前言所说："中国老字号不仅历史悠久，而且富有旺盛的生命力，是我国工商业发展中孕育的自主品牌，代表着我国传统商业文化的精髓和品质，是'中国制造'质量与信誉的象征，见证着中华商业文明的发展特点与传承脉络,实乃中华传统文化之瑰宝。"

借着《百年百号:老字号的传承与变迁》一书,作为一位研究老字号的同行,我也想谈几点研究的老字号的体会和感想,与本书作者王焯同志、全国各地的老字号研究同行共勉。

经常有人问我:为什么要投入那么大的精力钻研"老字号"?

一、通过"老字号"研究,减少国人的自卑感

最近200多年来,中国由于羸弱,遭到了西方列强的多次凌辱,甚至多次被邻近的小国日本欺负。从懂事的时候开始,我和我的同辈就意识到自己生长在一个贫穷落后的国家。很多国人都觉得中国不如欧美、日本强。虽然最近一些年,中国崛起给了我们很多自信,但在许多国人的内心里,面对欧美、日本,总有一种自愧不如的自卑心理。

我希望,通过"老字号"研究,在一定程度上减少我们国人在商业上的自卑感。由于近代以来,中国经济落后,后来又搞计划经济和"文革",很多国人对中国的商业传统知道得很少,以为自古以来中国就落后,自古以来中国人压根就不如西方人和日本人会做生意。

为了挖掘中国丰富的商业传统和智慧,9年前(2010年11月)我开始萌发搞"老字号"研究课题的设想。经过全国各地30多位调研人员的共同努力、12个省市商务部门或老字号协会领导的大力支持、300多家企业有关领导的积极配合,历经10个月的时间,2011年9月,我们发布了中国第一本关于"老字号"的蓝皮书——《老字号蓝皮书——中国"老字号"企业发展报告No.1》。

到目前为止,我们的"老字号"研究至少回答了两个很重要的问题:

第一,中国企业都"富不过三代"吗?

在中国,"富不过三代"被广泛认为是中国企业很有特色的东西,被称为是家族企业和民营企业的魔咒和怪圈。当前,中国民营企业正处于"创一代"与"富二代"交接班的高峰期,"子女难承父业"已经成为不少民企老总十分"头疼"的问题。

其实,"富不过三代"并非中国特色,全球家族企业普遍面临"穷孙子"问题。西班牙有"酒店老板,儿子富人,孙子讨饭"的说法;葡萄牙

也有"富裕农民——贵族儿子——贫穷孙子"的说法；德国则用三个词"创造、继承、毁灭"来代表三代人的命运。在美国，家族企业传到第二代能够存在的只有30%，传到第三代还存在的只有12%，到第四代及四代以后依然存在的只剩3%了。

目前，"富不过三代"既是中国家族企业"成长的烦恼"，也是中国经济社会发展亟待破解的难题。中国现有的企业并不像有些学者所说的"富不过三代"，都是"短命郎君"，其实，中国有为数不少的长寿型"老字号"企业。

比如，中国的"徽商"，长于唐宋，盛于明清，持续400多年，如今还留下一些"老字号"企业，如至今356岁的张小泉剪刀（1663年）、350岁的王致和臭豆腐（创于1669年）、344岁的汪恕有滴醋（1675年）、214岁的胡玉美酱园（1805年）、145岁的胡庆余堂国药（创于1874年）、144岁的谢裕大茶行（创于1875年）、119岁的张一元茶庄（创于1900年）。

一个企业之所以在数十年、上百年甚至数百年之后还存活下来，成为"老字号"企业，这是一个需要企业界人士认真思考的现实经济问题，也是一个值得学术界研究的科学问题。

我带着针对这个问题的研究成果，2011年11月到日本国立民族学博物馆进行交流，2012年10月到马来西亚新纪元学院进行交流，分别得到了日本和马来西亚两国学者的热烈讨论和响应。

第二，中国作为新兴经济体，是否拥有历史悠久的商业传统？

中国虽然有五千多年的文明历史，近10年前（2010年）已成为世界第二大经济体，但在西方人的眼里，中国还只是一个新兴的经济体。按照西方的逻辑，中国既然是一个新兴经济体，就不会有很悠久的商业传统。由于有"老字号"研究的基础，我觉得，应该向外界，特别是向西方世界，多讲一讲中国悠久的商业传统。

2012年12月，在一个关于"企业和城市发展"的国际会议上，我通过"老字号"的案例分析，阐述了中国作为新兴经济体所拥有的历史悠久的商业传统（比如，广东的陈李济400多年，北京的同仁堂300多年，上海南京路上的老凤祥170多年）。

虽然，中国在2000多年的封建王朝统治中，多是采取"重农抑商"的政策，通常都是"强政府，弱商人"的局面，但是中国历史上有十大商帮。其中，势力最大、影响最远的三大商帮为"晋商""徽商""潮商"，特别是，他们在明代、清代两个王朝曾经活跃了四五百年。最近一两百年来，比较活跃的是上海商人（沪商）、浙江商人（浙商）、广东商人（粤商）、台湾商人（台商）、香港商人（港商）等。

可见，中国人不但不缺乏商业传统和商业智慧，而且还有一定数量的地域性商人群体。

二、研究"老字号"，为各地的城市发展作贡献

在中国，越来越多的城市政府正在保护和开发一些老字号及其所在的老商街，并将其作为激活城市商业活力的方法。如上海：南京路、豫园；北京：大栅栏、前门大街、鲜鱼口街；广州：下九路、北京路、中山五路等。

比如，几年前，北京西城区社科联受西城区政府的委托，已经完成了29个老字号调研课题。这29个老字号调研课题，不但可以梳理西城区老字号谱系、挖掘老字号历史文化资源，而且也可以为西城区的城市规划和"老商街"发展提供一些智力支持。

又比如广州老字号一条街。广州市人民政府于2001年3月25日举行《广州历史文化名城保护条例》施行二周年纪念日暨广州市第一批"老字号"授匾仪式，向首批27家"老字号"授匾。老字号一条街集展示、体验、旅游、购物于一体，为老字号的重振、延续、创新发展搭设载体。选址在越秀区北京路北段及相邻的中山四路、广卫路、昌兴街等路段，首期投资总计约3000万元。老字号一条街一、二期已经整体完工。

再比如，曾经被誉为"十里洋场"的上海南京路，如今被称为"中华商业第一街"而名冠中华，这是因为在这里有着许多的老字号店铺为世人所难忘。从2002年开始，南京路上的老字号企业将向"旗舰店"和"形象店"全面转型，并采用连锁业态向上海全市乃至全国扩张网络，以"旗舰+连锁"的现代商业模式迎接即将到来的冲击波。

在一个城市中，对"老商街"的区域认同，是"老字号"企业在文化

上的一种归属感，商街内的"老字号"企业都认识到，自己属于所在的老商街，"老字号"企业文化与老商街区域文化是相互协调的。"老字号"植根本地"老商街"就是立足本地、扎根本地，可以将自己的战略选择与"老商街"发展甚至城市发展联系在一起。

我于2018年提出一种动态的、新古典的"新功能主义"观点，即把老字号、老商街视为文化遗产，从其在城市复兴中的新价值角度，探索文化遗产的新功能与城市复兴之间的关系。

"老字号"在"老商街"的集聚效应至少包含着两个命题：第一，没有集聚就没有竞争优势。第二，集聚并非简单的企业集中。集聚很多"老字号"的"老商街"具有诸多天生的竞争优势。这也正是各城市政府愿意投资大力保护和发展"老字号"和"老商街"的重要原因。

今后，我们也希望一些城市（如北京、上海、广州、沈阳）政府对我们所做的"老字号"研究给予更多的支持。

今后，我们的"老字号"研究，将注意跟"老商街"和城市发展相结合，为各地城市发展提供更多的智力支持。

是为序。

于北京 中国社会科学院办公室

2018年8月18日修改稿

前 言

中国老字号不仅历史悠久，而且富有旺盛的生命力，是我国工商业发展中孕育的自主品牌，体现了中华商业文明的发展特点与传承脉络，见证着国人自新、自救、自立、自强的执着追求与梦想。它们代表着我国传统商业文化的精髓和品质，是"中国制造"质量与信誉的象征，实乃中华传统文化之瑰宝，具有丰富的历史传统文化内涵和较深远的国内外影响力。

经过岁月的洗礼，老字号不断经历着传承与变迁。有的生机勃勃，有的黯然失色，有的甚至遗憾地退出了历史舞台。2006年，商务部开始实施"振兴老字号工程"。2008年，商务部等14部委联合印发了《关于保护和促进老字号发展的若干意见》。2017年初，中共中央办公厅、国务院办公厅印发了《关于实施中华优秀传统文化传承发展工程的意见》，明确提出支持中华老字号做精做强。商务部等16个部门也颁布了《关于促进老字号改革创新发展的指导意见》。"老字号"振兴工作再次迎来新时代的发展春天。

《百年百号：老字号的传承与变迁》是2015年《中国老字号的传承与变迁》一书的修订版，通过近年来的不断跟踪调查，对部分老字号内容进行了修正和补充。全书共分六章，对餐饮业、服饰业、工艺美术类、金融业和药业五大行业共计110多家老字号进行了个案研究，而且对老字号的行业历史发展特点也进行了综合性的归纳总结。

将老字号作为专题进行描述，既是对中国老字号的基础研究进行完善和补充，也是希望以老字号为切入点，从其精美的工艺、坚守的信誉、独特的经营理念和勇于创新钻研的"工匠精神""企业家精神"等，窥探五彩斑斓的中国经济和社会文化传承历史，希望能有助于老字号企业做精做强,而且可以延伸至其他制造业领域,助推"中国制造"的个性化、质量化、品牌化和创新化。这是弘扬中华优秀传统商业文化的迫切需要,是培育和塑造"中国品牌"的源泉给养,是推动"中国制造"加快走向"精品制造"的时代诉求。

书中援引了大量学者的研究成果。其中有孔令仁、李德征主编的《中国老字号》,该书倾注了全国各地民俗专家们的心血,可谓迄今为止介绍中国老字号情况最全面和翔实的珍贵资料。由段炳仁主编、王红撰写的《老字号》是近年来关于北京老字号兼具学术性和趣味性的著作。同时还参考了曾纵野《中国名酒志》,中国人民政治协商会议北京市委员会文史资料研究委员会编《驰名京华的老字号》,谢牧、吴永良《中国的老字号》,侯式亨编著《北京老字号》,童书业《中国手工业商业发展史》,郑孝时、孔阳《明清晋商老字号》,宋宪章《杭州老字号系列丛书·美食篇》,赵大川《杭州老字号系列丛书·百货篇》,陆峰、陈婉丽、徐敏编《杭州老字号系列丛书·医药篇》和戎彦编著《浙江老字号》等。此外,2011年、2014年、2018年出版的张继焦主编的"老字号"皮书系列,是全国层面上老字号应用研究的代表作之一,作者参与了编写和调研工作,获益匪浅。书中图片来源于王红著《老字号》,赵大川著《杭州老字号系列丛书·百货篇》,陆峰、陈婉丽、徐敏编《杭州老字号系列丛书·医药篇》,郑孝时、孔阳著《明清晋商老字号》及各老字号官方网站、百度图片库、《中国档案报》《广州日报》《长江日报》《南方都市报》和《羊城晚报》等。

"浩渺行无极,扬帆但信风。"寥寥数言道不尽百年百号的跌宕起伏与激越昂扬。笔者才疏学浅,疏漏难免,唯持诚挚与勤勉,敬请各位专家与读者赐教指正,共同绘就中国老字号这幅壮阔画卷。

王焯
于沈阳丁香湖
2019 年 8 月

目 录

总 论 …………………………………………………… (1)

第一章　老字号中的酱醋酒茶 …………………………… (20)
　　第一节　百年酱园 ………………………………………… (20)
　　第二节　传统名醋 ………………………………………… (28)
　　第三节　酿酒作坊与酒厂 ………………………………… (35)
　　第四节　茶庄茶铺 ………………………………………… (49)

第二章　老字号中的饭庄酒肆 …………………………… (63)
　　第一节　传统中餐老字号 ………………………………… (63)
　　第二节　西餐中的老字号 ………………………………… (94)

第三章　老字号中的服饰业 ……………………………… (99)
　　第一节　衣服鞋帽 ………………………………………… (101)
　　第二节　首饰眼镜 ………………………………………… (114)

第四章　老字号中的工艺美术 …………………………… (132)
　　第一节　日用百货 ………………………………………… (132)
　　第二节　笔墨纸砚 ………………………………………… (153)

第五章　老字号与金融文化 ……………………………… (191)
　　第一节　票号钱庄 ………………………………………… (194)

· 1 ·

第二节　现代金融 …………………………………………… (203)

第六章　老字号中的中药与西药 ……………………………… (210)
    第一节　四大中药店 ………………………………………… (213)
    第二节　知名西药店 ………………………………………… (225)
    第三节　其他传统药店 ……………………………………… (229)

附　录　目录索引 ……………………………………………… (242)
参考文献 ………………………………………………………… (244)

总 论

一、老字号的历史沿革

字号,是我国传统称谓文化中的一种独特现象。作为一种对人的称谓方式,早在西周时期便已出现。《礼记》记载说:"男子二十,冠而字。父前,子名;君前,臣名。女子许嫁,笄而字。"[1]可见,"字"对于男子来说,是成年礼中的一个重要标志;对于女子来说,则是人生礼俗中的一个重要环节。"号"则是古人除了"名"和"字"以外的另一个称谓,"往往寄托着自己特定的志向、意向、情感、修养和追求"。[2]

作为商业文化范畴中的字号,则是商品经济发展到一定阶段,市场发达、商业分工细化和商品种类繁多的必然产物。我国商品市场的发展经历了几个阶段,字号的演变与其息息相关。《孟子·公孙丑》说:"古之为市也,以其所有易其所无者。有司者治之耳。"[3]《史记·平准书》注说:"古人未有市。若朝聚井汲水,便将货物于井边货卖,故言市井也。"[4]可见,原始社会只有"市井"一说,以区分同质产品为目的的商业字号自然就没有存在的必要。

西周时期,据《周礼·地官司徒》记述:"司市掌市之治教、政刑、量度禁令。……大市,日仄而市,百族为主;朝市朝时而市,商贾为主;夕市夕时而市,贩夫贩妇为主。"[5]此时,商贸集市已发展至"朝市""夕市",但少有关于字号的记载。西汉时期,商业活动集中在特定的区域,长安城设九市。"为了便于顾客购买,便于官府控制和检查,店铺在市内都按商品种类区别,经营同类商品的,鳞次栉比,各自排成行列,这种行列称为'列'、'肆'、'次'、'列肆'、'市肆'或'市列'。"[6]货品由

"贾人"坐卖,位序并不固定。因此也就没有给自己的商品设字号的意义了。

魏晋南北朝时期出现了专业集市,洛阳城有"金市""阳市""牛马市""大市"和"四通市"等。各行业按品种分地段经营。这时期,商业字号已开始萌芽。北魏时有一商人名叫刘白堕,他"悬帜甚高",很会为自己的酒做广告。据说,南青州刺史毛鸿宾带了他家的酒远赴他乡上任,路遇盗匪,匪徒抢了酒来喝,结果饮之即醉,束手就擒。于是刘白堕便借此事大肆宣传,时人传为"不畏张弓拔刀,唯畏白堕春醪"。可见,刘白堕的酒已经创出了名号。[7]

唐朝时期,我国的经济、社会和文化发展空前繁荣,商业字号也随之出现。虽然在盐、酒和茶方面采取官办专卖制度,但是民间自由贸易的商品种类还是较为繁多,"米市""菜市"和"猪市"等专业集市的发达更为商业字号的产生孕育了丰厚的土壤。"经营者极需一种记得住、叫得响,又能显示商家和产品个性特征的标识、招牌,以拓展市场。"[8]《唐国史补》记载:"蜀中雷氏斫琴,常自品第,第一者以玉徽,次者以瑟瑟徽,又次者以金徽,又次者螺蚌之徽。"[9]这里的"雷氏斫琴"便是当时的知名字号。1957年,对隋唐长安城西市东大街的考古发掘中出土了长约五米、厚约十至三十厘米的陶器层,内出有捺印"刑(邢)娘"两字的陶片。这个"刑(邢)娘"的标记"大约已不属'物勒工名'的性质,有可能标志着商品竞争的意义"。[10]"邢(邢)娘"是以姓氏为字号,这也是我国老字号命名中最早最普遍的方式。

宋代以后,中国老字号的发展随着商品经济的发达而日显蓬勃之势。孟元老著《东京梦华录》中记载:"景灵东宫南门大街以东,南则唐家金银铺、温州漆器什物铺。大相国寺,直至十三间楼。旧宋门,自大内西廊南去,即景灵西宫,南曲对即报慈寺街、都进奏院、百种圆药铺。至浚仪桥大街。西宫南皆御廊杈子。至州桥投西大街,乃果子行。街北都亭驿,相对梁家珠子铺。馀皆卖时行纸画,花果铺席。至浚仪桥之西,即开封府。御街一直南去,过州桥两边皆居民。街东车家炭,张家酒店,次则王楼山洞梅花包子、李家香铺、曹婆婆肉饼、李四分茶。"[11]《梦梁录》中也记述了许多字号,如"彭家油靴、南瓦子宣家台衣……""保佑坊前孔家头巾铺""清河坊顾家彩帛铺"和"沙皮巷孔八郎头巾铺"等。[12]可见当时不仅已经出现了字号,而且大多数字号已经有了固定的店面,前店后厂自主经营。当时的字号名目繁多、种类丰富,多以姓氏命名,却鲜有流传至今者。

元朝时期,集市更加繁华。《析津志》说:"米市、面市。钟楼前十字街西南角。羊市、马市、牛市、骆驼市、驴骡市,以上七处市,俱在羊角市一带。其杂货并在十市口。北有柴草市,此地若集市。近年俱于此街西为贸易所。"[13]虽然元朝时期对民间贸易多有限制,但在元大都(今北京)还是出现了许多品种繁多的店铺,《析津志》在记述钟楼时描绘道:"楼之东南转角街市,俱是针铺。西斜街临海子,率多歌台酒馆。有望湖亭,昔日皆贵官游赏之地。楼之左右俱有果木、饼面、柴炭、器用之属。"[14]许多店铺还具有独特的风俗特点,如"酒槽坊,门首多画四公子:春申君、孟尝君、平原君、信陵君。以红漆阑干护之,上仍盖巧细升斗,若宫室之状。两旁大壁,并画车马、驺从、伞仗俱全。又间画汉锺离、唐吕洞宾为门额。正门前起立金字牌,如山子样,三层,云黄公罏"。[15]

明清时期经济和社会日益繁荣。《光绪顺天府志》记载:"京师市,各时日,在正阳门外者曰银市,曰珠宝市,曰玉器市,在正阳门东者曰估衣市,曰肉市,曰果子市,在南小市者曰皮衣市。在金鱼池西者曰鱼市,在东四牌楼南者曰米市,在东四牌楼西者曰猪市,曰羊市,曰马市,在宣武门外大街南者曰菜市,在虎坊桥西者曰骡马市,在西珠市南者曰拆补市,在东直门外者曰棉花线市,在隆福寺西者曰雀儿市。在德胜门内者曰耍货市,在花儿市西者曰油葫芦市。"[16]

这一时期,我国的商业老字号也随之进入空前繁盛阶段,出现了许多至今为人耳熟能详的老字号。如始创于明朝洪武初年(1377年)的益源庆为我国四大名醋之一,创办于明朝嘉靖九年(1530年)的六必居至今仍是人们钟爱的酱菜小食,诞生于明朝嘉靖末年(1525年)的鹤年堂是北京现存历史最悠久的中药店,还有创办于明嘉靖三十一年(1552年)的厦门怀德居药铺和创办于明万历十年(1582年)的湖北武汉马应龙药店等。这些老字号分布在饮食、服饰、医药和手工艺等行业,与人们的衣食住行息息相关。此后又相继诞生了清和元(1632年)、九芝堂药铺(1650年)、王麻子（1651年）、唐老一正斋药店（1662年）、孙义顺茶铺（1725年）、戴廉增画店（1735年）、砂锅居（1741年）、火宫殿（1747年）、都一处（1752年）、敬修堂（1790年）、马家烧麦（1796年）、王老吉凉茶铺（1828年）、正阳楼（1843年）、正兴德茶叶店（1857年）、狗不理（1858年）、毛源昌眼镜店（1862年）、全聚德（1864年）、亨得利钟表行（1874年）、陶陶居（1880年）、潘高寿（1890年）、长清斋风筝魏（1892年）、咸亨酒店（1894年）和东来顺（1903年）等老字号。

这一时期的老字号多集中于大城市，诸如北京、上海、杭州、广州和长沙等地，代表着当地同行业商号的领先水平。《旧都文物略》中记载："同仁堂、西鹤年堂药铺，皆数百年营业，声闻全国。近虽西药房林立，即同仁、鹤年二家家族，于平市四城设分肆无数，而购药者仍不约而同趋前门桥及菜市口两处。"[17]《旧京琐记》也记述到："又有柳泉居者，酒馆而兼存放，盖起于清初，数百年矣。"[18]可见，这些知名老字号在商品市场中举足轻重，并红极一时，其声名享誉四方。

这个时期，老字号也尽展宣传和造势之能事，为其发展催生了强劲的动力。据《光绪顺天府志》记载："市肆初开，必盛张鼓乐，户结彩缯，贺者持果核堆盘，围以屏风祀神。正阳门东西街，招牌有高三丈余者，泥金杀粉，或以斑竹镶之，或又镂刻金牛、白羊、黑驴诸形象以为标识，酒肆则横扁联楹，其余或悬木罍，或悬锡盏，缀以流苏。如大栅栏、珠宝市、西河沿、琉璃厂之银楼、缎号，以及茶叶铺、靴铺、药铺、洋货铺，皆雕梁画栋，金碧辉煌，令人目迷五色。至酒楼饭馆，张灯列烛，猜拳行令，夜夜元宵，非他处所及也。"[19]清末民初夏仁虎在《旧京琐记》中记载："旧日都门市肆，亦颇留心广告之术，特极幼稚耳。如黑猴公之帽铺，柜上踞一大黑猴；雷万春之鹿角胶，门上挂大鹿角；某扇铺之檐际，悬一大扇；皆足引人注意。他若刀剪铺之王麻子，眼药铺之马应龙，则转相仿效，各不下数十家，互称老铺，争执可噱。"[20]

值得一提的是，清朝末年，外国商品开始进入中国市场，外商企业在国内纷纷大施拳脚。清末民初，随着洋务运动的开展，爱国实业家们抱着"国非富不强，富非实业不张"的理想，饱含爱国热情，努力钻研、积极创新，兴办了许多旨在发展国货、抵制洋货与振兴民族经济的实业。如创办于清光绪五年（1879年）的中国第一家洋服店苏州李顺号洋服店、始建于清光绪十一年（1885年）由中国人创办的最早的西餐厅太平馆餐厅、创建于清光绪十四年（1888年）的中国最早的西药店中西药房、兴办于清光绪十八年（1892年）的我国近现代最悠久最有名望的葡萄酒老字号张裕葡萄酒、开业于1912年的李占记钟表行、兴建于1915年的山东烟台宝时木钟厂、成立于1918年的第一家由国人开办的交易所北京证券交易所和创办于1922年的我国知名丝织业老字号都锦生等。这些老字号犹如及时雨，不仅滋润了民族经济，而且在诸如美国巴拿马万国博览会等国际性展会上屡获殊荣，为增强民族自信、振兴民族经济和弘扬民族精神作出了显著的贡献。许多企业通过锐意革新发展，成为至今仍充满生机的老字号，还有部分企业在成立之初收获了些许辉煌，但在社会动荡时期，由于产品种类所限、经营方式和制作工艺落后等原因而逐渐淡出历史舞台。

抗日战争和解放战争时期，传统老字号饱受战争摧残，许多字号缩小规模或辗转迁徙于内地与港澳地区，虽发展缓慢而坎坷，却尽显民族气节，拥有顽强的生命力。直至新中国成立，老字号才又重新焕发了光彩。经过20世纪50年代的公私合营，大部分老字号收归国有。后又经历了"文革"时期的动荡，很多老字号被当作"四旧"，几易其名，发展停滞不前。1978年，改革开放的大潮开始席卷全国。老字号不仅纷纷恢复了名号，而且在国有企业转企改制的进程中作出了表率，以其百年信誉和传统经营理念在市场经济中优胜劣汰，寻找新的生机。

时至今日，许多老字号发展规模不断壮大，不仅分店遍及全国，而且国外许多地区也有开设。诸如同仁堂、马应龙、王老吉、恒顺、茅台、老凤祥、中国宣纸集团（红星）和健民制药集团（叶开泰）等都已成为上市公司，发展前景相当可观。据悉，许多老字号都具有非常高的品牌价值，不仅渐次发展成为行业领军企业，而且在全国品牌价值排行榜中也位居前列。如全聚德集团在世界范围内的大都市都开设有分店或分号，年销售烤鸭500余万只，接待宾客500多万人次，品牌价值近110亿元。同时，作为中华商业文明的传承者，老字号世代相袭的传统制作工艺也成为珍贵的非物质文化遗产，亟待引起人们重视和保护。比如全聚德的"挂炉烤鸭制作技艺"和"仿膳（清廷御膳）制作技艺""东来顺涮羊肉制作工艺"

"六必居酱菜制作工艺""恒顺香醋酿制技艺""五粮液酒传统酿造技艺""大益茶制作技艺""内联升手工制鞋工艺""盛锡福皮帽制作工艺""宝庆金银细工技艺""王麻子剪刀锻制技艺""王星记制扇技艺""龙泉宝剑锻制技艺""金石篆刻（西泠印社）""宣纸传统生产技艺""陈李济中药文化""同仁堂中医药文化"和"马应龙眼药制作技艺"等都是国家级非物质文化遗产，其中"宣纸传统生产技艺"还入选了联合国教科文组织的"人类非物质文化遗产代表作名录"。

二、老字号的定义与命名方式

关于中国老字号的定义众说纷纭。胡子昂在《中国的老字号》一书的序言中指出，老字号是"历史悠久的工商文化企业。……共同特点：信誉第一，服务周到，制度严密，精益求精……"[21]孔令仁、李德征在"中国老字号"丛书中认为，中国老字号企业是"具有丰富的历史文化内涵，在企业名称、产品形象、经营理念、管理方式等方面无不体现出浓厚的中国传统色彩"[22]的老企业。王红在《老字号》一书中认为："老字号，是经过时间的历练，具有悠久的历史，拥有独特的产品、特殊的经营理念、优质的服务、良好的品牌信誉，在社会上具有影响力的知名工商企业。"[23]王正志在《中华老字号——认定流程、知识产权保护全程实录》中指出，中华老字号是"具有鲜明的中华民族传统文化背景和深厚的文化底蕴，取得社会广泛认同，形成良好信誉的品牌的字号"。[24]张继焦在《中国"老字号"企业发展报告》中认为，老字号的核心能力为"拥有世代传承的产品、技艺或服务，以及具有良好信誉和相当价值的品牌"。[25]

2006年，《商务部关于实施"振兴老字号工程"的通知》中明确指出："'中华老字号'是指历史悠久，拥有世代传承的产品、技艺或服务，具有鲜明的中华民族传统文化背景和深厚的文化底蕴，取得社会广泛认同，形成良好信誉的品牌。"经商务部重新认定的"中华老字号"现共有1122家，认定条件为：拥有商标所有权或使用权；品牌创立于1956年（含）以前；传承独特的产品、技艺或服务；有传承中华民族优秀传统的企业文化；具有中华民族特色和鲜明的地域文化特征，具有历史价值和文化价值；具有良好信誉，得到广泛的社会认同和赞誉；大陆资本及港澳台地区资本相对控股，经营状况良好，且具有较强的可持续发展能力。经商务部认定的"中华老字号"都是历史悠久、至今尚存的，但还有许多老字号未经认定或已经消失，却在中国商业发展史上产生过深远影响，如钱庄票号业老字号日升昌等。

本书收录的中国老字号均为中国人自主创造、历史悠久和世代传承的商业店铺、企业及其品牌，包括商务部认定的"中华老字号"，也包括未经认定或已经消失的知名老字号。这些字号有的历时数百年，有的昙花一现，但却与我们的日常生活息息相关，是中国商业品牌的精华所在，也是中华传统文化的瑰宝，见证着中华商业文明的发展脉络与传承特点。

我国老字号的命名形式主要来源于以下五种方式。

一是基于创办者的姓名、姓氏、乳名或外号等。如，杭州最为知名的扇业老字号"王星记"，其创始人叫王星斋；"马家烧麦"创始人为回民马春手；"老边饺子"的创办者名叫边福；"王致和"的开办者为安徽仙源县举人王致和；"吴肇祥茶庄"的创办者为安徽歙县人吴肇祥；久负盛名的以经营帽子为主的中华老字号"马聚源"，其创办者是直隶马桥人马聚源；"吴良材眼镜店"的创办者叫吴良材；"胡魁章笔庄"的创建者为浙江人胡魁章；杭州"邵芝岩笔庄"的创始人，是年仅18岁的浙江慈溪人邵芝岩；杭州最为著名的丝织业老字号"都锦生"的兴办人为著名民族企业家都锦生；"王麻子剪刀"字号的由来是因为创办者王青山脸上有麻子，所以人们就把这家店俗称为"王麻子"；广东较为知名的以生产凉茶为主的药业老字号"王老吉"，其创办者为王泽帮，小名阿吉。

有的字号来源于继承者的姓名，如"德昌源"豆腐乳作坊由杨德昌继承后便将江东源改名为"德昌源"；杭州最为知名的剪刀业老字号"张小泉"，创办者为安徽黟县制剪高手张思家，张小泉为其子；中国现存历史较为悠久的药业老字号"马应龙"，起初叫"定州眼药"，后来创办者马金堂的后人马应龙将其改为"马应龙定州眼药"；"胡开文徽墨"创始人是近代徽墨创始人胡天柱之子胡余德，由于承袭制墨高手胡开文一脉，因而得名。

还有的字号取家族各成员或各合伙人名中一字，如"义聚合钱庄"乃各取兄弟王德义、王德聚和王德合中的一个字；"陈李济"的创办者为陈体全和李升佐，字号意思是"陈李二人共同经营，同心济世"。

此外，有些字号根植于创办者的姓名，在其基础上又加上了祈福祝愿的词汇，比如"全聚德"取"全而无缺，聚而不散，仁德为先"的寓意，又突出了创办者杨寿山的字号"全仁"二字；黄山毛峰代表老字号"谢裕大茶庄"，"谢"为姓氏，"裕大"取"光前裕后"的"裕"字和"大展鸿图"的"大"字，寓意光大门闾、光宗耀祖、造福子孙、光前裕后、大展鸿图；著名帽业老字号"盛锡福"，"盛"即繁荣昌盛，"福"即幸福吉祥，"锡"取自创办者张锡三的"锡"字，又与"赐"通假，有赐予之意；历史最悠久的绍兴黄酒业老字号"沈永和"，创始人是江苏省吴兴人沈良衡，"沈永和"之"沈"字取其姓，"永和"二字意味着"永远和气生财"；我国近现代历史最负有名望的葡萄酒老字号"张裕"，创办者张弼士在南洋和两广开办的许多公司都以"裕"字为宝号，取其"丰裕兴隆"之意，于是将公司冠以张姓，命名为"张裕葡萄酒公司"；中国四大中药店之一"叶开泰"，创始人叫叶文机，取名"叶开泰"，还寓意药店开业只图国泰民安。

二是基于祈福、心愿和明志之意。如山西现存历史最悠久的酿醋老字号"益源庆"，"益"乃收益利润，"源"为源源不断，"庆"乃庆祝之意，合起来寓意为期望该店买卖兴隆、财源不断；广州知名酒家"陶陶居"，其名寓意来此品茗者乐也陶陶；"朱恒顺糟淋坊"寓意"永久顺遂"；老北京制鞋名号"内联升"，"内"指大内宫廷，"联升"寓意穿上此店制作的朝靴，可以在宫廷官运亨通，连升三级；"日升昌票号"，取名"日升昌"是希望生意如旭日东升、生意昌隆；"清和元"饭庄名号由来于创办者对元朝蛮横统治和对皇太极虎视中原表示不满，"清"暗示着清朝统治，"元"暗示着元朝统治，带有强烈的民族气节；知名内衣老字号"三枪"，商标上三支枪交叉鼎力，既象征着连中三元、弹无虚发，也象征着抵制日货与支持国货的坚定决心；"鸵鸟"墨水，其诞生的历史背景是外国人讥讽中国文化落后为一片散沙，取名"鸵鸟"，寓意墨水像鸵鸟一样有耐力、字迹牢固稳定，不会沉淀变质，也寄托了希望墨水如同鸵鸟在沙漠中畅行无阻一样能够畅销全国的美好愿望；"民生药厂"，取名"民生"，顾名思义，既是为了推崇孙中山的"三民主义"，也为了发展民生产业；上海的

"亨得利钟表行"取名"亨得利",既寓意亨通和得利,也为了与当时外国人在上海开设的亨达利钟表行分庭抗争。

三是基于老字号的经营内容或特点。如,曾用名"和顺居"的北京知名饭庄"砂锅居",因店内曾置一口据传是来自定亲王府的深三尺、直径四尺的巨大砂锅,便被民间俗称为"砂锅居",沿用至今;"全素斋"顾名思义是专门制作素菜的饭店;"仿膳"饭庄则取仿御膳制法之意;"商务印书馆",取名"商务"是因为主要印刷广告、名片和账册等商业用品;"五粮液"则得名于其酒乃用高粱、大米、小麦、糯米与玉米五种粮食混酿而成。

四是基于老字号的地理位置。如长沙著名食肆"火宫殿",因附近有火神庙而得名;"广州酒家",顾名思义,为广州的酒家;"太平馆西餐厅"因在太平沙附近便取名"太平馆";"茅台"因产于贵州省仁怀县茅台镇而得名;"杏花村"也是得名于出产地——山西省汾阳市杏花村;"杨柳青年画"是天津杨柳青镇的特产。有的老字号既取其地理位置之说,又赋予其祈福祝愿之意,如"正阳楼",因离正阳门很近,又寓意着饭庄生意像正午的太阳一样红火、昌盛不衰;"东来顺"意味着从东直门来,一帆风顺;沈阳知名茶庄"中和福",字号由来于地处盛京四平街(今中街)地区的中央地段,又因为做生意的人都讲究和气生财,希望大吉大利大福,便取字号为"中和福"。

五是基于名句、名诗、名联、名人赐牌匾或传说典故。如"知味观"的创办者孙翼斋从《礼记·中庸》中"人莫不饮食也,鲜能知味也"获得灵感;"咸亨酒店"的"咸亨"二字出自《易经·坤卦》的"至哉坤元,万物资生,乃顺承天。坤厚载物,德合无疆。含弘广大,品物咸亨"。"咸"即"都","亨"即顺利通达,"咸亨"即生意兴隆、万事亨通;"楼外楼"的字号有人说得名于林升的《题临安邸》:"山外青山楼外楼,西湖歌舞几时休。暖风熏得游人醉,直把杭州作汴州";"胡庆余堂"店名取自对联"向阳门第春常在,积善人家庆有余";"内金生"鞋店的字号由来据说与一段传说密切相关,乾隆曾写下一副对子送给店家,上联为"大榔头小榔头银锤乒乒乓乓打出穷鬼去",下联为"粗麻绳细麻绳金针吱吱嘎嘎引进财神来",横批为"鞋内生金",从此小店就有了名号"内金生";

"一得阁"的创始人谢崧岱曾书写对联赞美自家的墨汁,上联为:"一艺足供天下用",下联为:"得法多自古人书",店名便取两联首字,命名为"一得阁";北京知名饭庄"都一处",得名于乾隆皇帝题写的"都一处"牌匾;广州"莲香楼"得名于一位名叫陈如岳的翰林学士书写的"莲香楼"三字匾额。有的老字号来源于传说典故,比如,"瑞蚨祥"字号来源于《搜神记》中的"青蚨还钱"典故;"王一品斋"的创始人为一位姓王的老笔工,据悉一位考生买了他一支羊毫笔参加科举考试,竟中了头名状元,人们便把他卖的笔称作"一品笔",称他本人为"王一品"。

三、老字号的发展特点

概言之,我国老字号大致有如下特点。

其一是门类较多,与人们的日常生活关系密切。涉及餐饮业、服饰业、医药业、手工艺业、建筑业、机械制造业、出版业和金融业等各行业。其中餐饮业、手工艺业和医药业老字号历史较为悠久,生命力较强。服饰业老字号比较具有灵活性,并富有时代特点。出版业、金融业和机械制造业的老字号与经济发展密切相关,地域差别明显。

其二所有权明确。清朝末年以前成立的老字号最初基本都是家族企业,清朝末年和民国时期兴起的一些新兴实业老字号如"中国通商银行""阜康票号"等则以官商合办为主。新中国成立后,绝大多数老字号通过公私合营成为国营企业。改革开放后随着转企改制的推进,大部分老字号仍保留国有属性,部分转为民营。

其三是组织形式不一。有的老字号家族内部之人不仅拥有所有权,而且拥有经营权,多数独门手艺传内不传外、传男不传女,甚至传儿媳不传女儿,还有的为了保持信誉和质量曾坚持不开分店,如"叶开泰"。有的老字号则是任人唯贤,所有权与经营权分离,如"日升昌"票号便由伙计雷履泰负责经营。

其四是管理制度严格。大多数老字号都立下严格的铺规店规,或世袭祖训。如"胡庆余堂",开业之初,创办者胡雪岩便亲笔书写"戒欺"匾额,其上书写其经营理念为:"凡百贸易均着不得欺字,药业关系性命,尤为万不可欺。余存心济世,誓不以劣品获取厚利,唯愿诸君心余之心,采办务真，修制务精，不至欺予以欺世人，是则造福冥冥，谓诸君之善为余谋也可，谓诸君之善自为谋也亦可。""胡庆余堂"一直尊尚匾额中所书的"采购务真，修制务精"理念来经营和管理店铺，这也是其兴盛百年的原因所在。"同仁堂"则曾奉行一套"自东自掌"的祖训家规，即"一切不假手外人"，"不用徒弟，不用资方代理人，不准子孙经营其他业务"。[26]

其五是竞争优势明显。老字号多历经百年兴盛不衰，究其原因离不开刻苦钻研独门手艺、勇于创新生产方式，并能坚守品质和保证信誉。如杭州最为著名的丝织业老字号"都锦生"，创办者都锦生对织锦具有浓厚的兴趣，并怀着实业救国的理想，和学生一起努力钻研织锦工艺，终于研制出既传承了杭州织锦特点又符合时代审美情趣的织锦产品，在美国费城博览会上一举荣获金奖而名声鹊起。"马应龙"的创办者马金堂对中国传统医学，尤其是眼科有一定的研究，他反复试制出的"定州眼药"选材讲究而名贵，疗效上佳，因深得百姓好评而逐渐发展壮大。而开创中国首家票号之举的"日升昌"，创办者雷履泰便是瞅准当时晋商在全国各地做生意，与老家钱银往来基本是镖局押运或者自行捎带，不仅运费高而且途中匪霸不断而不安全的商机，利用掌柜开办的颜料庄在全国大多数地方开有分号的优势，通过各号联动开展存放和汇兑钱款的业务，既便利又经济，遂形成星火燎原之势，开创了中国金融业的崭新局面。

其六是具有地域特点。老字号存在着区域不平衡性，多集中于历史古都、商业和文化名城，且每个地区的老字号种类和规模各有特点，如山西票号、上海金融、天津、上海与广州等通商口岸的西餐厅和洋服店等。此外，各个地区不同门类的老字号创办者也具有地域相近性，如北京的服饰业老字号大都为山东人开办，赫赫有名的经营绸缎的"八大祥"，即"都是由山东济南府章丘县旧军镇的孟姓大家族经营"[27]。茶庄则多由徽帮兴建，"北京的方、吴、张、汪、寇、孟'六大茶商'中的方、吴、张、汪都来自安徽"[28]。

最后，深受经济和政治因素的制约。老字号的兴衰沉浮，与各个朝代的政治、经济和文化发展有着千丝万缕、密不可分的关系。商业鼎盛时期老字号往往较为繁盛，战乱或社会动荡时期老字号就会随之衰退甚至消亡。此外，历朝历代的城市布局对老字号的发展也有影响。唐、宋、元、明、清时期，我国城市发展迅速，商贸发达，集市规模大且种类丰富，因此商业老字号便从萌芽状态发展到了遍地开花。此外，个别政治人物对老字号的发展也极具影响，如"都一处"因为乾隆皇帝的光顾而名声大噪，"大德通"票号因为与庆亲王交好而受益，"宝发园"因为张学良的偏爱而独傲沈城等。

新时期老字号的发展则呈现出新的特点。

一是地域发展不平衡。目前，我国老字号企业数千家，其中经商务部于2006年、2010年认定的"中华老字号"有1130多家。上海和北京是我国"中华老字号"数量高居前位的地区，分别为180家和117家；其次是江苏（96家）、浙江（91家）、山东（67家）；青海和海南较少，分别仅有1家。同时，老字号也成为地域文化的形象代言，如杭州的"天堂伞""王星记扇子"和"张小泉剪刀"等都是游客首选的纪念品。

二是成为民族商业品牌的代表。许多老字号企业勇于革新工艺，采用先进适用的技术改造传统工艺和设施，改进和丰富产品及其配套服务，在传承独特文化内涵的基础上，充分把握和丰富了核心竞争力，顺应了经济社会发展的新模式。比如，属于手工艺制造业的"张小泉"，在引进民营资本后就调整了产品线，不仅仅做民用剪刀，还拓展到了医疗剪刀、厨房锅具等；"王致和"在传统调味品的基础上扩展了系列产品，包括涮羊肉调料、腐乳汁、虾片、精包装干酱、仿日清酒和低盐度调料等，通过创新和拓展自己的产品结构，产品由单一性转向多元化，满足了消费者各方面的需求；"老龙口"积极拓展酒类品种，建设老龙口酒博物馆，丰富其产品种类和内涵，使得营业收入一直稳步增长。许多老字号已然成为我国商品经济发展中的亮点，在中国企业品牌价值排行榜中处于行业领先地位。如，2010年中国酒类品牌价值排行榜中，"茅台"以531.46亿元名列第一；2012年美国《华尔街日报》公布的2011年度最具价值中国品牌20强中，"张裕"品牌价值达到32亿美元。

三是部分老字号企业面临着品牌濒危的窘境。2004年，商务部曾对我国老字号企业做过一次调查，结果显示，当时我国有近1.6万家老字号企业，其中70%经营十分困难，20%勉强维持，只有10%发展较好。所有老字号中历史不足 100 年的约占 57.3%；100 至 200 年的占 28%；200 至 500 年的约占 12.7%；500 年以上的占 2%。[29] 国外很多知名品牌都具有百年历史，如可口可乐、沃尔玛等，且依然发展良好。我国有不少经营了上百年的老字号企业，虽然品牌影响深远，却由于经营观念和制作方式落后、产品种类和形式单一、知识产权保护意识薄弱或城市拆迁等原因，面临着勉强维持生计甚至濒临倒闭的窘境。2006 年申报"中华老字号"时，有许多老字号商标或企业名称被他人抢注而导致品牌价值丧失。还有的企业因为商标过期或变更信息不及时等引起众多法律纠纷。2012 年，社会热议的"王老吉"与"加多宝"品牌之争也说明老字号对民族品牌的知识产权保护和品牌价值评估意识应提高到相应的水平。

四、老字号研究述评

虽然关于老字号的记载从唐朝时代便有据可考，此后也有一些关于老字号的叙述见诸于史料，但当代之于老字号的学术研究历史却为时尚短。相关研究大致可分为四个阶段。

第一个阶段为新中国成立至改革开放前。此一时期的老字号研究，最早见诸于学术期刊的要属颜斌、王述的《"一得阁"访问小记》，1961 年发表于《前线》杂志，主要是对"一得阁"的现状进行描述。这一时期，关于老字号的专题学术著作几乎难得一见。

第二个阶段为改革开放至 20 世纪末。此时，老字号的管理体制和经营方式等纷纷从计划经济转为市场经济。许多老字号转企改制成了股份制公司，并在上交所或深交所上市。有的老字号转为国有民营，有的老字号面临着城市拆迁的困境。这种情况催生了学术界对老字号该往何处走的探究。据中国知网学术期刊文献总库刊载，这个时期共发表了以"老字号"为主题的学术论文 1133 篇，其中 1979 年 1 月至 1990 年 1 月的文献仅有 56 篇。这个阶段大部分学术文献以介绍老字号的现状和问题为主，有分行业提出的问题，也有分地域分个案进行的探析，如蔡颖《宫庭珍品 重放异彩——记天津市老字号"果仁张"》❶，王颖梅、何艳利《广州"老字号"大

---

❶ 《中国工商》，1992 年第九期。

拆迁》❶，许素琨《一个老字号的衰落——香港"超群"西饼连锁店的失败之路》❷和习慧泽《上海老字号出现困惑》❸等。也有部分学者对老字号从基础理论方面进行了初步研究，比如吕洪年的《杭城"老字号"传说的历史价值》❹、陈新谦《清代的中药店老字号》❺和孟昭泉的《店名文化探源及其老字号》❻。还有一些学者则对老字号在新的历史时期如何保护和发展进行提问与考究，如郭长干的《"老字号"你往何处去》❼，李贵、傅红群的《老字号成重放异彩吗》❽和魏东的《"中华老字号"商标国有？私有？》❾等。值得一提的是，这期间出版了几部较系统而全面的老字号研究著作，如谢牧、吴永良的《中国的老字号》❿，侯式亨编著的《北京老字号》⓫，还有由孔令仁和李德征主编的汇聚中国老字号迄今为止最系统、资料最翔实的一部丛书《中国老字号》⓬，其中收录了1633家老字号，全书共计十卷。

第三个阶段为2000年至2006年4月商务部颁布"振兴老字号工程"之前。这个时期随着经济日益全球化，外国品牌纷纷进入并影响着中国市场。许多老字号锐意革新，转企改制完毕后逐渐发展成行业的龙头，有的老字号却固守着传统经营模式，发展缓慢。学术界也持续对老字号进行着关注，相关研究虽然为数不多但却呈现缓慢增长之势。据中国知网学术文献总库查考得知，该时期相关老字号的文献资料共有2508条，其中对老字号研究逐渐从概况介绍向基础理论和应用对策研究倾斜，对老字号发展进程中存在的问题、原因和解决办法进行了更深入和大胆的剖析。如周道

---

❶ 《南风窗》，1995年第八期。
❷ 《中国市场》，1999年第八期。
❸ 《现代营销》，1999年第八期。
❹ 《杭州大学学报》（哲学社会科学版），1992年第二期。
❺ 《中华医学杂志》，1996年第四期。
❻ 《河南社会科学杂志》，1998年第一期。
❼ 《中华商标》，1995年第一期。
❽ 《中国商贸》，1996年第七期。
❾ 《中国乡镇企业》，1999年第八期。
❿ 经济日报出版社，1988年版。
⓫ 中国环境科学出版社，1991年版。
⓬ 高等教育出版社，1998年版。

全、柴君芝《新经济时代我国老字号创新战略问题的思考》❶指出,进入新经济时代,我国的老字号正在生存与消亡的十字路口徘徊,老字号要走出困境,只有实施品牌创新战略。[30]邱志强的《经济全球化下的中华"老字号"企业的营销战略研究》❷认为,"经济全球化进程的加快,既给中华老字号企业带来了商机,但同时也使它们面临着严重的困难与挑战。老字号企业在变化了的市场营销环境中,必须正视自己的市场地位,正确看待自己的长处与不足,利用自身的优势,捕捉环境变化带来的机会,避开威胁,克服自身不足,扬长避短,创新营销战略思维,调整营销战略,实施创新战略、品牌营销战略、规模化战略、国际化战略"[31]。付勇、刘秀兰的《激活中华"老字号"的观念——传统民营企业制度障碍剖析》❸指出,"老字号"在经营观念中的主要问题是缺乏主动适应环境的意识,顾客导向观念仍未能确立。"老字号"的组织制度障碍体现在所有制障碍和生产作业制度障碍两个方面。有些国有性质的"老字号"具有国有企业的"通病",影响"老字号"的效率与竞争力;而生产作业制度的不健全则严重制约了"老字号"的发展与壮大。[32]此外还有付勇的《营销"短板"与中华"老字号"的没落》❹、石菡贞、潘希颖的《从品牌视角看我国老字号营销问题及对策》❺和杨朝辉的《文化视觉形象链接中国老字号的传承与创新》❻等。

  第四个阶段为2006年4月《商务部关于实施"振兴老字号工程"的通知》发布至今。期间商务部印发了《"中华老字号"标识使用规定》(2007年)、《关于继续开展"中华老字号"认定等工作的通知》(2007年),商务部和国家文物局联合印发了《关于加强老字号文化遗产保护工作的通知》,商务部和文化部联合印发了《关于加强老字号非物质文化遗产保护工作的通知》(2007年),商务部等14部委联合印发了《关于保

---

❶《北方经贸》,2004年第二期。
❷《北京大学学报》(哲学社会科学版),2004年第1期。
❸《西南民族大学学报》,2006年第十期。
❹《商业经济与管理》,2004年第九期。
❺《安徽农业科学》,2006年第二期。
❻《装饰》,2006年第二期。

护和促进老字号发展的若干意见》（2008年）。2006年和2010年，商务部相继对"中华老字号"进行了重新认定，共有1130多家老字号荣获"中华老字号"称号。在国家政策的影响下，老字号这一民族品牌得到了学术界空前的关注和重视。中国知网学术文献总库中，2006年4月1日至2012年12月31日有关老字号主题的学术文献有8922条，短短6年间的学术成果几乎为之前四五十年文献总数的2.5倍。

这一时期学者们的研究角度可谓百花齐放：有从历史角度进行探讨的，如尤士洁《苏州食品餐饮老字号的历史文化传承分析》❶、刘春华《中药老字号产业兴衰史论》❷和邱俊玲《老字号档案记录晋商历史脉迹》❸；有从经济理论切入的，如朱子敬《老字号特许经营研究》❹、许峰《老字号企业营销的SWOT分析及振兴策略》❺、谢质卓《上海老字号餐饮企业的数据库营销》❻、陶云彪《老字号品牌激活策略——基于Aaker理论》❼和王成荣、李诚、王玉军《老字号品牌价值》❽等；有从文化视域进行解读的，如林国建、宋伟《中华老字号企业品牌文化的创新发展》❾，方敏、杨朝辉《文化经济下的中华老字号品牌传播》❿，于文萍、海棠《老字号文化价值剖析》⓫和何方《中华老字号文化现象探秘》⓬；有以法律理论为切入点的，如王正志等著《中华老字号——认定流程、知识产权保护全程实录》⓭，储敏《我国商号法律制度存在的问题及完善措施》⓮，余澜、皮林《少数民族老字号法律问题探讨》⓯和郑伦幸、聂鑫《论"老字号"法律

---

❶ 《中国商贸》，2012年第三期。
❷ 黑龙江中医药大学，2008年硕士论文。
❸ 《中国档案报》，2012年12月13日。
❹ 《东方企业文化》，2010年第十四期。
❺ 《黑龙江对外经贸》，2011年第一期。
❻ 《企业研究》，2011年第六期。
❼ 《企业活力》，2011年第四期。
❽ 中国经济出版社，2012年版。
❾ 《管理科学文摘》，2006年第十二期。
❿ 《文艺研究》，2010年第十二期。
⓫ 《前沿》，2012年第一期。
⓬ 《企业改革与管理》，2012年第五期。
⓭ 法律出版社，2007年版。
⓮ 《知识产权》，2008年第八期。
⓯ 《湖北民族学院学报》（哲学社会科学版），2012年第三期。

保护的法理学基础》❶ 等；还有从艺术角度进行解析的，如邢建武《从设计角度看老字号的传承与发展——以天津老美华鞋店为例》❷ 和张新佳《长沙老字号招牌艺术符号文化研究》❸；此外还有按行业来进行剖析的，如李相武《中国餐饮业老字号的民族文化研究》❹、熊长博《中医药老字号的现代化之路》❺。比较成系统成规模的则要数按地域划分进行的研究，如王红《老字号》❻，郑孝时、孔阳《明清晋商老字号》❼，戎彦《宁波老字号复兴之道初探》❽，刘百苓《浅析北京老字号发展的外部条件》❾ 和戎彦编著的《浙江老字号》❿。值得一提的是，由相关部门牵头，多位学者联合出版了旨在弘扬老字号文化或抢救其文化遗产的系列书籍，如《杭州老字号系列丛书》⓫，丛书分医药篇、美食篇、建筑篇、货币金融篇、茶业篇和百货篇六个篇章，此外还有《金华老字号》⓬、《河南老字号》⓭ 等。2011年社会科学文献出版社出版了由张继焦、丁惠敏、黄忠彩主编的《中国"老字号"企业发展报告》，该书作为中国社科院出版的皮书系列，对近三年来老字号企业的现状和发展趋势进行了预测分析，其基于系统而扎实的调查研究，在社会中产生了较大的影响。

注释：

[1]《礼记·曲礼上》。

[2][8] 段炳仁主编，王红著：《老字号》，北京出版社，2006年版，第3页。

[3]《孟子·公孙丑下》。

---

❶《湖南社会科学》，2012年第五期。
❷《大众文艺》，2010年第三期。
❸ 湖南工业大学，2007年硕士论文。
❹ 中央民族大学，2006年博士论文。
❺ 山东大学，2011年硕士论文。
❻ 北京出版社，2006年版。
❼ 中国经济出版社，2006年版。
❽《现代经济》，2007年第二期。
❾《首都师范大学学报》（社会科学版），2009年S1期。
❿ 浙江大学出版社，2011年版。
⓫ 浙江大学出版社，2008年版。
⓬ 方志出版社，2010年版。
⓭ 大象出版社，2011年版。

[4]《史记·平准书》。

[5]《周礼·地官司徒》。

[6] 吴慧：《中国古代商业史》（第二册），中国商业出版社，1982年版，第18页。

[7] 参见吴慧：《中国古代商业史》（第二册），中国商业出版社，1982年版，第303页。

[9]（唐）李肇：《唐国史补》。

[10] 宿白：《隋唐长安城和洛阳城》，《考古》，1978年，第6期。

[11]（宋）孟元老撰，邓之城注：《东京梦华录注》卷之二《御街》，中华书局，1982年版，第52页。

[12]（宋）吴自牧：《梦梁录》卷十三。

[13]（元）熊梦祥：《析津志》，北京古籍出版社，1983年版，第5页。

[14]（元）熊梦祥：《析津志》，北京古籍出版社，1983年版，第108页。

[15]（元）熊梦祥：《析津志》，北京古籍出版社，1983年版，第202页。

[16]（清）周家楣，缪荃孙等编纂：《光绪顺天府志·地理志》，北京古籍出版社，1987年版，第579页。

[17]（民国）汤用彬：《旧都文物略》，北京古籍出版社，2000年版，第255页。

[18]（民国）夏仁虎：《枝巢四述·旧京琐记》卷九，辽宁教育出版社，1998年版，第124页。

[19]（清）周家楣，缪荃孙等编纂：《光绪顺天府志·地理志》，北京古籍出版社，1987年版，第580页。

[20]（民国）夏仁虎：《枝巢四述·旧京琐记》卷九，辽宁教育出版社，1998年版，第129页。

[21] 谢牧，吴永良：《中国的老字号》（上），经济日报出版社，1988年版，序。

[22] 孔令仁、李德征编：《中国老字号》（卷一），高等教育出版社，1998年版，第2页。

[23] 段炳仁主编，王红著：《老字号》，北京出版社，2006年版，第2页。

[24] 王正志编著：《中华老字号——认定流程、知识产权保护全程实录》，法律出版社，2007年版，第3页。

[25] 张继焦、丁惠敏、黄忠彩主编：《中国"老字号"企业发展报告》，社会科学文献出版社，2011年版，第3页。

[26] 孔令仁、李德征主编：《中国老字号》（第九卷），高等教育出版社，1998年版，第246页。

[27][28] 段炳仁主编,王红著:《老字号》,北京出版社,2006年版,第11页。

[29] 王正志编著:《中华老字号——认定流程、知识产权保护全程实录》,法律出版社,2007年版,第14页。

[30] 参见周道全、柴君芝:《新经济时代我国老字号创新战略问题的思考》,《北方经贸》,2004年,第2期。

[31] 邱志强:《经济全球化下的中华"老字号"企业的营销战略研究》,《北京大学学报》(哲学社会科学版),2004年,第S1期。

[32] 参见付勇、刘秀兰:《激活中华"老字号"的观念——传统民营企业制度障碍剖析》,《西南民族大学学报》,2006年,第10期。

第一章　老字号中的酱醋酒茶

第一节　百年酱园

酱可以说是中国人最喜爱和最常用的调味品之一。早在西周时期便有关于酱的记载。《周礼》记载说:"膳夫掌王之食饮、膳羞,以养王及后、世子。凡王之馈,食用六谷,膳用六牲,饮用六清,羞用百有二十品,珍用八物,酱用百有二十瓮。"[1]当时酱在膳食中的比例非常重要,是主要的调味品。《论语·乡党》说:"不得其酱不食。"[2]可见,酱是必备的食物。《说文解字》对"酱"字的解释为:"酱。醢也,从肉酉。从肉者,醢无不用肉也。酒吕稣酱也。此说从酉之故。爿声。即亮切。十部。今俗作酱。"[3]

《齐民要术·卷八》中有详细的"作酱法":"十二月正月为上时,二月为中时,三月为下时。用不津瓮(瓮津则坏酱,常为菹酢者,亦不中用之)。置日中高处石上〔夏雨,无令水浸瓮底。以一铣鏉(一本作生缩)铁钉子,背'岁杀'钉著瓮底石下,后虽有妊娠妇人食之,酱亦不坏烂也〕。用春种乌豆(春豆粒小而均,晓豆粒大而杂)于大甑中燥蒸之。气馏半日许,复贮出更装之,回在上者居下(不尔,则生熟不多菹调均也)。气馏周遍,以灰覆之,经宿无令火绝(取干牛屎,圆累,令中央空,燃之不烟,势类好炭。若能多收,常用作食,既无灰尘,又不失火,胜于草远矣)。啮看:豆黄色黑极熟,乃下,日曝取干(夜则聚覆,无令润湿)。临欲舂去皮,更装入甑中,蒸令气馏,则下,一日曝之。明旦起,净簸择,满白春之而不碎（若不重馏，碎而难净）。簸拣去碎者。作热汤，于大盆中浸豆黄。良久，淘汰，挼去黑皮（汤少则添，慎勿易汤，易汤则走失豆味，令酱不美也）。漉而蒸之（淘豆汤汁，即煮碎豆作酱，以供旋食。大酱则不用汁）。一炊顷下，置净席上，摊令极冷。预前，日曝白盐、黄蒸、草蒿（居卹反）、麦曲，令极干燥。"[4]

到了宋朝，酱已经成为老百姓日常饮食最普遍的调味品了。《东京梦华录》记载："更外卖软羊诸色包子。猪羊荷包。烧肉干脯。玉板鲊犯。鲊片酱之类。"[5] 明清时期，肉酱制作渐少，豆酱制作较为普遍，酱园老字号也渐趋规模化，更有流传至今者，如明朝中期的六必居、明末清初的醴泉居、康熙年间的王致和、乾隆年间的桂馨斋、咸丰年间的大盛祥和同治年间的德昌源等。

六必居

六必居创办于明嘉靖九年（1530年），距今已有近480年的历史，酱园位于北京市前门外大栅栏粮食店街，是中国现存酱园老字号中历史最为悠久的。创办者为山西临汾县人赵存仁、赵存礼和赵存义三兄弟。关于六必居名称的由来有三种说法。

图1-1-1　六必居

第一种来自《礼记·月令》。据说赵氏兄弟初办六必居时,规模很小,但由于兄弟三人要求大家干活时必须做到"六必":黍稻必齐,曲蘖必实,湛之必洁,陶瓷必良,火候必得,水泉必香。在这"六必"的经营原则下,数年后小店的生意便兴旺起来,于是取店名为六必居。[6]

第二种说法是开门七件事,六必居除了不卖茶,其他柴米油盐酱醋都卖,故称六必居。

第三种说法是当时有六个寡妇合伙开了家酒馆,想请严嵩题匾,因为是六人合办,严嵩便题字"六心居",落笔后觉得"六心"不能"同心",便在"心"字上又加了一撇,变成六必居。[7]其中,第一种说法最受肯定。

六必居牌匾上的三字应出自明代权臣严嵩之笔。《增补都门纪略》中记载:"六必居,严分宜书。"[8]严分宜即严嵩。据民国蒋芷侪《都门识小录》中记述:"都中名人所书市招匾对,庚子拳乱,毁于兵燹,而严嵩所书之'六必居'三字(前门外粮食店北口路西),严世蕃所书之'鹤年堂'三字(菜市口路北),巍然独存。"[9]清朝光绪年间,六必居的酱菜已经闻名京城,主要品种有稀酱、甜酱八宝瓜、甜酱八宝菜、铺淋酱油、甜酱小酱萝卜、甜酱瓜、甜酱甘露、甜酱黑菜、甜酱姜芽、什香菜和白糖蒜等。[10]酱味醇香、清脆鲜亮、甜咸适中。

六必居的酱菜不仅选料精细,而且制作考究,如制酱用的黄豆,"必须是河北丰润县马驹桥的黄豆,其特点是粒大、个圆、色黄、皮薄,而且油性大"。[11] "制甜酱黄瓜所用的黄瓜,要用安定门外前花园出产的秋黄瓜,要求每根长约五寸,匀称条顺,顶花带刺,每斤四至五条。"[12]制作黄酱时,"首先要把黄豆浸泡蒸透、拌匀白面,然后再用碾子压实,放在模子里,垫上布用脚踩上10天到15天,再拉成条、剁成块、码放在架子上,用席封好发酵。发酵期间,不断用刷子刷去酱胚上的白毛。三周后可发酵好,这时,即将发酵好的酱料倒入大缸加盖兑水,再用专制的木质耙子定时定量地搅动,一般每天六次,每次十耙,遇伏天温度高要多打2~4耙,等过伏天后天凉了要少打3~4耙"。[13]当时,六必居被选为宫廷御用食品。路过京城的外地人回家时都会首选六必居的酱菜作为送礼佳品。

光绪二十六年(1900年),八国联军侵华,义和团火烧洋货店,殃及粮食店街,六必居酱园被烧毁。幸好当时一个叫做张守标的伙计拼命抢救出了六必居的牌匾。光绪二十七年（1901年），六必居在原址重建复业。民国初恢复元气，之后逐渐兴盛起来。1954年，六必居率先实行公私合营。"文革"时期，六必居先后被更名为北京市宣武区酱菜门市部和红旗酱菜门市部，[14]牌匾也遭到了破坏。1972年，六必居老字号恢复，匾额也得以修复再用。

改革开放以后，六必居腌菜量增加了数十倍，经营品种多达百余个。1994年，店面翻建，建筑风格古色古香。2006年，六必居被商务部认定为首批中华老字号。2008年，"六必居酱菜制作工艺"入选国家级非物质文化遗产名录。现在，北京六必居食品有限公司隶属于北京二商集团❶。六必居，这个中国现存历史最悠久的酱菜老字号，仍然备受老百姓的喜爱，焕发着勃勃生机。

醴泉居

始创于明末清初，酱园地址曾位于山东省济南市江家池街，现位于北园板桥，是济南最古老的酱园之一。创办者是山东长清陈氏。醴泉居之得名源于济南72名泉之一的醴泉，就位于酱园之后。醴泉居一直是前店后厂，主要经销白酒和黄酒以及各式调料酱菜，包括糖蒜、酱花生米、酱八宝菜、酱包瓜、雪里蕻和甜面酱等。甘美醇厚的醴泉酿造出的酒和酱菜风味独特，使得醴泉居生意兴隆。除此之外，醴泉居对原料的产地、规格和品种都要求非常严格，比如"黄豆总以胶东各县所产的八月白为上品。制作酱菜的疙瘩头选用东郊马家庄、窑头一带的产品，个头须在半斤以上，表面光滑圆润，无虫蛀，不糠心；萝卜则选用西郊段店、大小饮马庄一带

---

❶ 北京二商集团是以食品制造、肉类加工、现代物流、现代分销与专业市场为主导产业，以食品科技、教育、信息和物业经营为支撑的大型国有食品产业集团。主要生产经营猪肉、牛羊肉与海鲜水产品及其制品和糖、酒、烟、茶、调味品、糕点、蔬菜与豆制品等二十多个大类万余种商品。现拥有六必居、王致和、月盛斋、天源酱园、白玉、京华茶叶、北京市糖业烟酒公司和三十四号等16家中华老字号和大红门、京糖、京酒、宫颐府和北水等一批深受消费者青睐的知名品牌。王致和腐乳、金狮酱油、龙门食醋、六必居酱菜、白玉豆腐与宫颐府糕点6个品牌产品被评为北京市名牌产品，王致和腐乳、金狮酱油与龙门食醋被授予中国名牌产品称号。六必居、王致和、金狮与龙门被评为中国驰名商标。"六必居酱菜制作工艺""月盛斋酱烧牛羊肉制作工艺"和"王致和腐乳酿造工艺"入选了国家级非物质文化遗产保护名录。（资料来源于北京二商集团官方网站）

生产的象牙白、露八分和碌硃棋三种,入口脆甜,无邪味、无杂质,个头在 1 斤以上;东郊的鞭杆莴苣、二膀茄、红心胡萝卜、打薹 12 天以内的蒜头、顶花带刺的黄瓜和西郊的苤蓝、北园的藕等也是选用对象"。[15] 1911 年,醴泉居由陈氏独资改为合资经营。1956 年公私合营后,被北厚记酱园合并。1980 年,成立醴泉居酱菜厂。

王致和南酱园

王致和南酱园开业于康熙十七年(1678 年),距今已有 340 多年。"闻着臭,吃着香",王致和臭豆腐的创办颇有一番传奇色彩。康熙八年(1669 年),来自安徽仙源县的举人王致和进京赶考,却未金榜题名。当时科举考试三年一次,很多考生要么留京备考,要么回家复读。王致和落榜以后怕回家无颜面对家乡父老,便在京城前门外延寿寺街羊肉胡同的安徽会馆落了脚。为了维持生计,利用小时候跟父亲学过的做豆腐手艺,每天磨豆腐沿街叫卖。

据说,有一次,时值盛夏雨季,他做好的豆腐卖不出去,只好腌了封在坛子里。专心备考的王致和竟然把这坛豆腐忘到了脑后,待秋凉后方才想起。打开坛子,一股臭味扑鼻,尝了尝却有股异香。会馆的同乡品后也觉得细腻松软、味道香浓,建议他拿来出售。从此,王致和便改良了制作豆腐的方法,卖起臭豆腐来。后来,王致和参加了数次科举考试,次次落榜,他的豆腐生意却越来越好。康熙十七年(1678 年),王致和决意告别科场,在延寿四路西租房开店,店名为王致和南酱园,前店后厂,主营臭豆腐、酱豆腐、豆腐干和酱菜等。[16] 有人戏说道:"举子落第谋生计,豆腐家族添怪品。"

王致和做豆腐非常具有儒商的品质,注重产品质量和信誉,不仅具有细、腻、松、软、香五种特点,而且经久耐放,价格低廉。慈禧太后也非常钟爱王致和臭豆腐,为此,王致和南酱园

图 1-1-2　王致和商标

为了保证"大内上用",开了夜间售卖。来自安徽同乡的清末状元孙家鼐曾给王致和南酱园写了两幅藏头对联,分别为"致君美味传千里,和我天机养寸心""酱配龙蟠调芍药,园开鸡跖钟芙蓉",对联首字横读便为"致和""酱园"。[17]

民国初期,王致和南酱园的发展达到鼎盛时期。京城陆续出现了十几家仿效王致和的酱园,有王芝和、同致和、王政和、致中和等,但都没有王致和名声旺、生意好。数百年来,王致和酱园数易其主。清末光绪年间,河北玉田县的官员买下王致和南酱园,此后一直由玉田人经营。新中国成立后,数家经营臭豆腐的王致和、王芝和、王政和、致中和等合并为北京腐乳厂,迁址至海淀区田村。[18]

今天的王致和归属为北京王致和食品集团有限公司,制作工艺日臻完善,生产和销售品种日益丰富,除了腐乳外,还有酱油、料酒、调料和醋等。产品畅销全国,远销欧美和东南亚,深受全球华人喜爱。1988年,王致和臭豆腐荣获中国首届食品博览会金奖。2006年,王致和被商务部认定为首批中华老字号。

桂馨斋

桂馨斋创建于清乾隆元年(1736年),距今已有280多年的历史,原址位于北京市宣武区骡马市大街铁门胡同。创业人是一对来京谋生的南方夫妇,由于他们膝下无子,生意又越来越好,便招工帮忙。后来,夫妇俩把酱菜手艺传给了沈姓学徒,也把桂馨斋交给了他。沈氏接管后,扩大了生产规模,桂馨斋也成为京城有名的酱园之一。[19]

桂馨斋的选料非常考究,"像入冬的大白菜,是派人从京西地区采购的'青口大白菜';做佛手疙瘩的芥菜,一定要用南苑、小红门、马连道一带的缨芥菜"。[20]桂馨斋因其产品酱香味浓、品质优良,吸引了众多京城附近的顾客光临。《都门记略》中就有桂馨斋及其名产佛手疙瘩、冬菜的记载。清光绪三十四年(1908年),桂馨斋先后开设了南桂馨斋、桂馨栈和桂馨东记三个分号。桂馨斋还被选为宫廷进贡酱菜。

抗日战争时期,桂馨斋处于濒危之局,直至新中国成立后,才又恢复了生机。1956年公私合营以后,桂馨斋改为桂馨斋酱菜总厂。

改革开放后，桂馨斋扩大了经营品种和人员规模，不仅生产佛手疙瘩、五香豆豉、什锦菜与甜面酱四大产品，而且不断推陈出新，推出了新的酱菜品种，包括桂香丝、盒锦菜、甜辣黄瓜、桂花辣芥和香辣酥等。2006年，桂馨斋被商务部认定为首批中华老字号。现在的桂馨斋隶属北京六必居食品有限公司，统归北京二商集团旗下，华北、东北和西北等地区主要城市的上百家大型超市内销售着桂馨斋的酱菜。

大盛祥

大盛祥创办于清同治十一年（1860年），距今已有150多年历史，原址位于广西省南宁市解放路中段36号。创办者为李亿万和梁迪臣。清同治十一年（1860年），二人合股投资在解放路中段挂起了"大盛祥记"的牌子，主营各式酱料，后又售卖生抽、抽油等产品。光绪二十六年（1900年）后，大盛祥又开发了豉油王、豆豉椒和酸姜等十多个品种，兼制月饼、腊味等副食糕点。广西特产的黄皮酱集酸、甜、辣于一身，味道独特鲜美，大盛祥的黄皮酱也格外有名，其制作工艺非常考究。据南宁酱料厂总工程师蓝卫介绍："制作黄皮酱的主要原料是广西特有的野生山黄皮。每年六七月份，他们要到龙州、宁明一带收购山黄皮。之后工人们将山黄皮洗净、去核、放盐，放置到大瓦缸里进行数个月的封存腌制，然后再加以白糖、特级豆酱、辣椒、蒜米、甜酒、芝麻酱等配料，经过打磨等方法制作而成。制成的黄皮酱有一种独特的山黄皮香味，味道酸甜可口、辣味适宜，既可以拌粉、面直接食用，也可以作为蒸、炒各种肉类和火锅的佐料。"[21]

20世纪20年代，两位股东的儿子接管大盛祥，员工已达90人。当时南宁还有义利、民生和陆裕德等酱园，其中大盛祥酱园实力最强，"开设有南栈、正栈、东栈、西栈、新栈、支栈等六处分支店"，"豉油年产量达34.5万~45万公斤，酱料达5万~7.5万公斤"，"产品的40%销往邕宁四塘、五塘、良庆、蒲庙、武鸣、永淳（今横县）及左右江沿岸各县市"。[22] 1943年，李、梁两家拆股，前者继续经营大盛祥。1956年公私合营后，大盛祥、泗兴隆、民生、万康、恒昌、致和、广兴、上海、大胜利、新诚利等10家制酱工场合并，组成公私合营大盛祥、泗兴隆和民生三个加工场。1958年，大盛祥、泗兴隆加工场合并，同时撤销民生酱料加工场，改为南宁市公私合营酱料厂。

1960年2月，公私合营酱料厂经上级批准为全民所有制企业，改为国营南宁市酱料厂，后又改为南宁市酱料厂，工厂地址一直在南伦街原大盛祥加工厂旧址。2003年，南宁市酱料厂改制，隶属于广西南宁三香食品有限责任公司，经营的主要品种有生晒王酱油、黄皮酱、葱姜酱油、苏梅酱和黑米醋等，尤以黄皮酱和生晒王酱油最为有名。2010年，南宁市酱料厂（注册商标：铁鸟）被商务部认定为中华老字号。

德昌源

德昌源始建于清同治元年（1862年），距今已有150多年历史，酱园地址位于四川省乐山县，是四川腐乳行业中历史较为悠久的老字号，创办者叫杨江东。德昌源的前身为江东源豆腐乳作坊。清光绪十八年（1892年），杨德昌继承江东源豆腐乳作坊，将其改名为德昌源。德昌源的豆腐乳在发酵过程中使用金钩、胡椒和条桂等名贵药材，发酵时间长，豆腐乳醇香可口。

1938年，由民族工业家范旭东先生创办的黄海化学工业研究社迁至四川五通桥。研究社社长、美国哈佛大学博士孙颖川教授率方心芳和肖永澜等一批生物化学专家，对德昌源豆腐乳毛霉进行了专题研究，发现其无毒无害，且繁殖快、抗菌能力强，具有蛋白酶、脂肪酶和肽酶等有益酶，便将其命名为"中国五通桥毛霉"，通过该社刊物《黄海》杂志向全世界推广，新中国成立后由中国科学院重新编号为"AS.3.25"，成为标准发酵毛霉。[23]

1956年公私合营后，德昌源划归国营五通桥酿造厂。1987年，恢复为四川省五通桥德昌源酱园厂。同年，酱园获得中国首届食品博览会银奖。1991年，获巴蜀食品节金奖。[24] 2009年，德昌源独特的酿造技艺被收入四川省省级非物质文化遗产名录。

2010年，四川省五通桥德昌源酱园厂（注册商标为"桥"）被商务部认定为中华老字号。现在，四川省五通桥德昌源酱园厂新落成的园林式产业园占地五十亩，拥有先进的全自动化生产设备，年产腐乳五千吨，主要产品有桥牌豆腐乳和德昌源桥牌汤圆粉系列。桥牌腐乳有红味、白味、盐鲜味等,"色泽乳黄、霉香醇厚、细腻绵软、回味悠长",著名画家丰子恺有诗赞道:"名酒茅台,腐乳桥牌,其形古朴,其味美哉;三餐常顾,食旺味开;赠亲送友,妙品扬外。"德昌源桥牌汤圆粉选用国内各地优质糯米,采用独特配方及富含多种矿物质的地下泉水,水磨精制而成,味正色白、糯香细腻。❶ 作为百年品牌,德昌源一如既往地深受消费者欢迎,畅销国内和美国、日本等国家。

第二节 传统名醋

在中国人的日常饮食中,除了酱以外,醋也是最基本的调味品之一。据相关文献记载,我国酿醋的历史至少在三千年以上。《周礼》中便有记述专门"司醯"之人:"醯人掌四豆之实。朝事之豆,其实韭菹、醓醢、昌本、麋臡、菁菹、鹿臡、茆菹、麇臡。馈食之豆,其实葵菹、蠃醢、脾析、蠯、蚳醢、豚拍、鱼醢。加豆之实,芹菹、兔醢、深蒲、醓醢、箈菹、雁醢、笋菹、鱼醢。羞豆之食,酏食、糁食。凡祭祀,共荐羞之豆实。宾客、丧纪,亦如之。为王及后,世子共其内羞。王举,则共醢六十瓮,以五齐、七醢、七菹、三臡实之。宾客之礼,共醢五十瓮。凡事,共醢。"[25]

《论语·公冶长》中记载:"孰谓微生高直?或乞醯焉,乞诸其邻而与之。"[26]东汉的《四民月令》中记载了醋的酿造时间:"四月立夏后,作鱼酱。蚕入簇,时雨降,呆种黍禾,谓之上时。可种胡麻,可种大小豆,美田欲稀,薄田欲稠。可收芜菁及芥、葶苈、冬葵子,可作酢。""五月一日可作醢。……是月五日,合止痢黄连圆、霍乱圆,采蒠耳,取蟾蜍,可以合恶疽疮药。……亦可作酢。也可作酢。"[27]

许慎在《说文解字》中说:"酸。酢也。月令,春三月、其味酸。鸿范。曲直作酸。从酉。夋声。素官切。十四部。关东谓酢曰酸。籀文酸。从畯。

---

❶ 资料来源于德昌源官方网站。

唆声也。"[28] "酢，酸也。酢本戴浆之名。引申之、凡味酸者皆谓之酢。……从西。乍声。仓故切。五部。今俗皆用醋。以此为酬酢字。"[29]

《齐民要术·卷八》中有专门的"作酢法"："凡醋瓮下，皆须安砖石，以离湿润。为妊娠妇人所坏者，车辙中乾土末一掬，着瓮中即还好。作大酢法：七月七日取水作之。大率麦䴷一斗，勿扬簸，水三斗，粟米熟饭三斗，摊令冷。任瓮大小，依法加之，以满为限。先下麦䴷，次下水，次下饭，直置勿搅之。以绵幕瓮口，拔刀横瓮上。一七日旦，着井花水一椀。三七日旦，又着一椀，便熟。常置一瓠瓢于瓮以挹酢。若用湿器咸器内瓮中，则坏酢味也。"[30]

南北朝时酿醋工艺更加完善。到了唐宋时期，出现了许多以醋为主要调味的名菜，如葱醋鸡、西湖醋鱼等。

宋代吴自牧在《梦梁录》中记载："若向者高宗朝，有外国贺生辰使副，朝贺复筵，于殿上坐使副，余三节人在殿庑坐。看盘如用猪、羊、鸡、鹅、连骨熟肉，并葱、韭、蒜、醋各一碟，三五人共浆水饭一桶而已。"[31]又记载说："盖人家每日不可阙者，柴米油盐酱醋茶。"[32]可见，醋已成为宫廷筵席和百姓日常饮食中必备的调味品。

《东京梦华录》中也有多处关于醋的记载，如在"军头司"里介绍说："其余工匠修内司。八作司。广固作坊。后苑作坊。书艺局。绫锦院。文绣院。内酒坊。法酒库。牛羊司。油醋库。仪鸾司。翰林司。喝探。武严。辇官。车子院。皇城官。亲从官。亲事官。上下宫皇城黄旱院子。涤除。各有指挥。记省不尽。"[33]还记载："……就薜分娩讫，人争送粟米炭醋之类。"[34]我国著名的酿醋老字号有山西益源庆（陈醋）、浙江恒顺（香醋）、四川保宁和福建桃溪等。

益源庆

益源庆始创于明洪武初年（1377年），距今已有640多年历史，坐落于山西省太原市宁华府巷内，是山西现存历史最悠久的酿醋老字号。关于益源庆醋坊的来源还有一段饶有趣味的故事。

据说当年，在古老的并州城有一狭窄的小胡同，胡同里有一家小店铺，店主领着几个小伙计以帮人磨面、酿酒、制醋为生。店主为了使小店

图 1-2-1 益源庆老醋香销万家

生意兴旺，特为本店取名为益源庆。"益"乃收益利润，"源"为源源不断，"庆"乃庆祝之意，合起来寓意为期望该店买卖兴隆、财源不断。❶ 当时，明太祖朱元璋册封其孙朱济焕为宁化王，王府在太原。有一次，宁化王无意间品尝到了益源庆的陈醋，酸味适口，别有风味，便吩咐益源庆农历每逢初一、十五和二十五给宁化府送醋。有一天，恰逢送醋之日，却下起了瓢泼大雨，从益源庆到宁化府有一段路程，赶驴车送醋的小伙计遇大雨翻了车，醋没有能及时送至王府中而导致王府闹了醋荒。宁化王得知后，遂下令命益源庆将作坊搬到王府里。从此，益源庆成了宁化府的专用酿醋作坊。益源庆生产的醋也就被叫做了宁化醋，专供朝廷世代食用。民间的老百姓只能闻其名，无法尝其味了。[35]

据益源庆现存的一具当年蒸料用的铸有"嘉庆二十二年七月吉日成造"字样的铁甑推测，早在清嘉庆二十二年（1817年），益源庆已具有了日产醋150多公斤的规模，为山西最大的制醋作坊。[36] 其后，益源庆虽数易其主，但醋的质量始终如一，买卖也因而经久不衰。据益源庆最后一任掌柜回忆，民国前益源庆的股东仍姓朱，产品称为官礼陈醋，当时已成为达官显贵馈赠亲朋的佳品。

---

❶ 资料来源于益源庆官方网站。

民国时期，太原阎锡山的属下及山西晋剧名流丁果仙、丁巧云府上常年食用益源庆的醋，由店伙计定期挑篓送到府上。后来朱家老大、老二吸烟土成瘾，终日挥霍，家道中落。1943年，益源庆的掌柜张映瑀寻资将益源庆合伙买下，在原址重操旧业，日产醋150多公斤，产品行销北京、天津、上海和西安等地，人称宁化府醋。

1956年公私合营后，益源庆被收归到新星食品酿造厂。1958年，原新星食品酿造厂改名为食品酿造厂，益源庆日产醋量达到1250多公斤。1963年，益源庆移交给柳巷副食品公司，1966年，又移交给太原市糖业烟酒公司桥头副食商店，称为桥头二部，日产醋900多公斤。[37]"文革"时期，老字号的牌匾被人用刨子推成木板，但其生产的陈醋仍深受群众喜爱。1984年，桥头二部更名为太原市益源庆醋厂。1985年，益源庆厂房拆迁扩建，厂区临时搬往太原市西温庄乡寺庄村生产，年产醋400多吨，还增加了部分老陈醋、陈醋、礼品醋和多味醋等品种。1989年，新厂建成后，日产量由原来的1吨增加到3吨，职工增加到44人。❶ 1993年，在太原南郊、北郊建成两家陈醋分厂和一家酱油分厂，日产量1万多公斤。[38] 1997年，益源庆由国企转为股份制企业，即益源庆醋业有限公司。

2006年，太原市宁化府益源庆醋业有限公司（注册商标：益源庆）被商务部认定为首批中华老字号。现在的益源庆公司一直继承和弘扬着传统山西陈醋的酿造技术，所产醋均采用传统固态发酵工艺，后期采用熏醅工序以增色增香。蒸、酵、熏、淋、酿、勾兑，每个环节都很精细，生产出的醋香、酸、甜、绵，色泽棕红、味道醇厚，品种包括陈醋、老陈醋、熏醋、保健醋和名醋等。

保宁

保宁起源于明末清初（据说为1618年），距今已有400多年历史，产自四川阆中。阆中的酿醋历史十分悠久，陆游曾写诗赞道："阆州斋酿绝芳醇。"

据《索氏家谱》记载："清初，索义廷自山西来到阆中。索氏祖籍湖

---

❶ 资料来源于益源庆官方网站。

南淮化，曾先后去过岳阳、汉口、太原等地，身怀酿醋绝技，善用白叩、砂仁、杜仲、当归、五味子等30余味中药配制醋曲。他先在北门过街楼开设醋坊，其作坊虽然简陋，招牌也不大，但醋味特佳，生意日渐兴隆。其后人在乾隆年间，将醋坊迁到城南傍江的栅口下街，购房置屋，招徒授艺，竖起'索永顺记'的通天招牌。采用嘉陵江与白溪嚎汇流后那江中品质特佳的水酿制'冬水高醋'。"[39]索永顺记出产的醋以产地命名为保宁醋，色泽红棕、久存不腐、味道柔和、醇香回甜。

《阆中县志》中记述："以其较为醋，色微黄而味不甚酸，携之出境，则清香四溢，闻者咸知其为保宁醋也。然造醋者必在城南傍江一带，他处则不佳，殆水性使然饮取水之候，以冬为上，故有冬水高醋之名。"[40]

民国年间，阆中醋坊多达42家，年产量50至100吨。其中有一家醋庄名叫崇新长，1915年，其所产宝鼎牌保宁醋在巴拿马太平洋万国博览会上荣获金奖。[41]一定程度上可以说保宁醋是一个地区醋种的统一名号，而不是一个作坊所独有。

1958年，昔日的醋坊整合为一体，成立了阆中保宁醋总厂。1994年，组建四川保宁醋有限公司。1984年，北京大学杨辛教授为其题词："不是醇酒，胜似醇酒，异香保宁独有。"[42]2006年，四川保宁醋有限公司的保宁醋被商务部认定为中华老字号。民间有种说法："吃川菜一定要用保宁醋。"多年来，保宁醋便随着川菜而配套远销至国内各省市、港澳台和东南亚等国家或地区。

恒顺

恒顺始创于清道光二十年（1840年），距今已有近180年的历史，位于江苏省镇江市，是镇江香醋的代表。清道光二十年（1840年），江苏丹徒西麓村人朱兆怀创建了朱恒顺糟淋坊，寓意"永久顺遂"，以酿造销售百花酒为生。百花酒还曾作为贡品进贡皇宫。清道光三十年（1850年），恒顺酿制采用固态分层发酵生产镇江香醋，"酸而不涩，香而微甜，色浓味鲜，久存不变，愈存愈香醇"。[43]民谣记述："百花酒香傲百花，万家举

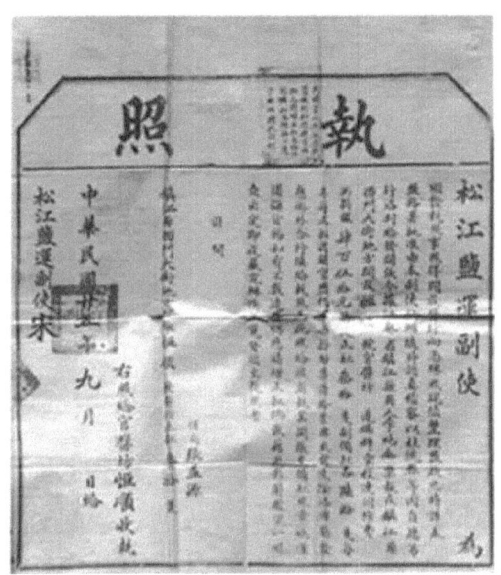

图1-2-2 光绪二十五年恒顺执照

杯誉万家，酒香好似花上露，色泽犹如洞中春。"❶ 后来，朱氏便将作坊更名为朱恒顺酱醋糟坊，他也因作坊的日益兴隆而成为镇江一代名商。

1909年，恒顺香醋和百花酒在南洋劝业会评赛中同时荣获国际金奖，恒顺的声誉开始远播海内外。1926年，由于朱氏子孙挥霍无度，作坊改由浙江镇海人李皋宇经营，取名号为恒顺源记酱醋糟坊。李皋宇热心实业，经营意识很强，镇江许多商号都有他的股份。1930年，他将风景名胜古刹"金山"作为恒顺产品的商标（沿用至今）。[44]1933年，恒顺香醋远销南洋一带。1935年，改字号为恒顺酱醋股份有限公司，并开设镇江恒顺酱醋厂上海分厂。1937年11月，日军逼近镇江，恒顺停产。抗战胜利后，李皋宇的长子李友芳接办恒顺，当时通货膨胀，投机横行，恒顺陷入了高利贷的深渊。[45]

1949年4月，镇江解放，人民政府调拨粮食原料及贷款给恒顺，帮助恢复生产，摆脱困难。1955年公私合营，恒顺成为镇江市第一家公私合营企业，定名为公私合营镇江恒顺酱醋厂。1958年10月，镇江市委将全市

---

❶ 资料来源于江苏恒顺集团官方网站。

80多家酱醋作坊全部并入恒顺，统称为公私合营镇江恒顺酱醋厂。1966年底，恒顺被改制为全民所有制企业，定名为国营镇江恒顺酱醋厂。1979年，恒顺开始兴建2000吨香醋生产大楼，为历史上第一栋生产大楼，建成后实际产量达3000吨。1985年，劳动路拓宽更名为中山西路，恒顺大西路厂区开始逐步搬迁至中山路厂区。1992年，恒顺建成沿街办公大楼，成为当时中山西路上的地标建筑。1995年，以镇江恒顺酱醋厂为核心组建江苏恒顺集团公司。1999年，恒顺在39类酱醋产品上的商标被国家工商行政管理总局评为中国驰名商标，成为全国酱醋行业以及镇江市首枚中国驰名商标。

2001年2月6日，恒顺醋业在上交所发行4000万股，成功进入资本市场，成为调味品行业首家上市公司。2002年，恒顺醋业整合了镇江香醋的生产、市场资源，兼并恒丰酱醋和恒大。2003年，恒顺先后在山西、重庆和安徽建立起食醋分厂。❶ 恒顺香醋采用优质糯米为原料，历经"制酒、制醅、淋醋"三大过程，大小40多道工序。2006年，"恒顺香醋酿制技艺"入选国家首批非物质文化遗产保护名录。同年，江苏恒顺醋业股份有限公司（注册商标为"恒顺"）被商务部认定为首批中华老字号企业。2010年，恒顺被列为上海世博会特许生产商，恒顺醋类产品荣获特许产品质量奖。如今，恒顺生产的香醋、保健醋、酱油、酱菜和色酒等系列调味品已有近200种，畅销中国各地及世界40多个国家和地区。

百津——福建永春老醋

百津——福建永春老醋创办于20世纪40年代初，店址位于福建省永春县城关，是经营永春老醋的老字号，也是永春酿造厂的前身，由陈锡联创办。据传，永春民间酿造老醋已有千年历史，永春老醋又称福建红曲醋、乌醋，"以优质糯米、高级红曲、特等芝麻、上等白糖为原料"，"色泽棕黑、性质温热、酸而不涩、微带甘甜、醇香爽口、回味生津、久藏不腐，且存放越久，风味愈佳"。[46]永春老醋多为自家酿，鲜有售卖。很多外地人来买都买不到。20世纪40年代初，永春城关的陈锡联觉得这是一个

---

❶ 资料来源于江苏恒顺集团官方网站。

商机，便开了一家主营永春老醋、兼营酒和酱油的百津酱油店，生意非常兴隆。后来城关陆续有合茂、洽昌、和通、龙泉、龙津和陈德石七家酱油店开业，五里街镇还开了八家。

1950年，城关七家酱油店组成合联酱园。1955年，合联酱园和五里街镇的五里街酱园联合组成永春酱油厂。1954年，爱国华侨尤祖阳出资与永春县政府创办了永春酒厂。1958年，永春酱油厂和永春酒厂合并为地方国营永春酿造厂，专营老醋、白酒和酱油。1960年，水仙花牌老醋注册并投入使用。1988年，桃溪牌永春老醋荣获全国首届食品博览会金奖。1995年，永春酿造厂年生产力1000吨，固定资产500余万元。[47]现在，永春酿造厂已经改制为永春老醋有限责任公司。桃溪牌永春老醋、香醋畅销国内并远销欧美及东南亚40多个国家和地区，广受百姓青睐。

第三节　酿酒作坊与酒厂

中国的酿酒历史可以追溯到龙山文化时期。据考古发现，五千多年前的龙山文化遗存中出土了尊、盃、高脚杯和小壶等，这些都是专门用于酿酒和饮酒的器具。[48]《尚书》中记载："王曰：'来！汝说。台小子旧学于甘盘，既乃遯于荒野，入宅于河。自河徂亳，暨厥终罔显。尔惟训于朕志。若作酒醴，尔惟曲糵；若作和羹，尔惟盐梅。尔交修予，罔予弃，予惟克迈乃训。'"[49]可见，当时人们已经选用曲糵酿酒，技术也较为成熟。

《周礼》中记载了对造酒的法式与原料的明确的规定："酒正掌酒之政令，以式法授酒材。凡为公酒者，亦如之。辨五齐之名：一曰泛齐，二曰醴齐，三曰盎齐，四曰缇齐，五曰沈齐。辨三酒之物：一曰事酒，二曰昔酒，三曰清酒。辨四饮之物：一曰清，二曰医，三曰浆，四曰酏。掌其厚薄之齐，以共王之四饮三酒之馔，及后、世子之饮与其酒。凡祭祀，以法共五齐三酒，以实八尊。大祭三贰，中祭再贰，小祭壹贰，皆有酌数。唯齐酒不贰，皆有器量。共宾客之礼酒，共后之致饮于宾客之礼医酏糟，皆使其士奉之。凡王之燕饮酒，共其计，酒正奉之。凡飨士、庶子，飨耆老、孤子，皆共其酒，无酌数。掌酒之赐颁，皆有法以行之。凡有秩酒者，以书契授之。酒正之出，日入其成，月入其要，小宰听之。岁终，则会，唯王及后之饮酒不会。以酒式诛赏。"[50]也有记述："酒人掌为五齐三酒。祭祀，则共奉之，以役世妇。共宾客之礼酒、饮酒而奉之。凡事，共酒而入于酒府。凡祭祀，共酒以往。宾客之陈酒，亦如之。大行人掌大宾之礼，及大客之仪，以亲诸侯。"[51]可见，酒已经成为祭祀之必备品，且有专门掌管酒的人员。

《齐民要术·卷七》中多次提到各种酒的做法和以酒为辅料的数十种食物的做法。如："造酒法。全饼麹晒经五日许，日三过以炊帚刷治之，绝令使净。若遇好日，可三日晒。然后细锉，布帊盛高屋厨上。晒经一日，莫使风土秽污。乃平量麹一斗，臼中捣令碎。若浸曲一斗与五升水。水浸麹三日，如鱼眼汤沸酘米。其米绝令精细。淘米可二十遍。酒饭人狗不令唼。淘米及炊釜中水为酒之具，有所洗浣者，悉用河水佳也。"[52]此外还介绍了糯米酒、神曲黍米酒、神曲粳米醪、河东神曲、卧曲、白醪曲、法酒、粳米法酒、大州白坠曲、桑落酒和春酒等各种酒的做法。从酒的类别细分可看出当时的酿酒技艺复杂而高超，因时因地因料而异，品种众多，叹为观止。又如《齐民要术·卷八》里在记载"作肉酱法"中提到："鸡汁亦得，勿用陈肉，令酱苦腻。无鸡雉，好酒解之。"[53]除这一处提到用酒作为辅料制作肉酱以外，还有数十余处描述如何用酒作为辅料加工食物，可见，酒在中国人的日常饮食中占有非常重要的位置。

唐宋时期，出现了专门酿酒的作坊和售酒的酒肆，且酒类众多。《唐国史补》记载："酒则有郢州之富水，乌程之若下，荥阳之土窟春，富平之石冻春，剑南之烧春，河东之乾和蒲萄，岭南之灵谿、博罗，宜城之九酝，浔阳之湓水，京城之西市腔、虾蟆陵郎官清、阿婆清。又有三勒浆类酒，法出波斯。三勒者谓庵摩勒、毗梨勒、诃梨勒。"[54]到了宋代，许多作坊和酒肆都拥有自己的名号，比如会仙酒楼等，而且当时酒肆业相当发达，可以说是人生百态的集散地。《东京梦华录》中说："凡店内卖下酒厨子。谓之'茶饭量酒博士'。至店中小儿子皆通谓之大伯。更有街坊妇人。腰系青花布手巾。绾危髻。为酒客换汤斟酒。俗谓之焌糟。更有百姓入酒肆。见子弟少年辈饮酒。近前小心供过使令。买物命妓。取送钱物之类，谓之闲汉。又有向前换汤斟酒歌唱。或献果子香药之类。客散得钱、谓之厮波。又有下等妓女。不呼自来筵前歌唱。临时以些小钱物赠之而去。谓之箚客，亦谓之打酒坐。又有卖药或果实萝卜之类。不问酒客买与不买。散与坐客。然后得钱。谓之撒暂。如此处处有之。唯州桥炭张家。乳酪张家。不放前项人入店。亦不卖下酒。唯以好淹藏菜蔬。卖一色好酒。"[55]

元朝时期，酒槽坊也为数居多，并具有强烈的民俗特点。《析津志》里说："酒槽坊，门首多画四公子：春申君、孟尝君、平原君、信陵君。以红漆阑干护之，上仍盖巧细升斗，若宫室之状。两旁大壁，并画车马、驼从、伞仗俱全。又间画汉钟离、唐吕洞宾为门额。正门前起立金字牌，如山子样，三层，云黄公罏。夏月多载大块冰，入于大长石枧中，用此消冰之水酿酒，槽中水泥尺深。"[56]

明清以后，酒业老字号空前繁荣，大致可以分为白酒、黄酒和葡萄酒三大类别。虽然这三大类别的酒在我国的酿酒历史都相当悠久，但许多字号都已消失，流传至今者，都是我国传统酿酒文化的代表，比如茅台酒和五粮液始创于明朝，杏花村、剑南春、老龙口、沈永和与张裕等创办于清朝。自鸦片战争以后，西方的啤酒也渐渐充斥着我国酒业市场。民国时期，我国出现了第一家啤酒业老字号，即双合盛五星啤酒厂（创建于1915年）。从此，东西方酒业相互交融，竞相发展，形成了我国独特的酒业老字号文化。

茅台

茅台酒因产于贵州省仁怀县茅台镇而得名，距今应有四五百年历史。据考，茅台酒厂所在地，名叫杨柳湾，内有一个建于明嘉靖八年（1529年）的化字炉，上列捐建者的户名中有一个叫做"大和烧房❶"。[57]茅台镇产酒的历史便可追溯至此。如今的茅台酒厂前身为三家酿酒作坊即成义酒坊、荣合酒坊和恒兴酒坊。

成义酒坊是生产贵州茅台最早的酒坊，创办于清同治元年（1862年），创始人叫做华桎坞。华家原是遵义一带有名的盐商。相传在19世纪50年代初的时候，他母亲说想喝茅台酒，便让他去茅台镇的时候带回来尝尝。

---

❶ 烧房即酒坊。

但过去的酿酒坊早已消失，他便设法找到老酿酒师建起酿酒作坊，以便拿回家给母亲品尝。母亲喝过以后说就是年轻时喝过的味道。华桎坞便把酒坊开了起来，命名"成裕"，中断数年的茅台酒便又开始生产了。四面八方的人都前来购买。清同治十一年（1872年），改名为成义酒坊，所产酒叫作回沙茅台。[58]

荣和烧房创办于清同治九年（1870年），由王天和、石荣霄和孙合太合股开设，所产酒叫作王茅。[59]恒兴酒坊创办于1929年，创始人为周秉衡、贾伯昭和赖永初。1937年，改由赖永初独资，所产酒称作赖茅。[60]茅台所产之酒纯净透明、柔绵醇厚、回味悠长。《续遵义府志》记载："茅台酒……出仁怀县茅台村，黔省称第一。制法纯用高粱做沙，煮熟和小麦面三分，纳酿地窖中，经月而出蒸之，既而复酿，必经数回然后成，初曰生沙，三四轮曰燧沙，六七轮曰大回沙，以次概曰小回沙，终乃得酒而饮，其品之醇，气之香，乃百经自具，非假曲与香料而成，造法不易，他处难于仿制，故独以茅台称也。"[61]据悉，道光年间，茅台镇的酒坊不下二十家，有人写诗赞道："茅台村酒合江柑，小阁疏帘兴易酣；独有葫芦溪上笋，一冬风味舌头甜。"[62]1915年，茅台酒在美国巴拿马万国博览会上获得金质奖章，自此便确定了贵州茅台酒的地位。新中国成立前，茅台酒年产量最高可达数十吨。

新中国成立后，1952年，在北京举行的第一次全国评酒会中，茅台在100多种酒中被评为八大名酒之首。1953年，成义酒坊、荣合酒坊和恒兴酒坊组成贵州茅台酒厂。1954年，时任总理周恩来在日内瓦万国会议期间，用茅台酒宴请各国代表。[63]1997年，贵州茅台酒厂改制为中国贵州茅台酒有限责任公司。1999年，中国贵州茅台酒有限责任公司、贵州茅台酒厂技术开发公司、贵州省轻纺集体工业联社、深圳清华大学研究院、中国食品发酵工业研究所、北京糖业烟酒公司、江苏省糖烟酒总公司和上海捷强烟草糖酒（集团）有限公司等八家公司共同发起并联合成立贵州茅台酒股份有限公司。2001年8月，贵州茅台股票在上交所挂牌上市。2006年，茅台酒被商务部认定为首批中华老字号。2018年，BrandZ发布的"最具价值中国品牌100强"中，茅台位列中国品牌100强第七名，品牌价值231.75亿美元（约合人民币1454亿元）。

五粮液

五粮液原为利川永糟坊，前身叫做温德丰糟坊，始创于明朝，位于四川省宜宾县。宜宾的酿酒历史非常悠久。目前有史可考的，诸如先秦时期僚人酿制的清酒、秦汉时期僰人酿制的蒟酱酒和三国时期鬇鬇苗人酿制的果酒等，都是当时宜宾地区少数民族的杰作。

唐代大诗人杜甫到戎州（今宜宾）时在他写的《宴戎州杨使君东楼》诗中就赞道："胜绝惊身老，情忘发兴奇。重碧拈春酒，轻红臂荔枝。"这里的重碧和荔枝都应是一种酒。重碧酒取之于六物，可以称得上是五粮液的前身。北宋诗人黄庭坚有《谢廖致平送绿荔枝》诗说："王公权家荔枝绿，廖致平家绿荔枝。试倾一杯重碧色，快剥千颗轻江肌。发醅葡萄未足数，堆盘马乳不同时。谁能品此腾绝味，唯有老杜东楼诗。"[64]荔枝绿和绿荔枝也都是酒的名称。宋代宜宾绅士姚氏家族采用玉米、大米、高粱、糯米和荞子五种粮食酿造出了"姚子雪曲"，可谓是五粮液的雏形。

明洪武元年（1368年），温德丰的创始人陈氏继承了姚氏产业，钻研出了一套独到的酿酒秘方，即"荞子成半黍半成，大米糯米各两成，川南红粮用四成"。[65]这个秘方"传内不传外，传子不传女，传一不传二，儿孙深藏之"。[66]当时宜宾酒业竞争激烈，温德丰糟坊可谓规模最大。到清朝时期，温德丰糟坊传至陈家第七代陈三时最为兴旺。清雍正年间酒窖已至52个。可惜陈三膝下无子，便不得已将秘方传给了徒弟赵铭盛。民国初年，赵铭盛将温德丰改名为利川永，后传给徒弟邓子均。邓子均提炼出了用高粱、大米、小麦、糯米与玉米五种粮食混酿的新配方。

1915年，利川永用这种配方酿造的酒参加美国巴拿马国际博览会，荣获金质奖章。晚清举人杨惠泉品尝过五粮液酒后有感而发道："如此佳酿，名为杂粮，似嫌凡俗。此酒及集五粮精华而成玉液，何不更名为五粮液。"[67]五粮液的名字便由此而来。由于连年战乱，到1949年，利川永只剩下9家糟坊。1951年，利川永和长发升两家大糟坊联合成立大曲联营社，继承传统工艺，恢复和发展五粮液生产。1952年，又接纳了其他几个酒坊，成立川南行署专卖事业处国营二十四酒厂。1953年，扩建为中国专卖公司四川省分公司宜宾酒厂。1957年，改名为宜宾酒厂。[68]1998年，改制为四川省宜宾五粮液集团有限公司。十几年来，五粮液多次在美国、法国、意大利、德国、俄罗斯、日本和智利等国的国际博览会上荣获金奖。

2004年，五粮液品牌在"2004中国最有价值品牌"评估中，品牌价值306.82亿元，位居白酒制造业第一。2006年，五粮液荣获商务部认定的首批中华老字号称号。2008年，"五粮液酒传统酿造技艺"入选国家级非物质文化遗产名录，已有600多年历史的明朝老窖，至今仍在使用。同年，五粮液集团公司的五粮春品牌荣获中国驰名商标。2018年，五粮液集团实现销售收入931亿元，增长16%，实现利税323亿元，增长45%，资产总额1213亿元，增长18%。❶

杏花村

杏花村以出产于山西省汾阳市杏花村得名，前身为宝泉益酒作坊，创办于清光绪元年（1875年），创办者为汾阳一位王姓乡绅。据对出土的储酒文物如夏代网格彩陶壶、商代旋纹铜爵和春秋战国时的三足提梁器皿等考证，杏花村酿酒的历史可以追溯到数千年前的商周时期。[69]

关于杏花村酒早期最重要的文字记载可见于《北齐书》："及武成即位，礼遇特隆。帝在晋阳，手敕之曰：'吾饮汾清二杯，劝汝于邺酌两杯'。"[70]可见，汾酒在当时即负有盛名。唐代大诗人杜牧有一首诗说："清明时节雨纷纷，路上行人欲断魂。借问酒家何处有？牧童遥指杏花村。"这首诗使得杏花村名声大震。据传，杏花村汾酒之所以清香馥郁、入口香绵，与村里的一口井泉密不可分。至今，在井泉所在的古井亭上还留有明末清初爱国诗人傅山所题写的"得造花香"字匾，旁边还有一块石刻《申明亭酒泉记》，刻文说："近卜山之麓有井泉焉，其味如醴，河东桑落不足比其甘馨，禄俗梨春不足方其清洌。"[71]唐朝时期，杏花村有72家酒作坊，清代中叶增至120余家。到了清朝末年，杏花村只有三个酒坊进行常年生产，宝泉益就是其中之一。1915年，宝泉益兼并德厚成和崇盛永两家酒作坊，易名为义泉泳。同年所产的汾酒荣获巴拿马万国博览会甲等金质大奖章。1932年，晋裕汾酒有限公司收购义泉泳酿造厂。

---

❶ 资料来源于五粮液集团官方网站。

新中国成立后，1949 年，国营山西杏花村汾酒厂在收购晋裕汾酒有限公司义泉泳酿造厂和德厚成酿造厂的基础上宣告成立。1952 年，汾酒在全国第一届评酒会上被评为国家名酒，从而成为四大名白酒之一。1965 年，郭沫若为杏花村题诗："杏花村里酒如泉，解放以来别有天。白玉含香甜蜜蜜，红霞成阵软绵绵。特卫樽俎传千里，缔结盟书定万年。相共举杯醉汾水，腾为霖雨润林田。"[72] 1985 年，汾酒厂成为全国最大的名白酒生产基地，全年汾酒产量突破 8000 吨，占当时全国 13 种名白酒产量的一半。1988 年，以山西杏花村汾酒厂为主体的杏花村汾酒集团成立。1993 年，山西杏花村汾酒厂改组为杏花村汾酒（集团）公司。同年，山西杏花村汾酒股份有限公司上市发行，这是全国第一家白酒上市企业。2002 年，公司改制为山西杏花村汾酒集团有限责任公司。❶ 2010 年，山西杏花村汾酒集团有限责任公司（注册商标为"杏花村"）被商务部认定为中华老字号。

剑南春

剑南春源于天益号，创办于清康熙初年（1662 年），创办者为朱煜，店址位于四川省绵竹城关外西朱家巷。剑南春的历史可上溯至唐朝。据《唐国史补》对天下名酒的记载："酒则有郢州之富水，乌程之若下，荥阳之土窟春，富平之石冻春，剑南之烧春，河东之乾和薄萄，岭南之灵谿、博罗，宜城之九酝，浔阳之湓水，京城之西市腔，虾蟆陵郎官清、阿婆清。又有三勒浆类酒，法出波斯。三勒者谓庵摩勒、毗梨勒、诃梨勒。"[73]《绵竹县志》记载："大曲酒，邑特产，味醇厚，色洁白，状若清露。"[74]

当年，陕西三原县人朱煜来到绵竹，认为绵竹气候温润、物产丰富、多产好酒，便创办了天益号大曲酒作坊，生意兴隆，还经常销往德阳、安县、广汉和成都等地。之后又有杨、白和赵三家大曲作坊开业。清末，绵竹大曲作坊已达到 18 家。[75] 光绪年间，朱氏酿酒作坊已传至其后代朱天益经营，因此更名为天益老号。民国期间，绵阳大曲已经远销上海、南京等地。新中国成立前，由于战争导致经济萧条，绵竹县的大曲作坊仅剩下朱

---

❶ 资料来源于汾酒集团官方网站。

家的天益号、杨家的杨恒顺、白家的恒丰泰和赵家的义全和，年产量不足200吨。

新中国成立后，四家老字号合并成立了地方国营绵竹酒厂，隶属于绵竹县酒类专卖局。1957年，年产量达到1900吨。1964年，改名四川省绵竹酒厂，隶属四川省酒类专卖局。[76] 剑南春这个品牌问世于1958年，定名于1961年。"选用红粮、荞麦、大米、糯米四种粮食为原料，取玉妃名泉之水，采用红槽盖顶、低温入窖，精心勾兑等新方法。"[77] 1979年，绵竹酒厂更名为四川省绵竹剑南春酒厂。1994年，剑南春酒厂改组为四川剑南春股份有限公司，现为四川剑南春（集团）有限责任公司。2006年，剑南春"天益老号"酒坊被国务院认定为全国重点文物保护单位，作为规模宏大、生产要素齐全、保存完整并且仍在使用的活文物原址，可谓举世罕见。2006年，剑南春被国家商务部认定为首批中华老字号。2008年，"剑南春酒传统酿造技艺"入选国家级非物质文化遗产名录。

老龙口

老龙口原为义龙泉，始建于清康熙元年（1662年），迄今已有近360年历史，位于辽宁省沈阳市。据悉，当年山西太谷县酿酒商孟子敬在盛京小东门外买下一块空地，投资兴建了义隆泉烧锅，后改为万隆泉。万隆泉的烧锅发展迅速，生产规模不断扩大。据民国《奉天省城商工名录》记载，清嘉庆三年（1798年），万隆泉出资小洋五千元，开办了分号万隆合，传承人为武彝尊。

20世纪初至30年代末，由高大有、孟广瑞、贾成瑞和戴松林先后接管，经营者大部分是山西太谷县人。1949年，改名为沈阳特别市专卖局老龙口制酒厂。1949年，改名为沈阳市老龙口制酒厂。1960年，改名为沈阳市老龙口酒厂。2000年，改名为沈阳天江老龙口酿造有限公司。2002年，老龙口自筹资金百万余元，建造了一座1200平方米仿清代建筑风格的集文物收藏、保护、陈列展览和科学研究于一体的酒博物馆。馆内展出了大量老照片、名人字画、文物、义隆泉烧锅原始账目、各式传统酿酒器具和酿酒所需各种原料以及不同时期部分新老产品等珍贵藏品。同时，还将酒博物馆与厂区传统酿酒作坊、贮酒罐群和现代包装生产车间融为一体。开馆至今，已经接待国内外参观游客100万余人次。

2005年，在老龙口厂内义隆泉烧锅原址，挖掘出了大量的子母孔秋坯石磨群，说明当初义隆泉烧锅规模之大，见证了老龙口白酒传统酿造工艺的发展历史。2008年，"老龙口白酒传统酿造技艺"入选国家级非物质文化遗产名录。2010年，老龙口被商务部认定为中华老字号。近360年来，老龙口酒厂多以山西人相传经营，继承和发扬了我国历史悠久的白酒传统酿造工艺，但由于东北地区气候的差异，又逐步演变成了具有北方独特风格和特点的老龙口白酒传统酿造工艺。

图1-3-1　老龙口酒博物馆

老龙口酿造工艺特点可归结为"水好、曲精、发酵、蒸馏、贮存、勾调"12个字。它的与众不同之处在于：一直在原址用原井水酿造白酒。始终沿用传统端午踩曲和用曲工艺，三个月贮存。始终沿用百年窖池发酵，窖池体积为8.5立方米，最早是木制的，后来演变成泥窖，窖墙是用黄泥一层层堆积起来的，堆一层夯一层，将其窖墙夯实，为防坍塌，后来窖子的四周改用钉竹签、缠麻和糊泥，窖池底部和窖帽均用窖泥抹窖，构成了历代传承的酿酒工艺。这个窖池从清初建厂至今长达360多年,一直被连续使用,从未间断过。窖池经过数百年的使用富集了霉菌、酵母菌、细菌与放线菌等种类繁多的微生物,为酿酒提供了呈香呈味的物质前提,从而形成了老龙口酒的独特风格。

此外,老龙口始终采用传统"混蒸混烧老五甑"操作法,故称"老五甑",甑桶蒸馏,分质接酒与贮存。因此数百年来,老龙口虽数易其主,历尽沧桑,却始终延续传统工艺酿造,保持着浓头酱尾、甘洌爽净、绵甜醇厚和回味悠长的独特风格。❶

沈永和

沈永和创建于清康熙三年(1664年),距今已有350多年历史,原址位于浙江省绍兴市,是绍兴酒厂中历史最为悠久的老字号。绍兴酒在我国黄酒中历史最为悠久。《吕氏春秋》中说:"越王之栖于会稽也,有酒投江,民饮其流而战气百倍。"[78]会稽即今绍兴。绍兴酒黄亮有光、浓郁芬芳,口味香甜绵厚,主要以糯米为原料,品种有元红酒、加饭酒、善酿酒、鲜酿酒、香雪酒、竹叶青、福橘酒、花红酒、桂花酒、鲫鱼酒、花雕酒和女儿红等。

沈永和的创始人是江苏省吴兴人沈良衡。起初,他只是沿街叫卖老酒和酱油。后来有了积蓄,便在绍兴新河弄妙明寺三号创办了沈永和酿坊。"沈"取其姓,"永和"二字意味着永远和气生财。到沈家第五代传人沈酉山,不再售卖酱油,转而专营酒业。沈永和酿坊便改为沈永和酒坊。到第六代传人沈墨臣之时,沈永和酒坊规模空前壮大,不仅开设了酒店,扩大了销售网络,印制了瓶贴,注重广告效应,而且在国内国际屡获殊荣。当年的瓶贴下面有一则启事,写着:"此酒由本厂研究所得,质醇厚,气清香,色淡味甘。功能补气活血,助兴趣,无口干头痛等弊,久经中外所推许,装贮精致,极宜宴会及婚寿礼品。赐顾者请认明寿星商标,庶不致误。本主人:沈墨臣启。"[79]可见,沈墨臣非常善于经营。

此外,据沈永和酒厂1928年的坊单也可以知晓沈家的经商之道和品牌

---

❶ 资料来源于沈阳天江老龙口酿造有限公司。

保护意识。全文如下:"浙江绍兴自汤、马(注:即兴建绍兴水利工程三江闸的汤绍恩太守和建造绍兴鉴湖的马臻太守)二先贤续大禹未竟之功,建堤、塘、堰、坝,壅海水在三江大闸之外,导青甸、鉴湖于五湖三经以内,用斯水而酿黄酒,世称独步,实赖水利之功。近今酒税,绍兴独重,比较别区,数逾五倍。有避重税之酿商,迁酿坊于苏属,仿造绍酒,充盈于市。质式与绍酿无异,惟饮后常渴,由于水利非宜。更有唯利是图之售商,仿绍则利重,售绍酿则利轻,每使陶、李(注:陶即陶渊明,李即李白)之雅士有难购真货之势。本坊章鸿记,在绍兴阮社,自清初创始坊址(注:即清康熙三年,公元一六六四年)逐渐扩充酿缸,随时增设陈酒,按年贮存。世业于世,未便更易。明知利薄,欲罢不能。幸承京津各埠大商,暨东西各国侨商,不计重税,委为定酿,预订远年,直觉争先恐后。本主人唯有自加勉励,将向售之远年花雕、真陈善酿,加料京装,竹青陈酒,精益求精,以副雅望。恐被仿冒不明,坛外特盖用月泉小印泥盖,内并封入此单,务请大雅君子购时认明,庶不致误。本坊章鸿记主人谨述。"[80]

1937年,沈墨臣病逝。沈永和在战争中被炸为废墟。1956年,公私合营后,沈永和酒厂复营。1980年,改为绍兴市沈永和酒厂。1994年,与绍兴市酿酒总公司联合成立中国绍兴黄酒集团公司。[81]1995年5月15日,时任中共中央总书记江泽民视察黄酒集团,曾嘱咐说中国黄酒这种酿造技术是前辈留传下来的宝贵财富,要好好保护,防止被窃取仿制。❶中国绍兴黄酒集团公司现拥有沈永和、鉴湖与古越龙山三大知名老字号品牌。鉴湖酒创建于1951年,古越龙山创建于1952年。2006年,沈永和被商务部认定为首批中华老字号。2010年,古越龙山和鉴湖双双入选中华老字号。

张裕葡萄酒

张裕葡萄酒始创于清光绪十八年(1892年),距今已有近130年历史,位于山东省烟台市,是我国近现代历史上最悠久最有名望的葡萄酒老

---

❶ 资料来源于中国绍兴黄酒集团官方网站。

字号。

我国酿制葡萄酒的历史非常悠久,《史记·大宛列传》记载:"宛左右以蒲陶为酒,富人藏酒至万余石,久者数十岁不败。俗嗜酒,马嗜苜蓿。汉使取其实来,於是天子始种苜蓿、蒲陶肥饶地。及天马多,外国使来众,则离宫别观旁尽种蒲萄、苜蓿极望。"[82]讲述的便是张骞出使西域,将葡萄酒的做法引进中国的这段历史。魏文帝曹丕在《诏群臣》中也对"蒲桃"(即葡萄)酿制出的酒大为称赞,他说:"蒲桃当夏末涉秋,尚有余暑,醉酒宿醒,掩露而食,甘而不饴,酸而不酢,冷而不寒,味长多汁,除烦解渴。又酿为酒,甘于曲蘖,善醉而易醒,他方之果,宁有匹之者乎?"[83]"葡萄美酒夜光杯,欲饮琵琶马上催。"从王翰的这首《凉州词》中也可以看出当时饮用葡萄酒时非常讲究,需配以夜光杯。

宋代,我国酿制葡萄酒的历史资料可考的不多。17世纪中叶以后,由于玻璃制皿和葡萄酒酿制技术的进步,法国等国家在葡萄酒业的成就非常显著。张裕的创始人张弼士便有长期留洋的经历,从国外吸取了酿制葡萄酒经验,转而回国实业兴邦。清光绪十八年(1892年),因为张弼士从法国驻巴城领事那里得知烟台的地理位置和气候温度最适宜种植、酿造葡萄酒,便投资300万两白银在烟台置地建厂。张弼士在南洋和两广开办的许多公司都以"裕"字为宝号,借其"丰裕兴隆"之意,于是冠以张姓,将公司命名为张裕葡萄酒公司,第一位酿酒师为英国的俄林。1912年,孙中山为张裕公司题字"品重醴泉"。1915年,张裕公司出品的白兰地荣获美国巴拿马太平洋万国博览会金奖,从此便诞生了张裕金奖白兰地。[84]

20世纪30年代,由于张弼士先生离世,后代经营不善,再加上战乱,张裕公司勉强维持经营,濒临倒闭。1949年,烟台解放后,张裕得以重生。1958年,创立张裕酿酒大学。1982年,烟台张裕葡萄酿酒公司成立。1994年,烟台张裕集团有限公司成立。1997年,收购烟台福山葡萄酒公司和烟台第二酿酒厂,成立烟台张裕葡萄酿酒股份有限公司。同年,张裕股票上市发行,成为国内同行业首家股票上市公司。1998年,接收烟台中药厂和烟台酿酒厂。1999年,收购烟台云龙制瓶厂。2001年,参股法国顶级葡萄酒企业卡斯特集团。2006年,烟台张裕集团有限公司的张裕品牌荣获商务部认定的首批中华老字号称号。

现在，张裕主要经销的葡萄酒品种有白兰地系列、葡萄酒系列、药酒系列和白酒系列等。尽管海外葡萄酒企业在华市场气势逼人，但作为中国葡萄酒的领导品牌，作为中国葡萄酒业响当当的老字号，张裕一直坚持创新发展，积极调整战略。比如通过建设30万亩葡萄基地，大力推进酒庄酒战略等。目前，张裕解百纳已出口至全球近30个国家，全球销量累计将突破5亿瓶。2018，在中国品牌价值百强榜中张裕排名第58位，品牌价值达237.51亿元。❶

图1-3-2 孙中山为张裕公司题字

图1-3-3 张裕首获中国葡萄酒国际大奖

---

❶ 资料来源于张裕集团官方网站。

五星

五星前身为双合盛，始创于民国四年（1915年），距今已有百余年历史，厂址位于北京，是中国人开办的第一家啤酒厂。1840年鸦片战争以来，外国列强的啤酒长期充斥着中国市场，甚至在中国投资创办啤酒厂。1915年，长期旅居俄国的爱国商人张廷阁回国后，与山东同乡好友郝升堂集资五万七千银元，创办了双合盛五星啤酒厂，取其"生意兴隆通四海，财源茂盛达三江"之意，并以五颗闪亮的星星作为商标。厂址位于广安门外旧观音寺的28亩芦苇草地，在玉泉水系上。当时聘请的酿酒技师为捷克人尧西夫格拉。经过不断扩建，到了1932年，职工约500人，年产3000多吨啤酒。[85]

五星啤酒物美价廉、口感醇厚、"杀口"力强，具有浓郁的麦芽香味，又是中国人自己的啤酒，所以当时生意很好，远销全国各地和南洋地区。五星啤酒选料非常注重质量和品位：水要选取水轻、味美、质好、曾用作清宫用水的玉泉山泉水；粮食多选自浙江、河北所产的优质大麦，颗粒饱满、麦粒金黄、皮薄、有鲜香味；酒花由捷克进口；酵母由丹麦进口。[86] 1937年，五星啤酒在美国巴拿马国际博览会上荣获金质奖章。1949年公私合营后，改为国营。"文革"期间，改为首都啤酒厂。1959年，国庆十周年庆典，五星啤酒被时任总理周恩来指定为国宴用酒。1975年，又改为北京五星啤酒厂。1979年，工厂年产达2万吨。1986年，五星特制啤酒荣获国家质量奖。

然而，20世纪90年代，在市场经济的大潮中，由于体制机制问题和市场竞争的日益激烈，五星啤酒出现了全面亏损，经营每况愈下。2000年，"青岛啤酒公司收购了当时与亚洲投资公司合资的北京五星啤酒厂64%的股份。五星啤酒作为青岛啤酒的子品牌仍然存在。但是，随着青岛啤酒北京公司的产品结构调整，青岛啤酒在北京以自有品牌为主，生产的青岛啤酒比重达到近90%，其控股的五星啤酒比重则越来越小。"[87]

第四节　茶庄茶铺

早在西周时期，中国人便已习于饮茶。《周礼》中说："掌茶，下士二人、府一人、史一人、徒二十人。"[88]《尔雅》说："槚，苦茶。"[89]唐代研究茶术的专家陆羽❶在其《茶经》中更是记载了四十七则著名的茶人茶事，如《神农·食经》中记载："茶茗久服，令人有力、悦志。"[90]《尔雅注》说："树小似栀子，冬生叶，可煮羹饮，今呼早取为茶，晚取为茗，或一曰荈，蜀人名之苦茶。"[91]从陆羽对茶的研究中不难看出中国人饮茶的历史非常悠久，制茶的技术也相当高超。

唐代的茶文化也较为发达，如《唐国史补》中便有记载："风俗贵茶，茶之名品益众。剑南有蒙顶石花，或小方，或散牙，号为第一。湖州有顾渚之紫笋，东川有神泉、小团，昌明、兽目，峡州有碧涧、明月、芳蕊、茱萸簝，福州有方山之露牙，夔州有香山，江陵有南木，湖南有衡山，岳州有浥湖之含膏，常州有义兴之紫笋，婺州有东白，睦州有鸠坑，洪州有西山之白露。寿州有霍山之黄牙，蕲州有蕲门团黄，而浮梁之商货不在焉。"[92]到了宋朝，已经出现了茶楼茶肆。

《梦粱录》中记载："今之茶肆，列花架，安顿奇松异桧等物于其上，装饰店面，敲打响盏歌卖，止用瓷盏漆托供卖，则无银盂物也。夜市于大街有车担设浮铺，点茶汤以便游观之人。大凡茶楼多有富室子弟、诸司下直等人会聚，习学乐器、上教曲赚之类，谓之'挂牌儿'。人情茶肆，本非以点茶汤为业，但将此为由，多觅茶金耳。"[93]

《东京梦华录》记述："街东车家炭，张家酒店，次则王楼山洞梅花包子、李家香铺、曹婆婆肉饼、李四分茶。……街北薛家分茶、羊饭、熟羊

---

❶（唐）高彦休《唐国史补》介绍陆羽其人：竟陵僧有于水滨得婴儿者，育为弟子，稍长，自筮，得《蹇》之《渐》，繇曰："鸿渐于陆，其羽可用为仪。"乃令姓陆名羽，字鸿渐。羽有文学，多意思，耻一物不尽其妙，茶术尤著。巩县陶者多为瓮偶人，号陆鸿渐，买数十茶器得一鸿渐，市人沽茗不利，辄灌注之。羽于江湖称"竟陵子"，于南越称"桑苎翁"。

肉铺。向西去皆妓馆舍，都人谓之'院街'。御廊西即鹿家包子。余皆羹店、分茶、酒店、香药铺、居民。"[94]"处处拥门，各有茶坊酒店，勾肆饮食。"[95]

明清之时，乃茶业老字号繁荣之际。此时，有据可考的茶业老字号业已出现，许多至今尚存，比如创建于清雍正三年（1725年）的安徽孙义顺茶号、清乾隆三年（1738年）的上海翁隆盛茶叶店与天津正兴德茶庄、清嘉庆十六年（1811年）的江苏常州老天泰茶叶店、清同治元年（1861年）的福建詹金圃经记、清光绪元年（1875年）的安徽谢裕大茶庄、清光绪八年（1882年）的辽宁沈阳中和福茶庄、清光绪十三年（1887年）的北京吴裕泰茶栈、清光绪二十二年（1896年）的山东济南泉祥茶庄等。

到了民国时期，茶庄茶铺仍屡见不鲜，热闹非凡。《都门识小录》记载了一首北京清吟小班的《竹枝词》，说："茶园日日携朋友，去去来来总一淘。临出门时呼走好，丁宁相会是明朝。"[96]可见当时茶园的繁荣景象。书中还记载了一家茶号即玉楼春茶室："劝业场三层楼上，玉楼春茶室悬一联云：'有客皆书序，无腔不是谭。'"[97]流传至今的民国茶业老字号有：创办于1911年的北京庆林春茶庄、1912年的北京张一元茶庄、1913年的河南开封王大昌茶叶店、1919年的江苏连云港生庆功茶庄、1921年的河北邯郸德茂恒茶叶店、1935年的北京永安茶庄、1937年的天津正昌茶叶店、1940年的云南佛海茶厂（大益）、1941年的河北石家庄市大成茶叶店和1942年的河南许昌市的正义茶庄等。

图1-4-1　孙义顺安茶

新中国成立后，许多茶业老字号都重新焕发了光彩。经过20世纪50年代的公私合营、"文革"时期的动荡和改革开放后的市场经济大潮，这些老字号都以其坚定不移的百年信誉和传统经营信念在漂泊中优胜劣汰，寻找新的生机。

孙义顺

孙义顺创办于清雍正三年（1725年），距今已有290多年历史，店址位于安徽省祁门县，是现存历史较悠久的茶业老字号，创办者为安徽黟县孙姓人氏。清咸丰五年（1855年），祁门发生大水灾，孙义顺改由汪氏经营。孙义顺的安茶在我国广州、佛山乃至东南亚地区享有盛名，其中还有一段富有传奇韵味的故事。

据说，当年汪氏经营时期，有一次在茶业运送广东的途中，偶遇一位囊中羞涩的戴姓老中医，这位老中医想搭船奔往广东，却无人理睬，只有孙义顺的伙计肯伸出援手。船抵达广东时，恰遭当地流行瘟疫，死伤无数。老中医立刻挂号医治，凡经老中医之手的患者皆是药到病除。由于老中医开的药方中均有孙义顺的安茶三钱，从此，孙义顺的安茶在广东佛山地区身价倍增，每年秋后，当地的茶行都要等孙义顺的安茶运到后才对外标价销售。[98]当年"两广"、东南亚一带，有条件的人家，几乎都备有安茶，且越陈越受欢迎。

安茶虽然不像故事所传之能治百病，但其适合热带潮湿地区人们饮用，确有科学根据。广东、南洋一带多湿热天气，人们饮用新茶，容易上火，而安茶性温凉，尤其是陈年安茶，茶性更温、味涩生津，能够祛湿解暑。因此安茶以陈为贵，越陈越醇。据统计，1932年，祁门全县有茶号182家，其中安茶号为47家，最享盛名的要数济和春与孙义顺。后来由于战乱和茶业管理的政治因素，孙义顺一度停产。

由于安茶的制作工艺非常考究，直至20世纪八九十年代江南春茶厂几经走访、研制才使得孙义顺安茶获得新生。2006年，安茶在东南亚市场开始热销。2007年，产量达500吨。安茶，民间称为软枝茶，是介于红茶和绿茶之间半发酵的紧压茶。据说，制作上品安茶必须选在谷雨前后不超过10天的时间内，制作方法分初制和精制两种，初制有晒青、杀青、揉捻和干燥4道工序，精制有筛分、撼簸、拣剔、复烘和装篓成型5道工序。成

品安茶可分为3个等级，即贡尖、毛尖与花香。❶

正兴德

正兴德创办于清乾隆三年（1738年），距今已有280多年的历史，店址位于天津北大关竹竿巷。创办者为穆文英，回族，正兴德可以算是历史最悠久的清真老字号茶庄之一。起初名为正兴号茶庄，清咸丰七年（1857年）改名为正兴德茶庄。正兴德茶庄的创办还有一段耐人寻味的故事。据说，当年穆文英在竹竿巷一家汉民茶叶店买茶叶，看到有的汉族人把买猪肉的篮子放在柜台上，这被回族人视为大忌。于是，穆文英就打算自己开一家茶叶店。恰逢这家茶叶店要转让，穆文英就把它盘了下来。[99]当年穆家是天津八大家之一，以经营米面为生。有雄厚的家族势力做基础，正兴德的茶庄自然生意兴隆。

清光绪二十六年（1900年），正兴德开设了一家香茶熏制厂，继而又在福州、杭州、黄州、六安和大方等茶叶产区设办制茶厂，在北京、保定、沧县和泊镇等地拥有分店。[100]1926年，在当时天津法租界梨栈开设正兴德第一支店（即保留至今的金街正兴德茶庄），时价9角6分（500克）的大叶茶风靡津城，还创办了邮购业务，辐射东北和西北。当时，天津有名的三家茶叶行中，除了正兴德，其余两家即恒益、万兴恒都因经营不善而歇业，唯独正兴德一直生意兴隆。据悉，这与其具有创新精神的经营之道密不可分，即"大量生产，新法制造，直接采办，直接推销，货高称足，薄利广销，包装坚固，装潢美观"。[101]

值得一提的是，正兴德还根据购买阶层的不同将茶叶分为高利、薄利多销和一般利三种销售方式。"如红茶、龙井、普洱、乌龙等茶，价格昂贵，只有官绅富贾等才买得起，定价高，看利在一倍左右；富有人家常用的斤价4.8元以上的花茶，计利为50%；斤价在3.2元以下的，计利30%；斤价在1.6元以下的，计利20%；广大群众乐于购买的0.9元以下的茶叶，只计利10%。"[102]

1934年，正兴德参加美国芝加哥百年竞进展览会，颇受好评，得以名扬

---

❶ 资料来源于孙义顺安茶集团官方网站。

中外。1935年,正兴德进入全盛时期,"拥有总、分、支店20家,从业人员500人,年销茶总量达330余万斤,可得纯利20万元,成为天津首屈一指的大茶庄。"[103]战乱时期,正兴德走向衰落。

1956年,正兴德实现公私合营。1963年,成立正兴德茶叶基层商店。"文革"时期,正兴德曾改为工农兵茶庄。1987年,组建天津市正兴德茶叶公司。1992年,正兴德"销售额达520万元"。[104] 1997年,正兴德公司实施股份制改革,改制为天津市正兴德茶叶有限公司。2005年,正兴德茶庄因拆迁移至和平路长春道交口边廊经营。2009年,正兴德旗舰店在商业步行街滨江道205号开办。2010年,天津市正兴德茶叶有限公司随同正兴德成兴店移至和平路253号。❶公司主营各地红茶、绿茶、黄茶、白茶、黑茶和青茶等六大基本茶类以及再加工茶,主要为茉莉花茶。2010年,天津市清真正兴德茶叶批发公司的正兴德和天津市正兴德茶叶有限公司的成兴两个品牌,被商务部认定为中华老字号。

谢裕大

谢裕大建于清光绪元年(1875年),创始人谢正安,距今已有140多年历史,店址位于安徽歙县,主营黄山毛峰。据《歙县志》记载:"清光绪年间,漕溪人谢静和(正安)所设谢裕大茶行制。"[105]清光绪元年(1875年),谢正安在黄山云雾茶的基础上研制出了黄山毛峰,在老家安徽歙县开设谢裕大茶庄。"谢"为姓氏,"裕大"取"光前裕后"的"裕"字和"大展宏图"的"大"字,寓意光大门闾、光宗耀祖、造福子孙、光前裕后、大展宏图。后为适应向海外拓展,又在上海开设了谢裕大茶庄分号,黄山毛峰随即成为上海各界名流追逐赠送之珍品。通过上海的英国商行,谢裕大茶叶远销至英国和整个欧洲大陆,还曾作为国礼送给英国女王。晚清洋务重臣张之洞欣赏其诚信经营的理念,亲笔题下"诚招天下客,誉满谢公楼"。新安画派大师黄宾虹也盛赞谢裕大为"黄山毛峰第一

---

❶ 资料来源于天津正兴德茶业有限公司官方网站。

家"。❶ 据谢大钧（谢正安长子）在民国九年（1920年）所立的阄书❷记载："先父秉卿公讳大钧，俭勤自励，孝友能敦，以朴实持躬，以和平处世，数十年经商得意名震欧洲四五载。"[106]

1955 年，中国茶叶公司对全国优质茶进行鉴定，黄山毛峰被评为全国十大名茶之一。2005 年，在中国安徽（国际）徽商大会上，创始人谢正安被评为"历史徽商"十大代表人物。2006 年，黄山谢裕大茶叶股份有限公司成立，旨在构建老字号新战略的现代化企业发展之路。2008 年，安徽首家茶叶博物馆——黄山谢裕大茶叶博物馆正式建成并对外开放，展现了中国徽文化和徽州茶文化悠久的历史。2010 年，谢裕大茶叶股份有限公司（注册商标为"谢正安"）被商务部认定为中华老字号。

现在，谢裕大茶叶股份有限公司拥有生态茶园基地 5 万亩，有机生态茶园 1.2 万亩，大型茶叶加工基地 5 个，旗舰店 4 家，专营加盟店 60 余家，加盟商 140 多位，销售布局华东、华北、东北、华南和西南各大城市，并出口欧美等国，年销售额达到 2.5 亿元。公司目前的主要茶产品有黄山毛峰、太平猴魁、祁门红茶和顶谷大方等优质名茶，旗下包含谢裕大、谢正安、醉王、益昌源与漕溪等众多品牌，包装成品 100 余种。❸

图 1-4-2　谢裕大茶叶博物馆

---

❶ 资料来源于黄山谢裕大股份责任有限公司官方网站。
❷ 阄书即分家的契约书。
❸ 资料来源于黄山谢裕大股份责任有限公司官方网站。

中和福

中和福始建于清光绪八年（1882年），距今已有130多年的历史，地址位于辽宁省沈阳市中街地区。中和福茶庄可谓沈阳现存最古老的专业茶庄之一。清光绪八年（1882年），原中和福店址房东关树勋请来一位叫赵俊清的山东籍商人，张罗开办个茶庄并让赵俊清担任掌柜。当时因茶庄地处盛京四平街（今中街）地区的中央地段，做生意的人讲究和气生财，只有和和气气地做买卖，才能大吉大利大福，故起店名为中和福茶庄。[107]

开业之初即展示出其店堂讲究、茶具名贵、古拙典雅的风格。茶庄主要经营花、红、绿与素四大类茶叶，并坚持到茶叶产地或集散地去采购，主要到皖、浙两省采购绿茶；到福建采购闽茶；到安徽一带采购红茶，回来以后，自拼自配，并在南方茶叶产地自办茶场。由于茶叶质量上乘、包装精致，加之与盛京故宫相近，深得茶客茶友和达官显贵的厚爱，当时的满族官员经常光顾中和福茶店，就连张作霖的大帅府也把它作为用茶首选之店。中和福从此声名远扬，被誉为东北第一茶庄，茶叶还一度远销越南、蒙古和俄罗斯等国家。

1931年"九一八"事变后，由于日本侵略者实行经济统治，茶源断绝，中和福一度改为煎饼铺。1956年，公私合营，中和福茶庄并入沈阳市茶叶总店。"文革"期间，中和福的牌匾被拆毁。1969年，被划归沈河区副食品公司。改革开放后，中和福才又开始焕发光彩。1978年，恢复了中和福老字号，划归烟酒糖茶公司。1987年，中和福销售额达200万元，居全省同行业之首。1992年，中和福成立了沈阳市茶叶大世界。2004年，中和福在杭州梅家坞建立了中和福龙井茶叶基地。❶ 2010年，中和福被商务部认定为中华老字号。如今的中和福主要经营中低档茶叶，高档为辅。五六十元左右的茉莉花茶成为每天销售最多的品种。各式各样的高、中、低茶叶包装上均有"麒麟为记"，柜台上所摆放的二百余种茶叶均用茶碟盛装。

茶品如人品，做茶先做人，如今到中和福买茶叶的大部分都是回头

---

❶ 资料来源于中和福茶庄。

客，有的竟然家族里三四辈人都一直饮用中和福茶庄的茶叶。值得一提的是，中和福一直致力于宣传普及茶叶知识，茶庄在沈城举办了七届茶叶节，还成立了中和福茶艺表演队，在沈城老百姓中产生了广泛的影响。

吴裕泰

吴裕泰始建于清光绪十三年（1887年），创办人是吴锡清，店址位于北京市东四北大街，是北京现存的历史最悠久的茶业老字号之一。当时吴裕泰茶栈本着"货真价实、精工细做、买卖两益、服务周到"的经营理念，以仓储、运销、批售茶业为生，生意颇为兴隆，其自拼的花茶也有较好口碑。民国时期，吴裕泰已开设多家分店，包括朝阳门外大街的吴德利茶庄、广安门外大街的吴鼎裕茶庄、西单北大街的吴新昌茶庄、崇文门内大街的信大茶庄、通县城内的乾泰和聚福盛茶庄等。[108]

20世纪初，外埠茶商不再进京，在北京经营零售业务的茶庄或是从天津批买茶叶，或是依靠本地的批发商到产地去采购。吴裕泰茶栈适时抓住机遇，实行外围重点发展的战略，在天津北大关一带建起了天津裕升茶庄。裕升茶庄主营批发业务，发展速度极快，后来甚至取代了吴裕泰在天津的销售地位。❶ 1956年公私合营时，各分店划归当地政府，位于北新桥的吴裕泰茶栈改为吴裕泰茶庄，划归到东城区副食品公司。冯亦武先生为其题匾。"文革"期间，北新桥大街顺应时代潮流被更名为红日路，吴裕泰茶庄也改名为红日茶庄。1985年，又恢复吴裕泰茶庄的老字号。1995年，茶庄旁开张的吴裕泰茶社吸引了社会各界人士。1997年，吴裕泰茶业公司成立，年销售额在1000万元以上。

2002年，年销售额已超过1亿元人民币。2005年，北京吴裕泰茶业股份有限公司成立，总资产达1亿元人民币。2006年，北京吴裕泰茶业股份有限公司（注册商标：吴裕泰）被商务部认定为首批中华老字号。2008年，吴裕泰作为茶行业代表，为北京奥运会独家提供150万袋袋泡茶。现在，北京吴裕泰茶业股份有限公司已经成长为享誉全国的茶叶专营企业，拥有190多家连锁店、一个配送中心、一个茶文化陈列馆和两个茶馆等，

---

❶ 资料来源于北京吴裕泰茶业股份有限公司官方网站。

年销售额近 4 亿元。连锁店分布于北京、天津以及华北大中城市，其经典产品有茉莉花魁、白毫银针、苏堤春晓西湖龙井、芝兰玉树铁观音、金骏眉和玉品大红袍等。

吴肇祥

吴肇祥始建于清光绪年间，创办者为安徽歙县人吴肇祥。据悉，当年安徽歙县的吴姓人是北京经营茶业的大户，吴肇祥、吴裕泰、吴鼎裕与吴德泰等都是同族中人，而吴肇祥茶庄在当时可谓最富实力。清末户部文选司郎中巴鲁特崇彝在其笔记《道咸以来朝野杂记》中记载："北京饮茶最重香片，皆南茶之重加茉莉花熏制者。茶店首推西华门北拐角之景春号，宫中日用皆取之。内府虽有茶库之名，所储皆各省方物，且杂诸药材等物，不适于御用之品。景春茶色极纯洁，而香味不浓。以香味而论，当属齐化门北小街之富春茶庄，及鼓楼前之吴肇祥为上。……景春，富春皆久已歇业，惟肇祥独存耳。"[109]可见，当年就连皇室都非常喜爱吴肇祥的茶叶，他家的花茶❶更是红极一时，享誉北京。

吴肇祥茶庄被列为当时京城有实力的北京茶商"六大家"（方、吴、寇、张、汪、孟）之一。[110] "文革"期间，吴肇祥改名为春茗茶庄。1987年，西单元长厚、西四隆泰、新街口宏兴、西外益新、白塔寺福聚来和地安门吴肇祥茶庄六家茶庄老字号组成元长厚茶叶公司。2006年，元长厚被商务部认定为首批中华老字号。如今元长厚茶叶店遍布北京，而吴肇祥已迁离了旧址，光辉不再。

大益

大益创立于 1940 年，距今已有近 80 年历史，位于云南西双版纳傣族自治州勐海县。大益普洱茶是云南普洱茶的代表，也是云南省唯一一个普洱茶老字号。据大益集团介绍，1938 年，为振兴中华茶产业，中国茶叶总公司派毕业于巴黎大学的范和均和毕业于清华大学的张石城带领技术人员入滇，拟在大叶茶源头佛海设立实验茶厂。1940 年，佛海实验茶厂建成，

---

❶ 花茶即将茉莉花放入茶胚中熏制而成。

由范和钧先生担任厂长，后先后更名为佛海茶厂、西双版纳茶厂和勐海茶厂。1950年，新中国政府接管勐海茶厂。1973年，普洱茶人工后发酵陈化工艺试验在勐海茶厂获得成功。1976年，云南省公司召开全省普洱茶生产会议，决定勐海茶厂茶品末尾标号为"2"。此后，勐海茶厂的"7542""7572"等产品成为普洱生熟茶的典范和标准。1989年，大益商标注册成功。1996年，勐海茶业有限责任公司成立。2004年，勐海茶厂完成全面改制。2007年，云南大益茶业集团注册成立。❶ 2008年，"大益茶制作技艺"被列入国务院公布的第二批国家级非物质文化遗产保护名录。2010年，大益茶道院成立。同年，大益被商务部认定为中华老字号。

现在大益茶业集团旗下包括勐海茶厂（勐海茶业有限责任公司）、东莞大益茶业科技有限公司、北京皇茶茶文化会所有限公司、北京大益餐饮管理有限公司和江苏宜兴宜工坊陶瓷工艺品有限公司等成员企业。大益普洱茶也已经作为普洱茶的代表远销世界各地。大益集团可以说是老字号企业中的佼佼者，它紧紧把握住了市场经济脉搏，其发展战略、市场营销措施和创新方式等值得老字号企业深入思考和借鉴。

注释：

[1]《周礼·天官冢宰第一》。

[2]《论语·乡党》。

[3]（东汉）许慎：《说文解字》。

[4]（北魏）贾思勰：《齐民要术》（下册），商务印书馆，1930年版，第22—23页。

[5]（宋）孟元老撰，邓之城注：《东京梦华录注》卷之二《饮食果子》，中华书局，1982年版，第74页。

[6] [10] 参见孔令仁、李德征编：《中国老字号》（卷三），高等教育出版社，1998年版，第144—145页。

[7] 参见段炳仁主编，王红著：《老字号》，北京出版社，2006年版，第149—150页。

[8] 转引自段炳仁主编，王红著：《老字号》，北京出版社，2006年版，第150页。

[9]（民国）蒋芷侪：《都门识小录》。

[11] [12] 段炳仁主编，王红著：《老字号》，北京出版社，2006年版，第152页。

❶ 资料来源于大益茶业集团官方网站。

［13］孔令仁、李德征编：《中国老字号》（卷三），高等教育出版社，1998年版，第145页。

［14］参见孔令仁、李德征编：《中国老字号》（卷三），高等教育出版社，1998年版，第146页。

［15］孔令仁、李德征编：《中国老字号》（卷三），高等教育出版社，1998年版，第254—255页。

［16］［18］参见段炳仁主编，王红著：《老字号》，北京出版社，2006年版，第144—147页。

［17］参见孔令仁、李德征编：《中国老字号》（卷三），高等教育出版社，1998年版，第121页。

［19］参见孔令仁、李德征编：《中国老字号》（卷三），高等教育出版社，1998年版，第227页。

［20］孔令仁、李德征编：《中国老字号》（卷三），高等教育出版社，1998年版，第228页。

［21］陆冰梅：《南宁黄皮酱唇齿留香 制作历史长百年秘方推陈出新》，《南国早报》，2009年5月26日。

［22］孔令仁、李德征编：《中国老字号》（卷五），高等教育出版社，1998年版，第205—206页。

［23］［24］参见孔令仁、李德征编：《中国老字号》（卷三），高等教育出版社，1998年版，第249—250页。

［25］《周礼·天官冢宰第一》。

［26］《论语·公冶长》。

［27］（东汉）崔寔：《四民月令》。

［28］［29］（东汉）许慎：《说文解字》。

［30］（北魏）贾思勰：《齐民要术》（下册），商务印书馆，1930年版，第25页。

［31］（宋）吴自牧：《梦粱录》卷三。

［32］（宋）吴自牧：《梦粱录》卷十六。

［33］（宋）孟元老撰，邓之诚注：《东京梦华录注》卷之四《军头司》，中华书局，1982年版，第120页。

［34］（宋）孟元老撰，邓之诚注：《东京梦华录注》卷之五《育子》，中华书局，1982年版，第152页。

［35］［36］参见郑孝时、孔阳著：《明清晋商老字号》，山西经济出版社，2006年版，

第 202—205 页。

[37] 参见孔令仁、李德征编：《中国老字号》（卷三），高等教育出版社，1998 年版，第 230—231 页。

[38] 参见郑孝时、孔阳著：《明清晋商老字号》，山西经济出版社，2006 年版，第 202—206 页。

[39] 转引自王纯五：《谈谈四川"保宁醋"》，《文史杂志》，1991 年第 5 期。

[40] 民国岳永武修，郑钟灵等纂：《阆中县志》。

[41] 王纯五：《谈谈四川"保宁醋"》，《文史杂志》，1991 年第 5 期。

[42] 王纯五：《谈谈四川"保宁醋"》，《文史杂志》，1991 年第 5 期。

[43] 孔令仁、李德征编：《中国老字号》（卷三），高等教育出版社，1998 年版，第 221 页。

[44][45] 参见孔令仁、李德征编：《中国老字号》（卷三），高等教育出版社，1998 年版，第 222—223 页。

[46] 孔令仁、李德征编：《中国老字号》（卷三），高等教育出版社，1998 年版，第 175 页。

[47] 参见孔令仁、李德征编：《中国老字号》（卷三），高等教育出版社，1998 年版，第176—177 页。

[48] 参见曾纵野：《中国名酒志》，中国旅游出版社，1980 年版，第 1 页。

[49]《尚书·说命下》。

[50][51]《周礼·天官冢宰第一》。

[52]（北魏）贾思勰：《齐民要术》（下册），商务印书馆，1930 年版，第 5 页。

[53]（北魏）贾思勰：《齐民要术》（下册），商务印书馆，1930 年版，第 23 页。

[54]（唐）李肇：《唐国史补》。

[55]（宋）孟元老撰，邓之城注：《东京梦华录注》卷之二《饮食果子》，中华书局，1982 年版，第 73 页。

[56]（元）熊梦祥：《析津志》，北京古籍出版社，1983 年版，第 202 页。

[57] 参见曾纵野：《中国名酒志》，中国旅游出版社，1980 年版，第 10 页。

[58] 参见孔令仁、李德征编：《中国老字号》（卷三），高等教育出版社，1998 年版，第 329—331 页。

[59] 参见孔令仁、李德征编：《中国老字号》（卷三），高等教育出版社，1998 年版，第 385—386 页。

[61] 转引自曾纵野：《中国名酒志》，中国旅游出版社，1980 年版，第 13 页。

[62] 曾纵野：《中国名酒志》，中国旅游出版社，1980年版，第11—12页。

[63] 参见孔令仁、李德征编：《中国老字号》（卷三），高等教育出版社，1998年版，第332页。

[64] 曾纵野：《中国名酒志》，中国旅游出版社，1980年版，第22页。

[65] 参见孔令仁、李德征编：《中国老字号》（卷三），高等教育出版社，1998年版，第354—355页。

[66][67] 孔令仁、李德征编：《中国老字号》（卷三），高等教育出版社，1998年版，第355—356页。

[68] 参见孔令仁、李德征编：《中国老字号》（卷三），高等教育出版社，1998年版，第356页。

[69] 参见郑孝时、孔阳著：《明清晋商老字号》，山西经济出版社，2006年版，第79页。

[70]（唐）李百药：《北齐书》卷十一。

[71][72] 曾纵野：《中国名酒志》，中国旅游出版社，1980年版，第18—19页。

[73]（唐）李肇：《唐国史补》。

[74] 曾纵野：《中国名酒志》，中国旅游出版社，1980年版，第30页。

[75][76] 参见孔令仁、李德征编：《中国老字号》（卷三），高等教育出版社，1998年版，第286—288页。

[77] 孔令仁、李德征编：《中国老字号》（卷三），高等教育出版社，1998年版，第288页。

[78]（战国）吕不韦：《吕氏春秋》。

[79] 戎彦编著：《浙江老字号》，浙江大学出版社，2011年版，第182页。

[80] 戎彦编著：《浙江老字号》，浙江大学出版社，2011年版，第183页。

[81] 参见戎彦编著：《浙江老字号》，浙江大学出版社，2011年版，第182页。

[82]《史记·大宛列传》。

[83] 转引自曾纵野：《中国名酒志》，中国旅游出版社，1980年版，第100页。

[84] 参见孔令仁、李德征编：《中国老字号》（卷三），高等教育出版社，1998年版，第358—359页。

[85][86] 参见孔令仁、李德征编：《中国老字号》（卷三），高等教育出版社，1998年版，第301—302页。

[87] 冯晓彤：《五星啤酒 回忆中的味道》，《北京日报》，2011年3月18日。

[88]《周礼·地官司徒》。

[89]《尔雅·释木》。

[90][91]（唐）陆羽：《茶经·之事》。

[92]（唐）李肇：《唐国史补》。

[93]（宋）吴自牧：《梦粱录》卷九。

[94]（宋）孟元老撰，邓之城注：《东京梦华录注》卷之二《御街》，中华书局，1982年版，第52页。

[95]（宋）孟元老撰，邓之城注：《东京梦华录注》卷之三《马行街铺席》，中华书局，1982年版，第110—111页。

[96][97]（民国）蒋芷侪：《都门识小录》。

[98]参见孔令仁、李德征编：《中国老字号》（卷五），高等教育出版社，1998年版，第463—465页。

[99]参见谢牧、吴永良：《中国的老字号》（下），经济日报出版社，1988年版，第123页。

[100]参见孔令仁、李德征编：《中国老字号》（卷五），高等教育出版社，1998年版，第434页。

[101]谢牧、吴永良：《中国的老字号》（下），经济日报出版社，1988年版，第124—125页。

[102]谢牧、吴永良：《中国的老字号》（下），经济日报出版社，1988年版，第125页。

[103][104]孔令仁、李德征编：《中国老字号》（卷五），高等教育出版社，1998年版，第435页。

[105]歙县地方志办公室：《歙县志》，中华书局，1995年版，第165页。

[106]张斌：《关于"黄山毛峰"创始人谢正安家族的两份阄书》，《黄山学院学报》，2007年2月第1期。

[107]参见孔令仁、李德征编：《中国老字号》（卷五），高等教育出版社，1998年版，第415页。

[108]参见孔令仁、李德征编：《中国老字号》（卷五），高等教育出版社，1998年版，第463—465页。

[109]侯式亨编著：《北京老字号》，中国环境科学出版社，1991年版，第229页。

[110]参见侯式亨编著：《北京老字号》，中国环境科学出版社，1991年版，第229页。

第二章 老字号中的饭庄酒肆

第一节 传统中餐老字号

一、宋元时代的"食店"

老字号中饭庄酒肆所占的比例居多。较早可见于宋代孟元老的《东京梦华录》里所记载的一些颇具规模的酒楼,如"会仙酒楼,如州东仁和店。新门里会仙楼正店,常有百十分厅馆动使,各各足备,不尚少缺一件。大抵都人风俗奢侈,度量稍宽。凡酒店中,不问何人,止两人对坐饮酒,亦须用注椀一副、盘盏两副、果菜叶各五片、水菜椀三五双,即银近百两矣。虽一人独饮,盌遂亦用银盂之类。其果子菜蔬,无非精洁。若别要下酒,即使人外买软羊龟背大小骨、诸色包子、玉板鲊、生削巴子、瓜姜之类"[1]。当时的饭庄酒肆字号命名多选择寓含闲适、吉祥、清新和祈福意味的词汇,比如汴梁城的和乐楼、清风楼和会仙楼,临安城的熙春楼、风月楼、嘉庆楼、赏心楼和太和楼等;还有以名厨师的招牌字号命名的,如严厨、任厨、陈厨和沈厨等。[2]

宋代的饭庄酒肆不仅种类较多,而且管理也较为严格。《东京梦华录》记载:"大凡食店,大者谓之分茶,则有头羹、石髓羹、白肉胡饼、软羊、大小骨。""更有川饭店,则有插肉面、大奥面、大小抹肉、淘煎奥肉、杂煎事件、生熟烧饭。""更有南食店。""又有瓠羹店。""每店各有厅院东西廊。称呼座次。客坐则一人执筯纸。遍问坐客。都人侈纵。百端呼索。

或热或冷。或温或整。或绝冷。精浇、膘浇之类。人人索唤不同。行菜得之。近局次立。从头唱念。报与局内。当局者谓之铛头,又曰着案讫。须臾。行菜者左手杈三椀,右臂自手至肩。驮叠约二十碗。散下尽合各人呼索。不容差错。一有差错。坐客白之主人。必加叱骂。或罚工价。甚者逐之。"[3] "其余小酒店。亦卖下酒如煎鱼、鸭子、炒鸡兔、煎燠肉、梅汁、血羹、粉羹之类。每分不过十五钱。诸酒店必有厅院,廊庑掩映,排列小阁子,吊窗花竹,各垂帘幙。命妓歌笑,各得稳便。"[4] 当时的饭庄酒肆字号可谓盛行一时,但却少有流传至今者。

辽金时期,史料可考的饭庄酒肆类老字号较少。元朝时期,商业开始复苏,商贸日益发达,街市渐趋繁华。《马可波罗行纪》中记述了元大都的商贸发达情况:"外国巨价异物及百物之输入此城者,世界诸城无能与比。"[5] 元代黄文仲在《大都赋》中描写道:"华区锦市,聚四海之珍异;歌棚舞榭,选九州之秾芬。招提似乎宸居,里肆主于宦门。酤户何烨烨哉,匾斗大之金字;富民何振振哉,服龙盘之绣文。""屠千首以终朝,酿万石而一旬。复有降蛇捕虎之技,援禽藏马之戏,驱鬼役神之术,谈天论地之艺,皆能以蛊人之心而荡人之魄。""天生地产,鬼宝神爱,人造物化,山奇海怪,不求而自至,不集而自萃。"[6] 酿酒万石,一旬就售罄,可见元朝时期酒市的发达。当时也出现了许多歌台酒馆。《析津志》描述钟楼时记述道:"西斜街临海子,率多歌台酒馆。"[7] 但元朝时期的饭庄酒肆字号大都没有流传下来。

二、明清时期的老字号

明清时期,饭庄酒肆类老字号的发展空前繁荣。夏仁虎在《旧京琐记》里记载到:"又有柳泉居者,酒馆而兼存放,盖起于清初,数百年矣。资本厚而信誉坚,存款取息极微,都人以其殷实可靠,往往不责息。有存款多年,往取而银之原封曾未动者。"[8]

这一时期出现了许多人们耳熟能详的老字号,如创办于明崇祯五年(1632年)的北京清和元、清乾隆六年(1741年)的北京砂锅居、清乾隆十二年(1747年)的长沙火宫殿、清乾隆十七年(1752年)的北京都一处、清嘉庆元年(1796年)的沈阳马家烧麦、清道光九年(1829年)的沈阳老边饺子、清道光二十三年（1843年）的北京正阳楼、清道光二十八年（1848年）的杭州楼外楼、清咸丰八年（1858年）的天津狗不理、清同治三年（1864年）的北京全聚德、清同治六年（1867年）的杭州奎元馆、清光绪六年（1880年）的广州陶陶居、清光绪二十年（1894年）的广州莲香楼、清光绪二十年（1894年）的绍兴咸亨酒店和清光绪二十九年（1903年）的北京东来顺等。

这些字号多集中于大城市，诸如北京，"士大夫好集于半截胡同之广和居，张文襄在京提倡最力，其著名者为蒸山药。曰潘鱼者，出自潘炳年。曰曾鱼，创自曾侯。曰吴鱼片，始自吴闿生。又有肉市之正阳楼，以善切羊肉名，片薄如纸，无一不完整。蟹亦有名，蟹自胜芳来，先经正阳楼之挑选始上市，故独佳，然价亦倍常。城内缸瓦市有沙锅居者，专市豚肉，肆中桌椅皆白木，洗涤甚洁，旗下人喜食于此"。[9] 除了北京，广州、上海和西安等城市也是饮食业老字号的集散地，而且许多老字号被保留至今，成为中华民族美食的瑰宝，在中华美食文化的发展历程中扮演着重要的角色，影响深远。

清和元

清和元创办于明崇祯五年（1632年），距今已有近390年历史，是现存有史可考的最早的饭庄酒肆类老字号，也是较为著名的清真老字号饭店之一。据说当年有位姓朵的回民，在山西太原南仓巷中段的地面上开了个小吃摊，摆肉案卖杂割。明末清初的山西著名爱国思想家、书画家、医学家傅山先生认识这位朵姓回民，一是看他的生意不好，二是带着强烈的爱国思想，基于使更多的人强身健体和保家卫国的初衷，便将精心研制的食疗佳品"头脑"的秘方传授给了这位朵姓兄弟，还为他的小店题写了"清和元"三个大字

"清"暗示着清朝政府统治，"元"暗示着元朝统治。此名不仅是对元朝统治中国的历史进行追溯，也是对皇太极虎视中原表示不满，带有强烈的民族气节。[10] "头脑"这个名字也有让大家割"清"和"元"的头脑之意。"头脑"非常滋补，含有羊肉、羊髓、酒糟、煨面、藕根、长山药、黄芪和良姜，味道兼有酒、药和羊肉的混合香气，最好在早晨食用。因

此，清和元每天早地开门营业，生意日益兴隆。清道光年间，清和元的生意达到鼎盛时期。雇用了20个人，一个销售期（从头年的白露到第二年的立春）要宰用两岁的子绵羊200只左右。每天天蒙蒙亮，人们就纷至沓来。当时的"头脑"价格为一角二分银元一份。还提供送货上门的服务。[11]

清和元还兼营"稍梅"和"帽盒子"。关于"稍梅"这一名称的来源还有一段美丽的传说。据说古时候有一对老夫妻，以种田为生，老汉每天天不亮就下田，老妇每天会把饭菜送到田间地头。有一次，老妇有事，便托一个小伙子帮忙送饭，小伙子边走边觉得饭菜香味诱人，口水直流，忘了看路，摔了一跤。饭盒子倒了，从里面撒出许多梅花来，香气扑鼻，吃了一个还想吃，没到地头就给吃完了。[12]其实"稍梅"就是烧麦，面皮用特制的擀面杖打成花褶，形同梅花。

20世纪30年代，清和元名冠全国，当时《明星特刊》记载："北平的羊肉馆子，总够一百多个。可是有几样很重要的羊肉菜，他们偏偏又做不来了，那就是银羊脑、羊舌、羊眼睛、羊耳朵……比起太原南仓巷的清和元羊肉馆来，可以说是差得很远。清和元的银丝各菜，或烩或烧，样样都做得精致极了，好吃极了，若比起北平来，不客气地说，实在高明得多。"[13]

到了20世纪40年代，由于战乱，清和元濒临倒闭。直至1956年，清和元转为国营，才又焕发了生机。当时迁址至桥头街，请回了当年的名厨郭荣芪和胡牛，传统风味保持不变，规模日渐扩大。改革开放以来，清和元饭店先后接待了美国、英国、法国、荷兰、德国和日本等数十个国家和地区的游客。日本料理代表团副团长广木俊夫称其为"独特的地方风味"。著名歌唱家李双江曾赞叹"话说山珍海味，我更爱头脑和稍梅"。[14]1982年，清和元每日销售600至800碗"头脑"。1994年，清和元"头脑"荣获全国清真饭菜大赛金奖。2010年，清和元被商务部认定为中华老字号。现在，清和元老店正经历着改制、迁址的阵痛，分店经营质量堪忧，名厨流失严重。

砂锅居

砂锅居开业于清乾隆六年（1741年），迄今已有270多年历史，店址位于北京西四南大街路东缸瓦市。曾用名"和顺居"，取其"和气生财、顺利致富"之意，因店内曾置一口据传是来自定亲王府的深三尺、直径四尺的巨大砂锅用来煮肉，便被民间俗称为"砂锅居"。[15]

砂锅居的立足和发展与定亲王（清高宗第一子永璜死后被追封为定亲王）密不可分。据悉，当时清廷恪守祖制，实行朝祭、夕祭、日祭和月祭等祭祖祀天活动。祭祀时都用大的砂锅煮白肉，待行完礼后，大家一起分享祭肉。定亲王府的更夫们每次都把得到的祭肉拿出王府卖以换些钱，后干脆和王府的厨师们谋划在王府的更房墙外盖房开店。王府外是西城区最繁华的商业街区，再加上仿照王府菜肴，美味新奇又有特色，砂锅居的生意便越做越好。

砂锅居的菜品以白煮、烧、燎为特色，招牌菜是砂锅三白、炸鹿尾、糊肘和小烧碟等，可谓"名振京都三百载，味压华北白肉香"。[16]砂锅居曾日烹一猪，常常未到中午便售罄，老北京曾流传一句歇后语："砂锅居的幌子——过午不候。"[17]可见砂锅居的生意多么红火。清嘉庆年间，砂锅居誉满京都，可谓"缸瓦市中吃白肉，日头才出已云迟"。民国期间，砂锅居开始增设晚餐，《首都杂咏》中就有一首娄锐所赋的题为《砂锅居》的竹枝词，说道："异品佳肴说旧京，漫将滋味任公评。调成猪肉千般样，且把肝肠万种烹。打破旧规添晚卖，为合时代也牺牲。何妨一识庐山面，借问砂锅寿几龄。"[18]

新中国成立以后，随着公私合营，砂锅居南迁数十米，扩大了营业规模，除了主营白肉以外，还供应各种北京风味的炒菜。1964年，周恩来和陈毅等前来用餐。如今砂锅居的经营不断扩展。1990年，砂锅居荣获原商业部颁发的优质产品奖。2006年，砂锅居被商务部重新认定为首批中华老字号。

火宫殿

火宫殿始建于清乾隆十二年（1747年），距今已有270多年历史，店址位于湖南省长沙市坡子街,是我国集民族文化、宗教文化和饮食文化于一体的餐饮老字号代表。火宫殿的前身为乾元宫,兴建于明万历五年(1577年),是一座祭祀火神的庙宇。火宫殿牌楼为原乾元宫的门楼,始建于清乾隆十二年(1747年)。《长沙府志》记载:"火宫殿在小西门坡子街。"[19]清道光六年(1826年),蔡世望等重修,牌楼为砖砌,楼顶为"山"字形阁塔式建筑,墙面饰龙凤和人物浮雕。拱门上方原有清末著名书法家黄自元竖书的"乾元宫"三个字,后改用"火宫殿"三个字。

火宫殿附有火神庙、财神庙、弥陀阁和普慈阁,面积6000余平方米。当时的祭祀活动由于参与人众多,常常伴有庙会,便逐渐形成了有唱戏的、摆摊的、搭棚的和杂耍的等非常具有特色的热闹集市。清咸丰三年(1853年),咸丰皇帝亲自为火宫殿题写匾额:"德威烜赫",以感恩火神保佑,慰劳长沙军民抵抗太平军的战功。[20]至今这四个字还高高悬挂在大戏台内的正上方。1938年的《观察日报》和1943年的《长沙纪实》均把火宫殿的风味小吃与热闹场面同北京天桥、上海城隍庙、天津三不管和南

图 2-1-1 火宫殿现今盛况

京夫子庙相媲美。火宫殿的零卖食品中，油炸豆腐最负盛名。只要远远闻着那股味儿，就垂涎三尺。[21]

1938年，火宫殿毁于文夕大火。1941年重修。1942年，建有棚屋48间，占地2200平方米，分成东成、西就、南通与北达四线。东西两线紧靠围墙，为单间，中间两线前后两个门面。四线铺面有三条小街，门面毗邻。其中有说书的四间、理发的三间、卖酒卖香烟卖槟榔的一间和卖各种小吃的40间。[22]从此火宫殿的商贩们便有了固定的铺位，品种多样、价廉物美。1956年，公私合营，成立火宫殿饮食店。党和国家领导人毛泽东、彭德怀、叶剑英、王首道、王震和胡耀邦等都曾光临过火宫殿。1958年，毛主席视察火宫殿，曾题写："火宫殿的臭豆腐，闻起来臭吃起来香。"之后火宫殿数度修葺。2005年，火宫殿牌楼被列为长沙市文物保护单位。

2006年，火宫殿有限公司决定恢复火宫殿原貌，拆除1959年建设的火宫殿东栋，扩充火宫殿庙坪，恢复原有的古戏台、普慈阁和财神殿，并购买相邻的火神舫，供应早茶、小吃和湘菜。火宫殿不仅延续着"一宫二庙（阁）三通四景八小吃十二名肴"❶的传统建筑风格，而且在入口处树立的火宫殿牌坊更加气派非凡。牌坊上的"火宫殿"三个大字为长沙著名书法家谭秉炎于2001年题写。牌坊两侧高悬胡静怡为火宫殿题写的对联，上联为："谁携太白来耶，金谷宴芳园，春夜羽觞宜醉月"，下联为："休问季鹰归未，火宫罗美食，秋风鲈脍不思乡"。进门右手边的大戏台古色古香，戏台两侧悬挂着清朝大书法家何绍基撰写的楹联，上联为："象以虚成，具几多世态人情，好向虚中求实"，下联为："味于苦出，看千古忠臣孝子，都从苦里回甘"，横匾为"一曲熏风"。右手边为堂食入口。一、二楼为大厅，供应小吃、早茶。三、四楼为宴会厅和包房，供应湘菜。营业面积达6000平方米，各式风味小吃300余种。

2006年，火宫殿被商务部认定为首批中华老字号。同年，文化部将

---

❶ 一宫：火宫殿。二庙：火神庙、财神庙。二阁：普慈阁、弥陀阁。三通：南通坡子街、西通三王街、东通司门口。四景：古坊夕照、庙廊生烟、一曲熏风、廊亭幽境。八小吃：臭豆腐、龙脂猪血、煮徽子、八宝果饭、姊妹团子、荷兰粉、红烧蹄花、三角豆腐。十二名肴：发丝百页、蜜汁火腿、潇湘龟羊、酱汁肘子、腊味合蒸、组庵鱼翅、宫殿豆腐、东安子鸡、红烧水鱼裙爪、红煨牛蹄筋、毛家红烧肉、红烧狗肉。资料来源于火宫殿官网。

"火神庙会"列入国家级非物质文化遗产名录。2007年，火宫殿被认定为中国驰名商标。2011年，火宫殿又征地扩建六层独具江南庭院风格的小吃楼，内设有大型小吃厅、早茶厅和小吃宴包厢。如今，火宫殿已然成为品尝长沙美食的必经之处，这里曾经接待过美、日、法、瑞士和澳大利亚等多国政界要员和数不胜数的八方游客。几乎什么时候来都是宾朋满座、人来人往。臭豆腐、煮撒子、姊妹团子……闻名遐迩的美食俨然成为一种长沙文化，影响深远。

都一处

都一处字号命名于清乾隆十七年（1752年），原名为"李记"饭馆，距今已有260多年历史，原店址位于北京前门外大街路东。都一处名号的由来非常富有戏剧性。据说乾隆初年，有个聪明机灵的山西李姓小伙子在当年京城有名的酒店"碎葫芦"当学徒。学徒三年后，于清乾隆三年（1738年）在北京前门外大街路东搭了个摊棚，开了"李记"饭馆。清乾隆七年（1742年），李掌柜盖起了两层小楼，经营应时小菜和山西特色菜，其中马连肉、晾肉、糟肉和面筋等闻名京城。清乾隆十七年（1752年），旧历年三十晚，京城家家户户都在家守岁吃年夜饭，街道冷清，店铺鲜有开张，唯有李记还开着门迎着客。当时李记这种本小利薄的饭馆要想与大酒店竞争，就得早开门晚关门，勤快为商。入夜来了二位客官，一主一仆，对酒菜和李记的热情招待非常赞赏。那个貌似主人的客官说京城只知晓碎葫芦、致美斋等饭馆，却不知竟有这一间店，便询问酒店字号是什么，伙计回答说小店没有字号。客官便感慨道："此刻还不关门的酒店，恐怕京都只独有你们这一处了，就叫'都一处'吧！"事后，李记谁也没把这事放在心上。未曾想没过几日，皇宫竟然派人送来一块乾隆皇帝题写的"都一处"牌匾，木质黑漆，金字闪闪，牌匾似虎头又似蝙蝠。众人这才知晓，原来除夕莅临李记的竟然是乾隆皇帝。店家当即对着匾额又叩又

图 2-1-2　都一处虎头匾

拜,把它高挂于店堂正中;又把皇帝坐过的椅子包上黄绸,供在雅间,不许任何人再坐。把皇帝走过的路保护起来,不准打扫,名曰"土龙"。

此后,都一处的字号便叫响起来,门庭若市,生意倍增。[23]清嘉庆年间,张子秋在《续都门竹枝词》中写道:"一杯一杯复一杯,酒从都一处来。座中一一糟丘友,指点犹龙土一堆。"[24]清同治年间,李静山写的一首竹枝词《增补都门杂咏》中对都一处的美名赞誉有加,他写道:"京都一处共传呼,休问名传实与无。细品瓮头春酒味,自堪压倒碎葫芦。"[25]后来,都一处又推出烧麦、炸三角和佛手露等特色菜肴,"玉盘擎出堆如雪,皮薄还应蟹透红"。[26]

新中国成立后,公私合营,都一处迁至到鲜鱼口以北。慕名而来的食客还是络绎不绝。1965年,郭沫若先生曾到都一处用餐,并为都一处题写了匾额,至今仍挂在店门口。如今,成立了北京前门都一处餐饮有限公司,其主营的烧麦和特色菜肴仍然广受欢迎。2006年,都一处被商务部认定为中华老字号。都一处店内店外两块匾额相映成趣,继续诉说着它的故事。

图2-1-3 郭沫若为都一处题写的匾额

马家烧麦

马家烧麦始创于清嘉庆元年(1796年),距今已有220多年的历史,店址位于辽宁省沈阳市。清嘉庆元年（1796年），回民马春手推独轮车在盛京城内做烧麦生意。清道光八年（1828年），其子马广元在小西门外拦马墙租用了两间板房，挂匾经营，始称马家烧麦馆。马家烧麦馅大、皮薄、汁满、味好，特点为：用料讲究，选用上等的面粉制作烧麦皮，以新鲜牛肉脂盖、三叉等部位作馅，制馅前蹬筋去皮；做工独特，面皮手工制作，开水烫面，大米面做澥面，将面皮压成菊花形花边，采用传统的"摘水馅"工艺，精心搅拌而成，可谓别具匠心，独具一格；造型美观，制成后的烧麦晶莹洁白，透剔显馅，似兰花待放，使人赏心悦目；风味独特，鲜香味美，爽口不腻，馅散且有汁。清光绪二年（1876年），盛京将军崇实部下记名提督左宝贵驻守奉天，由于他在小西门建造府邸时拆了马家烧麦的板房，便另赐一地给马家烧麦，使其得以保留。

图2-1-4　20世纪50年代马家烧麦店貌

民国三年（1914年）至新中国成立前，马家烧麦由后代马鸿芳和马铭卿经营。1956年公私合营后，马家烧麦在小北门路东重新开业。1963年，马家烧麦第五代传人马继庭继承祖业，将烧麦的配料和制作方法等全部继承下来。改革开放以来，政府先后投资扩建，马家烧麦由原来的30平方米扩建为现在的900平方米。作为沈阳现存成立最早的回民餐馆，马家烧麦

现已成为驰名中外的特级回民饭店,拥有四家连锁店和四家直营店。❶
2006年,马家烧麦被商务部认定为首批中华老字号。2008年,被辽宁省工商局评为辽宁省著名商标。2011年,"马家烧麦制作技艺"入选辽宁省省级非物质文化遗产名录。

图2-1-5　20世纪90年代马家烧麦店貌

老边饺子

老边饺子始建于清道光九年(1829年),至今已有190多年的历史,店址位于辽宁省沈阳市小津桥。当年,河北任丘人边福闯关东来到盛京城(今沈阳)小津桥地区,为了维持生计,他便在这里搭起个架子,做起了蒸饺子的小生意,字号为"老边饺子"。由于他讲究货真价实、童叟无欺,很快便在小津桥一带有了名气,树立起了信誉。第二代传人边德贵子承父业后,善于取长补短,逐渐研制出一套有别于其他饺子制法的独家汤煸馅制作工艺,形成了老边饺子的独特口感和风味,生意也愈加红火。

老边饺子的汤煸馅制作技艺,其制法流程是选用猪的前槽及腰盘部(前槽必须去甲状腺),将新鲜猪肉切割成5厘米左右的条状,再用刀切成小丁,肥瘦分开。然后将锅烧热,倒入少量底油(色拉油),待油烧至9成热时,放入肥肉丁进行煸炒,炒至肥肉散落变成粉红色后再放入瘦肉丁

---

❶ 资料来源于马家烧麦餐饮连锁管理有限公司。

进行煸炒。在煸炒过程中，要不断翻炒，避免粘底糊锅。直至肉丁完全变色，按量放入专用调料包，再炒至肉丁全部上色后放入骨头汤熬制。待锅开后改用小、中火熬制。待汤上的油沫消失（即黏稠状）放入味精，搅拌均匀，闭火，稍时出锅。其工艺特点是选用考究、肥三瘦七，熬制火候恰到好处，汤料十余味、丰富鲜香。包制的饺子皮薄馅大、鲜香味美、浓郁醇厚、松散易嚼。❶

1940年，第三代传人边霖将店址迁至北市场。1956年，老边饺子馆率先公私合营，边霖被任命为业务副经理，他摒弃了传内不传外、传子不传女的家族传承方式，广开师门，收取异姓徒弟。在此期间，王佩喜、王殿国、薛守功和萨世奎等青年技术骨干脱颖而出。经过数代老边人的不断继承发展，先后推出了百余种饺子和不同档次与风味的饺子宴，真正达到了百馅、百型、百味饺子精品及具有浓厚饮食文化内涵的饺子艺术。1964年，邓小平同志来沈阳时，品尝了老边饺子，赞道："老边饺子有独特风味，要保持下去。"使得老边饺子名声大噪。1981年，当代语言艺术大师侯宝林曾提笔写下："老边饺子，天下第一。"1984年，老边饺子在北京和日本札幌开设分号。[27]

2000年，老边饺子馆被吉尼斯纪录认定为"世界上历史最长的饺子馆"。2005年，根据沈阳市政府对北市场的拆迁改造规划，老边饺子馆迁至大东区滂江街，东接清昭陵，南靠小河沿。同年，在中央电视台的栏目《满汉全席》饺子大赛中一举夺魁。2006年，被商务部认定为首批中华老字号。2011年，"老边饺子传统制作技艺"被列入辽宁省非物质文化遗产保护名录。

目前，老边饺子馆已发展成为沈阳老边食品有限公司，在沈阳拥有中街和滂江两家直营店，在全国14个省市拥有60多家特许加盟店。公司引进先进的快餐和速冻食品生产设备，利用老边和圆路等老字号品牌，大规模开发与创新产品，推出了老边饺子、老边馄饨、老边月饼、老边汤圆和圆路汤圆等数十个品种的速冻食品。

---

❶ 资料来源于沈阳老边饺子馆。

图 2-1-6 老边饺子总店现貌

正阳楼

正阳楼创建于清道光二十三年（1843年），距今已有170多年历史，原址位于北京前门外肉市南正阳门附近。当年来自山东掖县的孙振清刚开始只是在打磨厂摆了个小酒摊，由于他为人很好，卖的酒品质也好，因此生意很是红火。有了积蓄后便在前门外肉市南端路东侧买了个二层小楼，开起了饭馆，主营山东菜。因离正阳门很近，便取名"正阳楼"，寓意像正午的太阳一样红火，昌盛不衰。清光绪初年（1875年），孙振清的儿子孙学仁接管正阳楼。善于交际的孙学仁一度被任命为北京商会会长，在商界、政界和军界很有影响，正阳楼也就水涨船高，成为京城八大楼之一。[28]正阳楼除了经营山东菜系以外，还以烤涮羊肉和蟹宴著称。

《旧京竹枝词》中说："烤涮羊肉正阳楼，沽饮三杯好浇愁。几代兴亡此楼在，谁为盗贼谁尼丘？"[29]《旧京琐记》曾记载："又有肉市之正阳楼，以善切羊肉名，片薄如纸，无一不完整。蟹亦有名，蟹自胜芳来，先经正阳楼之挑选始上市，故独佳，然价亦倍常。"[30]夏仁虎在《旧京秋词》也记载："北京蟹早，曰'七尖八团'。旧京之蟹，以正阳楼所售为美，价数倍，然俗以不上正阳楼为耻"，"经纶满腹亦寻常，同选双螯入正阳。笑而横行何太早，尖团七八不逢霜。"[31]《旧都文物略》中也介绍过正阳楼："正阳楼之烤羊肉，都人恒重视之，炽碳于盆，以铁丝罩覆之，切肉者为专门之技，传自山西人，其刀法快而薄片方整，蘸醯酱而炙于火，馨香四溢。食者亦有姿势，一足立地，一足踏小木几，持箸燎罩上，傍列酒尊，且炙且啖，往往一人啖至三十余样，样各盛肉四两，其量亦可惊也。"[32]梁实秋先生曾说："在北平吃螃蟹唯一好去处是前门外肉市正阳楼。"可见正阳楼当年是多么风光。

然而，抗日战争期间，正阳楼苦于战乱，艰难维持。1942年，被迫歇业。直到1984年，正阳楼才在正阳门箭楼东南角的打磨厂西口重新开业。一楼经营快餐，二楼经营中高档菜肴，含山东菜、北京烤鸭和特色蟹宴，后又推出了以龙为主题的"龙菜"。招牌菜有赛螃蟹、正阳涮肉、正阳楼扒鸡、罗汉肚和酱香龙茄等。2000年，随着前门地区改造，位于打磨厂的正阳楼饭庄歇业，在天坛南门开了一家独立店。现在，正阳楼的经营状况并不乐观。

楼外楼

楼外楼始建于清道光二十八年（1848年），距今已有170多年历史，原址位于浙江省杭州市俞楼前侧，是浙菜系中最为著名的餐饮老字号之一。创始人洪瑞堂是清朝的落第文人。他和妻子由绍兴迁往钱塘，由于擅长烹饪鱼虾，便在西泠桥俞楼与西泠印社之间开了一家小菜馆。有人说楼外楼得名于林升《题临安邸》的著名诗句："山外青山楼外楼，西湖歌舞

图2-1-7 1957年3月，周恩来总理在楼外楼接待捷克斯洛伐克总理威廉·西罗基

几时休。暖风熏得游人醉,直把杭州作汴州。"还有人说是西泠俞曲园先生为其命名,考虑到楼外楼在他的俞楼外侧。两种说法都使得楼外楼颇具一番文化情趣。

由于楼外楼佳肴与美景皆具,又处在西泠印社旁边,便吸引了许多文人墨客光临。据民国时期《越风》杂志《西湖》增刊记载:"光绪中叶,游湖必出涌金门,经望湖居至三雅园而至。买舟放棹,则自问水亭解缆,先至净慈寺、白云庵、高庄。而后三潭印月、湖心亭、外行宫、蒋公祠、俞楼,饭于楼外楼或两宜楼。"[33]1926年,洪瑞堂的传人洪顺森把楼外楼改造成了一个中西结合的三层洋楼。莅临楼外楼的名人更是有增无减,章太炎、马寅初、许宝驹、吴昌硕、丰子恺、潘天寿和梁实秋等都曾为楼外楼题诗作画。近代名人陈芷汀先生曾为楼外楼撰写过一副对联:"楼外揽西施,风情最爱花雕酒。坟前拜苏小,妒意难忘醋溜鱼。"[34]近代诗人高燮有一首《楼外楼小饮》:"小饮微醺狎水鸥,六桥烟柳望中收。莼肥鱼嫩闲风味,(食甫)啜难忘楼外楼。"[35]楼外楼的西湖醋鱼、宋嫂鱼羹、叫花童鸡、双味脆梅和龙井虾仁等名菜名扬四方,很多道菜的背后都有一段饶有趣味的故事。

1928年,鲁迅先生光顾,偏爱吃虾子烧鞭笋这道菜。1948年,蒋介石下野抵杭,点名要吃楼外楼的西湖醋鱼。1955年,楼外楼转为公私合营。周恩来总理曾9次在楼外楼宴请国宾。1980年,楼外楼迁址于西子湖畔孤山南麓,这里曾是南宋时期皇帝的御花园和清朝皇帝南巡时的行宫。20世纪90年代,楼外楼改制为由企业法人和职工共同持股的有限公司。2006年,楼外楼被商务部认定为中华老字号。2008年,楼外楼又开设了船宴。如今的杭州楼外楼实业有限公司还设立了食品有限公司,经营月饼、真空包装食品和卤味等。

狗不理

狗不理始创于清咸丰八年(1858年),距今已有160多年的历史,是天津的地方特色小吃名店,作为"天津三绝"之首,被誉为"津门老字号,中华第一包"。据传,当时天津武清县杨村有个年轻人叫做高贵有,小名狗子。他十四岁便来天津学艺。刚开始他只是一个蒸食铺的小伙计,

图2-1-8 狗不理包子

由于他聪明伶俐、勤学好问,很快便学会了蒸食的手艺。而后,他在丰泽园摆起了包子摊,取名"德聚号"。狗子发明了水馅和半发面的工艺,做出的包子柔软鲜香,形似白菊花,比北方的包子小一些,又比南方的小笼包大一些,雅俗共赏、物美价廉,方圆百里的人们都竞相前来买包子。狗子经常忙得顾不上说话,有人便说:"狗子忙得都不理人了。"久而久之,人们就称其为"狗不理"了。❶

狗不理包子"选料精、操作细","一拱肥"的面皮洁白发亮,柔软有嚼劲。馅为水馅,猪肉选用前膀和后坐,肥瘦比例按季节更迭,或三七或四六或对开。拌馅用料也很讲究,1斤肉放3两酱油、1.5两香油、1两葱和4两姜。[36]每个包子有17至18个褶,疏密适中。蒸熟的包子馅松散软香,肥而不腻,咬开一兜油,满嘴留香。据说当年袁世凯得知狗不理包子风味独特,便买来送与慈禧太后,慈禧太后品尝后大悦,赞道:"山中走兽云中雁,腹地牛羊海底鲜,不及狗不理包子香矣,食之长寿也。"❷ 从此,狗不理包子名声大振,生意兴隆。

1918年,高贵有去世,高金铭子承父业。1931年,狗不理发展至鼎盛时期,在天津开设有多家分店。1947年,第三代传人高焕文和高焕章继承衣钵,但由于经营不善,分店相继倒闭。1956年,国营狗不理包子铺成立。"文革"时期,狗不理因为店名不雅,屡遭劫难。1978年拨乱反正后,狗不理才得以复苏。[37]1992年,狗不理集团正式组建。2006年,狗不理被商务部认定为首批中华老字号。2007年,经权威机构认定,狗不理的品牌价值约为7.57亿,位居天津老字号之首。现在,狗不理集团在国内外开设了70余家连锁店,主营狗不理包子、正宗鲁菜和津菜,兼营速冻食品。包子有海鲜包、野菜包和全蟹包等六大系列一百多个品种,速冻食品包括包

---

❶ 资料来源于狗不理集团官网。
❷ 资料来源于狗不理集团官网。

图 2-1-9　旧时狗不理包子铺

子、饺子、面点和酱制品四大系列一百多个品种。

全聚德

全聚德创建于清同治三年（1864 年），距今已有 150 多年历史，原址位于北京前门外大街肉市胡同。创办人杨寿山，字全仁，河北冀县人，为人精明能干，任人唯才。刚开始他只是在前门外摆了一个小摊售卖生鸡

图 2-1-10　全聚德烤鸭

鸭，后来盘下了一家倒闭的"德聚全"干果铺，开了一家"挂炉铺子"。全聚德的名号就此而来，既来源于"德聚全"，保留其"以德聚全，以德取财"之意，又饱含"全而无缺，聚而不散，仁德为先"的寓意，突出了杨寿山字号的"全仁"二字。[38]

当年北京烤鸭作为特色菜肴分挂炉和焖炉两种做法。杨寿山有意结识

并重金挖来曾任清朝宫廷御厨的孙师傅，使得全聚德烤鸭的品味得到了质的提升，在京城烤鸭名号中占得一席之位。全聚德的烤鸭取材于"北京鸭"。《光绪顺天府志》中有对"北京鸭"的记载："野鸭为凫，家鸭为鹜。本土鸭之肥大胜于他处。有填鸭子之法：取毛羽初成者，用麦麸和硫黄拌之，张其口而填之，填满其嗉，即驱之走，不使之息，一日三次，不数日而肥大矣。"[39]

全聚德有专门的养鸭户与采购员。此外，燃料的选择和火候的控制也十分考究。多用枣木、杏木和桃木等质地坚硬耐烧的果木，先用旺火再用文火，通体挂烤，受热均匀，鸭肉外脆里嫩、鲜美酥香、肥而不腻，并带有果木的清香。[40] 烤好的一只鸭子能片成状如丁香叶、皮肉相连的100至120片鸭肉，油亮圆润、红白相间。吃的时候用薄软又筋道的小荷叶卷饼，卷几片鸭肉，配上六必居甜面酱和山东大葱条，最后再喝碗剩余的鸭架熬成的乳白色鸭汤，味鲜肉嫩、回味无穷。

民国期间，全聚德被公认为"京师第一大名楼"。京内名流显贵、富豪阔商以及各国驻京使节都是全聚德的常客。1952年，全聚德公私合营，之后规模不断扩大，先后在王府井、前门、和平门路口开设了分店。全聚德不仅以烤鸭著称，而且开发出以"北京填鸭"内脏为主料的全鸭席，火燎鸭心、芥末鸭掌、盐水鸭肝、酱鸭膀和芫爆鸭肠等100多种冷热鸭菜，色香味俱全，成为中国著名的特色全宴席之一。周恩来总理曾多次把全聚德"全鸭席"选为国宴。1993年，中国北京全聚德集团成立。1994年，成立了北京全聚德烤鸭股份有限公司。

2005年，北京全聚德烤鸭股份有限公司更名为中国全聚德（集团）股份有限公司。随即，中国全聚德（集团）股份有限公司进一步收购了聚德华天控股有限公司30.91%的股权，与北京华天饮食集团并列成为聚德华天控股有限公司的第一大股东。2007年，北京著名老字号餐饮企业仿膳饭庄、丰泽园饭店和四川饭店也加入全聚德股份公司。至此中国全聚德（集团）股份有限公司已发展成为有川、鲁、宫廷和京味等多口味、汇聚京城多个餐饮老字号品牌的餐饮集团。随着集团的发展壮大，全聚德在世界范围内的大都市都开设有分店或分号，年销售烤鸭500余万只，接待宾客

500多万人次,品牌价值近110亿元。❶ 全聚德的"挂炉烤鸭制作技艺"和"仿膳(清廷御膳)制作技艺"被收录于国家级非物质文化遗产。"不到长城非好汉,不吃烤鸭真遗憾",民间的这句俗语现已成了北京旅游的指南,全聚德这一中华老字号已然成为中华美食的代言。

奎元馆

奎元馆创办于清同治六年(1867年),距今已有150多年历史,原址位于浙江省杭州市官巷口四拐角。创始人已无从考究,只知是安徽人。奎元馆名字的来历颇有故事性。据传当年奎元馆只是一个小面馆,规模不大,生意不好。一个秀才来杭州赶考,在这个面馆吃饭,老板见其寒酸,顿生怜意,便在他的面里多放了三个鸡蛋,寓意"连中三元"。不料,这个秀才果然高中。因感恩于这位老板,他便专程为面馆题名为"魁元馆"。后来店主人将"魁"改做"奎"。此后,奎元馆的生意便越来越红火,尤其得到考生们的欢迎。

民国初年,奎元馆由宁波人李山林经营。1926年,店面盘给了伙计章顺宝。1934年,章顺宝又交给女婿陈秀桃经营。1942年,第六代传人陈桂芳时期,奎元馆发展至鼎盛。1959年,奎元馆在官巷口盖起了三层大楼。[41]虽然数易其主,奎元馆却一直以经营宁式大面和扣汤面为主,其中片儿川面和虾爆鳝面最具特色,口味咸鲜、软滑嫩香。清末民初洪如嵩在《杭俗遗风补辑》中记载:"我国各地并无此种特殊的面点服务方式,仅杭州宁式面店中独有。"[42]1987年,奎元馆在北京开设分店,不仅经营宁式大面,还供应东坡肉、西湖醋鱼和宁式鳝鱼丝等多种杭州菜肴。杭州流传着这样一句话:"到杭州不吃奎元馆的面,等于没有游过杭州。"可见奎元馆在杭州的位置,不负"江南面王"的美誉。奎元馆曾接待过许多名人,诸如蔡廷锴、李济深、蒋经国、梅兰芳、竺可桢、董建华、金庸等。蔡廷锴曾为奎元馆题写:"东南独创。"金庸先生也题词:"奎元馆老店,驰名百卅载。我曾尝美味,不变五十年。"[43]2010年,奎元馆被商务部认定为中华老字号。

---

❶ 资料来源于中国全聚德(集团)股份有限公司官网。

陶陶居

陶陶居创建于清光绪六年（1880年），距今已有近140年历史，店址位于广东省广州市上下九第十甫路20号，是广州最著名的酒家之一。陶陶居的创办者名叫黄澄波。据传黄老板的妻子小名叫葡萄，所以陶陶居本来叫做葡萄居。后来老板去世后，由陈名若接手经营，将店名改为"陶陶居"，寓意来此品茗者"乐也陶陶"。

图2-1-11　创办初期的陶陶居

清光绪十七年（1891年），黄静波掌管后，由于他经营有方，陶陶居名声大噪。此间，康有为常到陶陶居喝茶，还曾题写"陶陶居"三个大字。陶陶居现在的招牌便有说是康有为的笔墨。1927年，由于黄老板的继承者经营不善，陶陶居倒闭。数月后，由茶楼大王谭杰南、谭焕章和陈伯绮集资6万银元对陶陶居进行改建。1933年，陶陶居重新开业，不仅经营名茶佳点，还兼营饭菜。[44] 改建后的陶陶居有三层，红墙绿瓦、雕梁画栋、古色古香，极富岭南风格。内设雅致，诗词画作悬挂四壁；优质的菜点加上浓厚的文化氛围使得陶陶居成为文人雅士和社会名流的钟爱之所。鲁迅、巴金、陈残云和刘海粟等都很喜爱陶陶居。

1956年，陶陶居实行公私合营。"文革"时期，曾更名为东风楼。1983年，与港澳豪威贸易公司合作经营。1986年，又复改为国营。[45]如今的陶陶居，既保留了昔日浓厚的文化传统，又富有时代特色，不仅是广东本地人喝早茶、下午茶和夜茶的钟爱之地，也是海内外宾客来广州品尝地道美食的首选之处。招牌菜点有老婆饼、"上月"月饼、奶黄包、麻皮乳猪、猪脑鱼羹、手撕盐焗鸡和片皮挂炉鸭等。陶陶居现属广州陶陶居饮食有限公司，2006年，被商务部认定为首批中华老字号。

莲香楼

莲香楼创建于清光绪十五年（1889年），距今已有130年历史，店址位于广东省广州市上下九第十甫路37号。创办者是一位陈姓师傅。莲香楼原名连香楼，起初专营糕点。由于店址位于西关，住户富裕、地段繁华，所以陈师傅便苦思冥想试制特色糕酥以求站稳脚跟。终于，他研制出了独具风味的莲蓉食品，色泽金黄、嫩滑清香，店名因此叫做连香楼，声名远播。连香楼的月饼一定要选用当年产的湖南湘莲作食材。每逢中秋或婚庆嫁娶，人们都纷至沓来，采购连香楼的莲蓉月饼、龙凤饼、嫁女饼和老婆饼等礼饼。

1910年，一位名叫陈如岳的翰林学士，品尝了莲蓉食品后，有感于莲蓉独特的风味，提议给连香楼加上草头，众人一致赞同，他便手书"莲香楼"三字。现在高悬于该楼门前的金漆牌匾上的"莲香楼"三个大字，便是这位学士的手迹。[46]同年，莲香楼由当时广州的"茶楼大王"谭新义收购并重新集资，与股东们订立《广州莲香楼合同》，合同上的资料说："合共股友一百二十二名，共集股份四百一十四股，合共股本银一万二千四百二十两正。"各股东皆持有合同1本，另外还有1张入股凭证，引入分红制度认证不认人。合同还规范关于人事、财政和薪酬等章程，比如"在店内揽扰弊端由司事儿人，立即开除永不复用"和"议店内数目银两必须两人分管，不得一人总摄，亦不得父子及同胞兄弟同当两职，以防通同舞弊之虞"。莲香楼是当时较为有规模的股份企业，开业投资的12420两白银相当于现在近250万元人民币。[47]

"文革"期间,莲香楼被迫停止茶饭供应,成为单纯的糕点加工厂。改革开放后,莲香楼又开始焕发生机。1984年,改建后的莲香楼焕然一新,月饼年销量达到37万盒。1988年,营业额达3500多万元。1990年,营业额达到4012万元。[48]2006年,莲香楼被商务部重新认定为首批中华老字号。现在,莲香楼除了经营传统粤菜之外,还有中秋月饼、月饼馅料、传统名食、速冻食品、广式腊味、生日蛋糕、面包和中西糕点共两百多个产品,开设有三茶两饭,即早茶、下午茶、夜茶和午饭、晚饭。很多中外游客都把莲香楼的糕饼作为送礼的首选特色佳品。莲香楼的招牌菜点有:莲蓉月饼、莲蓉包、老婆饼、嫁女饼、鸡仔饼、豉油鸡、泰味酿鸭掌、龙凤饼、五柳菊花鱼、西关桂花扎和莲香真味鸡等。据悉,在莲香楼改制前只有7家分店,现在直营店和加盟连锁店已有30多家,达到改制前的5倍有余。

咸亨酒店

咸亨酒店开业于清光绪二十年(1894年),距今已有120多年历史,店址位于浙江省绍兴市鲁迅路中段,与鲁迅故居仅隔一条石板路。咸亨酒店由著名作家鲁迅先生的堂叔周仲翔开办。"咸亨"二字出自《易经·坤卦》之《彖传》:"至哉坤元,万物资生,乃顺承天。坤厚载物,德合无

图2-1-12 咸亨酒店现貌

疆。含弘广大，品物咸亨。""咸"即"都"，"亨"即顺利通达。"咸亨"即生意兴隆、万事亨通。

咸亨酒店在当时算不上高档酒店，因此仅有一些下层人士光顾。不到几年，由于周仲翔不擅经营，咸亨酒店倒闭。但咸亨酒店给少年鲁迅却留下了深刻的印象，他在《孔乙己》《风波》和《明天》等小说中，都提到了咸亨酒店，塑造了孔乙己等经典人物形象，也使得咸亨酒店得以名扬四方。茴香豆、绍兴酒、咸煮花生和油炸臭豆腐等成了咸亨酒店的招牌。

1981年，鲁迅先生诞辰一百周年，咸亨酒店终于重新开张，店址位于鲁迅路44号。店门悬挂"咸亨酒店"四字横匾，店内保留晚清时绍兴建筑风格，当街一个曲尺柜，柜内陈设青瓷坛、蓝边碗和茴香豆及豆腐干等下酒物。1990年，咸亨酒店由宋金才接管，并入绍兴市综合商业公司。"1991—1992年，国家投资350万元，对咸亨酒店进行扩建改造，营业面积扩大到2500平方米，职工96人，1993年营业额达到550万元。"[49] 1994年以后，"咸亨"商标先后在国内外十多个地区被批准注册。太雕酒也是咸亨酒店注册的专利品牌黄酒。1998年，咸亨酒店再次扩建，并增设了宾馆住宿功能。

2006年，咸亨酒店被商务部认定为中华老字号。2007年，咸亨新天地开工建设。迄今为止，咸亨酒店已先后在北京、上海、深圳、河南、江苏、江西、天津和安徽等地开设了30家连锁分号。"小店名气大，老店醉人多"，如今的咸亨酒店仍有着不寻常的魅力，已发展成绍兴咸亨集团股份有限公司，成为传播鲁迅文化、越文化和黄酒文化的知名企业。

东来顺

东来顺创办于清光绪二十九年（1903年），距今已有110多年历史，老店位于北京王府井大街东安市场北门。东来顺的创办者丁德山是河北沧县人，回民。清朝末年，丁德山来京谋生。清光绪二十九年（1903年），东安市场初建，丁德山看准东安门的商机，在东安市场摆了一个小饭摊，卖豆汁、熟杂面、贴饼子和粥等。清光绪三十二年（1906年），丁德山在小饭摊基础上建起了东来顺粥摊，取名"东来顺"意味着从东直门来，一帆风顺。

据传，当时丁德山深得一个叫做魏延的很有权势的太监欣赏，深受其恩惠。1912年，东安市场大火，粥摊也难以幸免。在魏延的帮助下，丁德山复在东安市场原址上扩大了摊位规模，盖起了三间瓦房。1914年改名为"东来顺羊肉馆"。当时涮羊肉在京城非常受欢迎，丁德山非常注重经营品质，想从高起点立足，于是他在羊肉的选料、调料的配制、制作的技术和店面的管理等各方面都精益求精。他还想方设法结识并挖来了正阳楼的名厨。后来，丁德山不仅开创了前店后厂的模式，而且在火锅的制作、原料的种植加工和剩料的处理等上下游产业也下足了功夫，形成了集饲养、种植、加工和销售等于一体的完善产业链。民国十七年（1928年），东来顺扩建为三层楼房，规模迅速扩大，增办了天义顺酱园、又一顺❶饭馆和长兴铁铺等。

图 2-1-13　东来顺王府井老店

1945年，正阳楼倒闭，东来顺便成为京城涮羊肉第一。[50] 1955年，东来顺实现公私合营。周恩来、邓小平等国家领导人和齐白石、老舍、郭沫

---

❶ 又一顺开业于1948年，"全羊席"在京城首屈一指。后来也发展成为京城知名老字号。

若等社会各界名人都来过东来顺就餐或宴请宾朋。包括尼克松、基辛格和萨莫拉等在内的国外政要也莅临过东来顺，对其赞不绝口。从1986年东来顺在连云港开办第一家分店开始，至今东来顺已在全国开有100多家连锁店，还开发出了系列清真半成品。如今，东来顺已壮大为北京东来顺集团有限责任公司，"东来顺涮羊肉制作工艺"被收录于国家级非物质文化遗产名录。2006年，东来顺被商务部认定为中华老字号，成为京城的特色美食和世界人民了解中国饮食的一扇窗口。

宝发园

宝发园创建于1910年，距今已有100多年历史，店址位于辽宁省沈阳市小津桥。1910年，河北人国锡璋在奉天（今沈阳）小津桥地区选址，创建宝发园菜馆。由于选料精细，采用传统方法烹制和纯手工操作，所以深受顾客欢迎。据悉，20世纪20年代末，张学良将军有一次在宝发园品尝熘肝尖、熘腰花、熘黄菜和煎丸子四道菜后拍案叫绝，并为之命名为"四绝菜"，还随身掏出几块大洋赏给掌勺的厨师。从此，"四绝菜"名声大震，宝发园的生意也越来越兴隆，慕名而来的达官巨贾络绎不绝。

新中国成立后，宝发园的店址几经变迁。1982年，复建于沈阳市大东区小什字街天源巷1号。"四绝菜"经历了吴永福、赵彪、孙义和冯洪雨数代厨师的传承和烹制发展至今，已成为广大国内外顾客所喜爱的特色美味佳肴。"四绝菜"的特点是纯手工制作，讲究刀功和注重火功，突出一个"嫩"字。制作"四绝菜"的工艺非常讲究，熘肝尖要选用鲜猪肝为原料，剔去筋膜，切成柳叶片，用滑熘的烹调方法精制而成，成品具有紧汁抱芡、油润光亮和咸鲜滑嫩的特点。熘腰花要选用鲜猪腰为原料熘制而成，此菜讲究刀功、火候、芡汁和口味。将鲜猪腰剔去腰芯子，剞成麦穗花刀。剞花刀时深度、坡度和间隔度都要适宜，腰花过油后才能翻卷成麦穗状。烹调时要掌握好油温，保持住脆嫩鲜香的口味特点。熘黄菜则选用新鲜鸡蛋为主要原料熘制而成。此菜讲究蛋汁的调制，调蛋液时蛋清、蛋黄和鸡汤的比例要适当，成菜后要鲜嫩如脑。再将虾仁、肉沫、冬菇丁、冬笋丁和青椒丁下勺制成咸鲜口的红色卤汁，浇在黄菜上。煎丸子要选用三肥七瘦的猪前槽蝴蝶肉为原料，用刀切成绿豆大小的颗粒，加入鸡蛋、

淀粉和马蹄调成馅，制成棋子状的丸子，先煎后熘而成。❶

2000年，"四绝菜"被国家国内贸易部评为"中国名菜"。2003年，宝发园制作的"帅府家宴"被中国饭店协会评为"中国名宴"。2006年，宝发园被商务部授予首批中华老字号称号。2007年，宝发园的"四绝菜"被列入沈阳市非物质文化遗产保护名录。

三、民国后的传统老字号

随着社会变革，民国以后的饭庄酒肆业老字号的诞生与发展具有了相应的时代特点。这一时期产生的餐饮业老字号主要有创办于1912年的北京全素斋、1913年的杭州知味观、1920年的杭州多益处酒家、1922年的杭州素香斋、1925年的北京仿膳饭庄、1927年的杭州天香楼、1929年的北京西来顺、1935年的广州酒家、1937年的北京南来顺和1940年的四川龙抄手等。其中有许多饭店是由离开御膳房的御厨开办的。这一时期，由于社会动荡不安，很多老字号门庭冷清或濒临倒闭。直至新中国成立后，通过1956年的公私合营，许多老字号才重新焕发了青春，不仅恢复了老字号名称，许多还迁址进行了扩建。改革开放后，一些老字号企业实施了转企改制，由公私合营转为民营，在现代市场经济的大潮冲击中优胜劣汰。

全素斋

全素斋创办于1912年，距今已有100多年历史，原址位于北京东安市场，是素菜系中最为知名的老字号之一。创办者刘海全（泉）曾是宫廷专门制作素菜的御厨。由于他聪明伶俐，又擅作咸甜适中的素菜，所以当年深得慈禧太后喜爱。据传有一次，刘海全（泉）用果肉、枣泥、山药、蜂蜜、白糖和桂花等原料制成馅，用油皮卷好，先蒸后炸，再蘸上蜜汁，盛盘后用青红丝和金糕条点缀，最后撒上白糖。慈禧太后尝后赞不绝口，这道菜便是"御味卷果"，从此这道菜便被列入御膳房的常备菜谱。[51]刘海全（泉）也成为御膳房制作宫廷素菜的大厨。

辛亥革命后，刘海全（泉）离开了御膳房，为了谋生，他便在京城摆

---

❶ 资料来源于宝发园名菜馆。

了个素菜摊,后又在东安市场摆摊售卖素食,供应蜜供、排叉、小松肉、素什锦、素鸡和独面筋等,还包办"四四到底"整桌素席,即四压桌、四冷荤、四炒菜和四大件。由于刘海全(泉)售卖的都是斋戒用的名荤实素的饭食,而且又是宫廷手艺,精致高雅、色重味浓、风味独特,很快便在京城红火起来,人称"全素刘"。1936年,刘海全(泉)挂起了"全素刘"牌匾。刘海全(泉)的儿子刘云清、孙子刘文治都继承了全素刘的技艺,素菜品种不断增多翻新。新中国成立前,时局动荡,全素刘惨淡经营。新中国成立后,生意再度红火。1953年,更名为全素斋。1956年公私合营,业务扩大,店址迁至王府井大街96号。1984年,店址又搬到了王府井大街213号,并在东直门内小街里建了一个500多平方米的生产车间,日产量两三千斤,人员增加到60多人,还在北京城及郊区设有50多个销售专柜。[52] 如今,全素斋由北京全素斋食品公司经营,一直沿袭着宫廷素菜工艺,以面筋和豆制品为主要原料,以香菇、玉兰片、木耳和花生米等各种调味品为辅料,分卤菜类、炸货类和冷荤卷货三大类,著名产品有香菇面筋和八宝什锦等。其中香菇面筋曾多次荣获北京市优质产品奖,在法国巴黎和中东等地区的国际食品博览会上也广受好评。

知味观

知味观创办于1913年,距今已有百年历史,原址位于浙江省杭州市原"旗营"位置,即湖滨仁和路附近,是知名的杭州菜老字号。起初是由孙翼斋与义阿二两人合摆的一个馄饨摊,次年义阿二退出,由孙翼斋夫妇经营。刚开始生意很冷清,孙翼斋从《礼记·中庸》中的一句"人莫不饮食也,鲜能知味也"中获得灵感,便在摊位前挂起了"欲知我味,观料便知"八个大字。许多人好奇便来观料和尝味,生意便越做越好。

1929年,孙翼斋夫妇正式挂起"知味观"这一招牌,主要经营100多种杭州特色茶点和馄饨等。1947年,知味观由孙翼斋的孙子孙仲琏掌管。1956年,公私合营。"文革"期间改名东风观,1979年恢复原名。1984年,在北京开设了北京知味观饭庄。因每年都会派特级技师和厨师进京掌灶,使得知味观成为北京杭州菜馆的代表。1999年以后,知味观先后在杭州各城区开设了完全自营的27家外卖店和16家堂吃连锁店,还开设了园林式酒家"知味观·味庄"和庭院式餐馆"知味观·味宅"。[53]招牌菜有鲜肉小笼、幸福双、糯米素烧鹅、猫耳朵、叫花童鸡、西湖醋鱼、蟹黄橄榄鱼、武林熬鸭和西施舌等。

2006年,知味观被商务部认定为首批中华老字号。现在,知味观隶属于杭州饮食服务集团,已开设各类连锁店62家。知味观通过不断创新的技术、管理和营销策略,以其独特的风味名点和正宗的杭帮菜肴吸引着八方宾客。

仿膳

仿膳成立于民国十四年(1925年),距今有90多年历史,原址在北海公园北岸五龙亭以东。由宫廷御厨赵仁斋邀请孙绍然、王玉山和赵承寿等五六个御膳房的厨师共同开办,专门制作清宫传统糕点、小吃和风味菜肴。其菜肴制作精细,比如荷花莲蓬鸡就要39道工序。据《晶报》记载说:"北海公园松坡图书馆旁有茶点处,其商标曰'仿膳',盖取仿御膳制法之意。所用庖丁,闻即清御膳房之旧人,所制小吃,如豌豆糕、云豆卷、栗子糕、豌豆黄,各种糖粘、蜜饯以及包子、饺子、千层糕、蝴蝶

图2-1-14 仿膳正门

卷、一品烧饼、小窝头之类，精美洁净，非比寻常，不愧为天厨制品。尤以小窝头最为精致，形如小酒杯，面制甚薄，不但式样与穷人所吃者不同，即面粉亦较寻常者细多矣。"[54]

仿膳不仅制作风味小吃，还推出了含有108道菜点的"满汉全席"，膳品、膳名、膳具和礼仪上都很是考究，需三天六餐方能上齐。每道菜的背后还都有一段故事，其色、香、味、形、气、意无一不彰显高贵的皇家气派和优雅细致的品位。民国时期，京城盛行的"满汉全席"中，仿膳首屈一指。近人夏仁虎在《旧京秋词》中写道："菱糕切玉秫黄窝，午膳居然玉食罗。饭饱湖浜同辍茗，夕阳明外见残荷。"[55]

1955年，仿膳由私营转为国营。1956年，更名为仿膳饭庄，请回来王玉山等御厨师傅，传授技艺，使得仿膳得以焕发生机，也使清宫御膳这一世界上宫廷菜系的一员得以传承、延续和创新。1959年，迁址于琼岛漪澜堂和道宁斋等一组古建筑群中，雕栏画栋、古色古香。溥仪之弟溥杰先生曾为仿膳填了一首《浪淘沙·咏仿膳饭庄》："十里芰荷香，翠柳朱墙，漪澜荡漾水云光，琼岛春阴巍玉塔，妙在长廊。朋友遍遐方，济济跄跄，四筵舞箸更飞觞。尝品故宫前代味，忘是他乡。"

仿膳曾先后接待过多名国家领导人和外国政要。1989年，仿膳在日本开设分店。2009年，"仿膳（清廷御膳）制作工艺"被批准为北京市级非物质文化遗产。2010年，仿膳被商务部认定为中华老字号。2010年，"仿膳（清廷御膳）制作技艺"被列入国家级非物质文化遗产名录。

如今，仿膳经营的宫廷菜肴约800种，其中凤尾鱼翅、金蟾玉鲍、一品官燕、油攒大虾和宫门献鱼等较有特色。名点有豌豆黄、芸豆卷、小窝头和肉末烧饼等。最能代表宫廷菜肴特色的当属"满汉全席"。作为宫廷菜系的代表，仿膳在一定程度上代表了中国饮食文化的最高水平。

广州酒家

广州酒家始建于1935年，距今已有近80年历史，总店店址位于广东省广州市文昌南路与上下九步行街交汇处。1935年，广州英记茶庄店主陈星海集股开办了西南酒家，以经营传统粤菜闻名。当时推出的名菜红烧大裙翅以66块大洋一份压倒大三元酒楼同名菜式的60块大洋，尽显高贵气势。当时陈星海重金聘得"南国厨王"钟权,使得西南酒家赢得"广州第一家"的美誉。1939年,西南酒家毁于战火。1940年,陈星海、廖弼彤、关乐民和骆衡川等人集资108股,每股大洋500元,重整旗鼓,复店开业,改名为广州酒家,意为"食在广州"。[56] 1954年公私合营后成为国营。

改革开放后,广州酒家发展很快。1983年,酒家自筹和贷款600万元进行全面装修改造,使其面貌、格局焕然一新,成为国家旅游城市定点接待单位。1989年,广州酒家在海珠区滨江路开设了滨江西分店。1991年,成立广州酒家集团公司,在餐饮服务的基础上大力发展食品工业,企业规模不断发展壮大。2006年,广州酒家被商务部认定为首批中华老字号。2009年,广州酒家集团全面转制为股份有限公司。集团现拥有滨江西、天河体育东、黄埔、五羊新城芳村等八间高级酒家(分店)、一个大型食品生产基地和遍布全市的连锁食品商场,并跻身全国餐饮业十强,成为一个总资产达5亿多元的具有广州餐饮特色的大型饮食企业集团。❶ 经典菜式有一品天香、麻皮乳猪、三色龙虾、广州文昌鸡、百花酿鸭掌、娥姐粉果、蟹肉灌汤饺、沙湾原奶挞、满汉精选和五朝华筵等。

值得一提的是,广州酒家虽然在众多餐饮老字号中位属年轻,但是其对人才的重视和对菜品品质的高精要求丝毫不逊于百年老店。据悉,广州酒家的历任名厨有20世纪30年代的南国厨王钟权,40年代的省港名厨梁瑞,巴拿马国际烹饪比赛金牌获得者"世界厨王"梁贤,50年代"翅王"吴銮,60年代广州文昌鸡一代名师黄瑞,70年代特级烧卤师陈明和80年代特一级厨师黄振华、蔡福、林志忠及蔡洪等。广州四大天王级点心师,广州酒家就拥有三位。[57]

龙抄手

龙抄手创办于1940年,距今有近80年历史,原址位于四川省成都市华兴正街。创始人叫杨炳森,做棉纱生意出身。有一次他邀请叔伯兄弟杨松如和张光武商议开餐馆之事。因相约在浓茶茶园,餐馆的店名便以

---

❶ 资料来源于广州酒家官方网站。

图2-1-15 创办之初的广州酒家

"浓"的谐音"龙"为首,象征龙腾吉祥和生意兴隆。[58]店铺主要经营"抄手"。"抄手"其实就是四川人对馄饨的称呼。以前在冬至这一天,百姓习食馄饨。宋代《武林旧事》中记载:"享先则以馄饨,有'冬馄饨,年馎饦'之谚。贵家求奇,一器凡十余色,谓之'百味馎饦'。"[59]《岁时广记》里也记载:"京师人家,冬至多食馄饨。"[60]后来,馄饨成了百姓喜爱的日常面食。北齐颜之推曾说:"今之馄饨,形如偃月,天下通食也。"龙抄手的抄手用料精、做工细,皮薄馅鲜,因此生意一直不错。后来由于杨炳森要忙活自己的棉纱生意,便将店铺转让给杨松如经营。

1950年,龙抄手迁至悦来商场。1956年公私合营后,龙抄手转为国营。1963年,店址迁至春熙路。1987年,龙抄手和"蜀都小吃"合并为龙抄手餐厅,营业面积达2000多平方米,以经营小吃和川菜风味为特色,菜品多达上百种,餐厅名厨云集。1993年,龙抄手代表队在全国第三届烹饪技术比赛中夺得团体金奖。餐厅四名参赛选手,夺得金牌一枚、银牌一枚和铜牌两枚。[61]2006年,龙抄手被商务部认定为首批中华老字号。龙抄手现隶属四川省成都市饮食公司,招牌菜点有龙抄手、白果糕、三鲜玉笋、羊肉粉、菊花鱼翅、文君琵琶鸭和三色鳜鱼等。

第二节 西餐中的老字号

清朝中后期，中国餐饮业老字号的行列里增加了西餐这一新面孔。比如创办于清光绪十一年（1885年）的广州的太平馆、清光绪十三年的上海的德大西菜社、1914年的东亚餐厅❶、1918年的华盛顿餐馆❷和20世纪20年代的经济餐馆❸等，大多为中国人或华侨创办，堪与外国人在中国开办的如起士林（1911年德国人威廉·起士林创办于天津）、红房子（1935年意大利人路易·罗威夫妇创办于上海霞飞路）和喜来临（1937年德国人威廉·起士林创办于上海常德路）等西餐厅相媲美。

太平馆餐厅

太平馆餐厅太平馆创立于清光绪十一年（1885年），距今已有130多年历史，位于广东省广州市南关太平沙一带，可以说是广州甚至是中国最早的由中国人创办的西餐老字号。创办人徐老高，本是沙面旗昌洋行的厨师，后来他离开洋行在太平沙肩挑贩卖煎牛扒。因为他做的牛扒选料又精又可口，而且物美价廉，所以生意很好。后来他便由流动小贩改为固定门店，因在太平沙附近便取名"太平馆"。民国以后，太平馆附近出现了海军同学会、国民花园舞厅和海员俱乐部等，为餐馆带来了大量客源。

20世纪20年代，由于徐家分家，出现了太平馆和太平新馆。抗战时期，太平馆一度交给伙计打理。徐家后人又在香港开设太平馆。新中国成立后，实现公私合营，广州的太平馆转为国营。徐家后人转去香港发展。1993年太平馆转为中外合资企业。2005年1月由于产权问题，太平馆停业。同年3月，复又开业，招牌菜为德国咸猪手、芝士焗蟹盖、烟仓鱼、招牌红烧乳鸽、焗葡国鸡、特色咸牛脷等。

---

❶ 隶属于先施有限公司广州分行，由澳洲华侨集资创办于1914年，位于长堤大马路。

❷ 由华侨黄文玉创办，自建楼房五层，位于长堤大马路，为当时广州西餐业资金最多的独资企业，规模仅次于太平馆。

❸ 创办者名叫黄卓如，早期是一家卖"士多"的铺头仔，中期专为附近的洋人办伙食，后期才发展为经营西餐业，顾客以洋人为主。

第二章 老字号中的饭庄酒肆

图2-2-16 1927年的太平馆餐厅

当年，蒋介石、林森、李宗仁、宋子文和陈济棠等曾是太平馆的常客。周恩来总理也曾经三度光临太平馆，1925年8月，周恩来与邓颖超在这里举行婚礼。1959年和1965年，已出任国家总理的周恩来到广州视察时又前后两次来太平馆用餐。今天的太平馆已难现昔日的辉煌。

德大西菜社

德大西菜社创办于清光绪十三年（1887年）❶，距今有130多年历史，店址位于上海市虹口区，是上海历史最久的一家西餐厅老字号。创办者为陈安生。清光绪十三年（1887年），陈安生在上海虹口区（今塘沽路177号）开设两层两开间门面的西餐馆，主营德国西餐。初名德大牛肉庄，后改名德大饭店，楼下批发和零售生熟牛羊肉和各种西餐原料、蔬菜，并设有专间自制火腿和培根，自产自销十分兴隆；楼上设有西餐厅。1946年，德大饭店在南京路和四川中路359号开设新德大饭店。20世纪50年代虹口区的德大饭庄由于地段冷落，生意冷淡，被征用。1963年，改营中餐。1973年，德大恢复西餐供应，并改名为德大西菜社。1986年和1987年南京路的德大翻新扩建，供应百余个品种的西菜。主要菜肴有汉堡牛排、铁排鸡、葡国鸡、茄汁牛尾、白烩鸡、亨利猪排、铁排明虾、西洋杏力蛋和司盖阿盖等。[62]

现在德大西菜社有南京西路店和云南南路店两个分店。一楼是咖啡

---

❶ 也有说创办于清光绪二十三年（1897年）。

厅，供应咖啡和西式点心；二楼是西餐厅。餐厅的装潢极富年代感和旧时味道：旋转木门、木质楼梯、高高的护墙板和麻质的桌布……老上海人对德大怀有一种无法被替代的情感，他们对西餐的了解和对西餐礼仪的学习甚至都是通过德大而来。2010年，上海德大西餐有限公司被商务部认定为中华老字号，注册商标为DEDA。

注释：

[1]（宋）孟元老撰，邓之城注：《东京梦华录注》卷之四《会仙酒楼》，中华书局，1982年版，第127页。

[2] 参见段炳仁主编，王红著：《老字号》，北京出版社，2006年版，第7页。

[3]（宋）孟元老撰，邓之城注：《东京梦华录注》卷之四《食店》，中华书局，1982年版，第127—128页。

[4]（宋）孟元老撰，邓之城注：《东京梦华录注》卷之二《饮食果子》，中华书局，1982年版，第74页。

[5] 冯承钧译：《马可波罗行纪》，上海书店出版社，2001年版，第238页。

[6] 转引自段炳仁主编，王红著：《老字号》，北京出版社，2006年版，第16—17页。

[7]（元）熊梦祥：《析津志》，北京古籍出版社，1983年版，第108页。

[8]（民国）夏仁虎：《枝巢四述·旧京琐记》卷九，辽宁教育出版社，1998年版，第124页。

[9][30]（民国）夏仁虎：《枝巢四述·旧京琐记》卷九，辽宁教育出版社，1998年版，第127页。

[10][11] 参见孔令仁、李德征编：《中国老字号》（卷八），高等教育出版社，1998年版，第163—164页。

[12] 参见郑孝时、孔阳著：《明清晋商老字号》，山西经济出版社，2006年版，第231—232页。

[13] 转引自郑孝时、孔阳著：《明清晋商老字号》，山西经济出版社，2006年版，第232—233页。

[14] 参见孔令仁、李德征编：《中国老字号》（卷八），高等教育出版社，1998年版，第165页。

[15][16] 参见段炳仁主编，王红著：《老字号》，北京出版社，2006年版，第79页。

[17] 孔令仁、李德征编：《中国老字号》（卷八），高等教育出版社，1998年版，第34页。

[18] 转引自侯式亨编著：《北京老字号》，中国环境科学出版社，1991年版，第38页。

[19] （清）吕肃高：《长沙府志》卷十五，岳麓书社，2008年版。

[20] 参见（清）吴兆熙等：《善化县志》。

[21] [22] 参见孔令仁、李德征编：《中国老字号》（卷七），高等教育出版社，1998年版，第145—146页。

[23] 参见孔令仁、李德征编：《中国老字号》（卷八），高等教育出版社，1998年版，第73—74页。

[24] 转引自段炳仁主编，王红著：《老字号》，北京出版社，2006年版，第95—96页。

[25] 转引自段炳仁主编，王红著：《老字号》，北京出版社，2006年版，第96页。

[26] 段炳仁主编，王红著：《老字号》，北京出版社，2006年版，第96页。

[27] 参见孔令仁、李德征编：《中国老字号》（卷七），高等教育出版社，1998年版，第247页。

[28] 孔令仁、李德征编：《中国老字号》（卷七），高等教育出版社，1998年版，第165页。

[29] 转引自孔令仁、李德征编：《中国老字号》（卷七），高等教育出版社，1998年版，第166页。

[31] 转引自孔令仁、李德征编：《中国老字号》（卷七），高等教育出版社，1998年版，第167页。

[32] （民国）汤用彬：《旧都文物略》，北京古籍出版社，2000年版，第256页。

[33] 沈关忠、张渭林：《楼外楼》，杭州出版社，2005年版，第14页。

[34] [35] 戎彦编著：《浙江老字号》，浙江大学出版社，2011年版，第42页。

[36] [37] 参见孔令仁、李德征编：《中国老字号》（卷七），高等教育出版社，1998年版，第478—483页。

[38] 参见孔令仁、李德征编：《中国老字号》（卷七），高等教育出版社，1998年版，第360页。

[39] （清）周家楣、缪荃孙等编纂：《光绪顺天府志·食物志》，北京古籍出版社，1987年版，第1818页。

[40] 参见段炳仁主编，王红著：《老字号》，北京出版社，2006年版，第116页。

[41] 参见孔令仁、李德征编：《中国老字号》（卷八），高等教育出版社，1998年版，第37—39页。

［42］转引自宋宪章：《杭州老字号系列丛书·美食篇》，浙江大学出版社，2008年版，第67页。

［43］参见戎彦编著：《浙江老字号》，浙江大学出版社，2011年版，第52—53页。

［44］［45］参见孔令仁、李德征编：《中国老字号》（卷八），高等教育出版社，1998年，第123—125页。

［46］参见孔令仁、李德征编：《中国老字号》（卷三），高等教育出版社，1998年，第654—655页。

［47］参见赵燕华：《广州：莲香楼百年"股东册"翻出一段古》，《羊城晚报》，2004年9月22日。

［48］参见孔令仁、李德征编：《中国老字号》（卷三），高等教育出版社，1998年版，第655—656页。

［49］孔令仁、李德征编：《中国老字号》（卷八），高等教育出版社，1998年版，第28页。

［50］参见段炳仁主编，王红著：《老字号》，北京出版社，2006年版，第104—109页。

［51］参见段炳仁主编，王红著：《老字号》，北京出版社，2006年版，第127页。

［52］参见孔令仁、李德征编：《中国老字号》（卷三），高等教育出版社，1998年版，第570—571页。

［53］参见戎彦编著：《浙江老字号》，浙江大学出版社，2011年版，第47页。

［54］《晶报》，1925年12月18日版。

［55］转引自孔令仁、李德征编：《中国老字号》（卷七），高等教育出版社，1998年版，第349页。

［56］［57］参见孔令仁、李德征编：《中国老字号》（卷七），高等教育出版社，1998年版，第71—72页。

［58］参见孔令仁、李德征编：《中国老字号》（卷七），高等教育出版社，1998年，第182页。

［59］（宋）周密：《武林旧事》卷三。

［60］（宋）陈元靓：《岁时广记》卷二。

［61］参见孔令仁、李德征编：《中国老字号》（卷七），高等教育出版社，1998年版，第184页。

［62］参见孔令仁、李德征编：《中国老字号》（卷八），高等教育出版社，1998年版，第314—315页。

第三章　老字号中的服饰业

服饰业老字号的形成大概可以追溯至宋代。《梦粱录》在介绍"团行"时记述了制作服饰行业的名称:"买卖七宝者谓之骨董行、钻珠子者名曰散儿行、做靴鞋者名双线行、开浴堂者名香水行。大抵杭城是行都之处,万物所聚,诸行百市,自和宁门权子外至观桥下,无一家不买卖者,行分最多,且言其一二,最是官巷花作,所聚奇异飞鸾走凤,七宝珠翠,首饰花朵,冠梳及锦绣罗帛,销金衣裙,描画领抹,极其工巧,前所罕有者悉皆有之。"[1]可见,双线行就是对服饰类行当的称呼。而其中有名号的店铺也不在少数,比如"向者杭城市肆名家有名者"有"彭家油靴,南瓦子宣家台衣……""保佑坊前孔家头巾铺""徐官人幞头铺""钮家腰带铺""市西坊北钮家彩帛铺""徐家绒线铺""清河坊顾家彩帛铺""季家云梯丝鞋铺""沙皮巷孔八郎头巾铺"和"李博士桥邓家金银铺"等。[2]

服饰承载着的不仅是构成、材质要素的变换,更是一种社会观念、文化的变迁。因而,服饰业老字号受构成要素与观念影响颇多,需要因时因地调整产品和经营方式。宋代的这些经营服饰类产品的店铺早已消失,至今仍有耳闻或者流传的老字号大致兴起于明清之时。北京、天津、广州、上海、江苏、浙江和山东等都是服饰业老字号的盛产地。较早的可见创建于清康熙五十八年(1719年)的上海吴良材眼镜店、清乾隆年间的济南隆祥布店、清嘉庆二十二年(1817年)的北京马聚源帽店、清道光年间的北京谦祥益和首家洋布店天有信、清道光二十八年(1848年)的上海老凤祥银楼、清咸丰元年(1851年)的云南通海银饰代表"孔雀"、清咸丰三年(1853年)的北京内联升鞋店、清咸丰八年(1858年)的北京步瀛斋鞋店和清同治六年(1867年)的浙江姜益大布店等。当时的金店银楼从业者非富则贵,《旧京琐记》记载:"金店者初亦作金珠贸易,至捐例大开,一变而为捐纳引见者之总汇。其上者兼能通内线,走要津。苞苴之入,皆由此辈。故金店之内部,必分设捐柜焉。其掌铺者,交结官场,谙习仪节,起居服饰,同于贵人。在光绪季年,各种捐例并起,业此者,莫不利市三倍,然皆非其本业也。故讥者曰:'金店之金,在其招牌上所贴之金箔。'"[3]

随着洋务运动的日渐开展,西方的服饰文化逐渐渗透进了中国,随即兴起了许多洋服店售卖西服和洋装,也出现了许多钟表首饰行。如在北京"各大绸肆必兼售洋货,其接待顾客至有礼衷,挑选翻搜,不厌不倦,烟茗供应,趋走极勤。有陪谈者,遇仕官则言时政,遇妇女则炫新奇,可谓尽交易之能事。"[4]其中著名的老字号较早可见于创办于清同治元年(1862年)的杭州毛源昌眼镜店、清同治十三年(1874年)的亨得利钟表行、清光绪五年(1879年)的苏州李顺号洋服店❶、清光绪六年(1880年)的广州信孚洋服店、清光绪二十一年(1895年)的萃华金店、1910年的上海荣昌祥西服店和1912年的李占记钟表行等。

民国时期,"因民智闭塞,未谙外情,一切生产事业类皆故步自封,不求改良"[5]。我国许多曾处于世界领先地位的服饰类产品制造被外国赶超。比如"在1875年,中国输出生丝74.183担。1925年,127.982担。日本在同一时期(即1875年),输出生丝仅11.810担。1925年,竟增至408.719担"[6]。可见,从清光绪元年(1875年)到1925年间,中国从比日本多输出生丝6倍衰落至日本的三分之一。面对民族经济的衰退,中国的许多有识之士、民营资本家和爱国华侨等通过努力革新技术、投资办厂和开办实业等,振兴民族经济及发展国货。由中国人自己开办的传统服饰店、洋服店和钟表行字号频频诞生,如创办于1915年的山东烟台宝时木钟厂、1917年的上海鸿翔女子时装店、1932年的广州邱炳南恤衫店、1934年的郑州三义长布店、1935年的西安克利西服店、1936年的上海开开羊毛衫店、1937年的天津新巴黎丝绸店和1940年创办于上海的雷蒙西服店等。

其间,由于移风易俗,传统服饰老字号的产品也随之调整,比如马聚

---

❶ 被认为是中国第一家洋服店。

源停止了制作缨帽，转而售卖瓜皮帽和呢帽；内联升不做官靴转而开始生产经营礼服呢面和缎面千层底。

当时首饰种类名目繁多，首饰楼林立。据民国十六年（1927年）的北京《晨报》记述："各有各之手艺。首饰楼专管打胚儿，名叫'实作'；买卖旧首饰整旧如新者，名为'镂儿铺'；錾花者另有'錾作'；包金者名为'包金作'；镀金者名为'镀金作'，且镀金作又分为'火镀'、'电镀'两种，电镀者最省金子，可是见太阳即白；做花须者名为'拔丝作'；烧蓝绿色者名为'珐琅作'；另外还有一种'孩什作'，凡小孩所戴之铃铛寿星、空镯片锁、升斗钟印、锁头项圈，皆归孩什作所制，内中约有三成银子七成铜，是以小孩之银饰，当铺向例不收……"[7]可见，当时首饰类字号颇为繁盛。

新中国成立后，1956年的公私合营和20世纪80年代的改革开放，使得中国传统服饰业老字号再次受到了冲击，老字号纷纷结合时代要求调整了企业结构和经营主体，有的关门倒闭，如内金生；有的被并入它门，如马聚源归属步瀛斋；有的作为中国传统服饰的代言继续承担着责无旁贷的历史使命，如瑞蚨祥的中式传统服装备受国外政要及其夫人的厚爱，三枪的内衣仍焕发着勃勃生机，民国四大银楼之一的萃华金店现仍在东北的首饰业内首屈一指……可见，服饰业老字号具有较强的社会敏感性和灵活性。

第一节　衣服鞋帽

老北京曾经流传着这么一句话："头顶马聚源，脚踩内联升，身穿八大祥，腰缠四大恒。"这句口头禅中提到的马聚源、内联升和八大祥都是当年著名的服饰业老字号，代表着相应的身份地位。当年名噪一时的老字号如今却发展各异。

马聚源

马聚源始建于清嘉庆二十二年（1817年），至今已有200多年的历史，旧址位于北京前门外鲜鱼口，现位于北京前门外大栅栏街步瀛斋鞋店内。曾经是一家久负盛名的以经营帽子为主的中华老字号。创办者是直隶马桥人马聚源，他曾在帽子店做了三年零一季的学徒。后离开帽店，于清嘉庆二十二年（1817年）自立门户，创办马聚源帽店。他的店虽然不大，但是由于帽子做工精细又便宜，所以生意还算不错。马聚源帽子迅速发展成京城有名望的大帽店，还与一段故事密不可分。

据说当年有一位张姓官员，他手下买了一顶马聚源的帽子，张官员看到后感觉非常不错。之后他就牵线搭桥，让马聚源承揽了为清政府做缨帽的生意。从此，马聚源名声大噪，主要经营宫廷需要的缨帽和富人戴的高级帽子。从"头戴马聚源，脚踩内联升，身穿八大祥，腰缠四大恒"这句口头禅中，不难看出当年马聚源帽子在人们心目中的地位。清朝道光年间的《都门纪略》记载："马聚源领帽铺，专做朝冠领帽，真不二价，在前门外鲜鱼口内路南。"[8] 当然，马聚源也是名不虚传，用料真实、做工精细是它生意兴隆的关键。如缨帽的缨子要用西藏的牦牛尾；染红缨子必须用西藏出产的藏红花；做瓜皮小帽的缎子专门从南京正源兴缎庄进货；帽里要用新布；帽口要用江南的暑凉绸缉；等等。[9] 据1926年的报纸记述："前门外鲜鱼口内路南之马聚源，都门著名之帽局也……据详细调查：马聚源货物，并无十分过人处，工坚料实而已。"[10]

清咸丰八年（1858年），马聚源病重身亡，帽店交由大徒弟李健全。清同治元年（1862年），张姓官员听说马家不想再做帽子生意，便把马聚源买了下来，沿用其字号。1911年，清帝退位，马聚源不再生产缨帽，开始大量生产瓜皮小帽和将军盔。之后又增加了海龙和水獭皮的三块瓦帽、土耳其式皮帽和美式呢帽。[11] 1937年起，马聚源生意开始萧条。1956年，马聚源公私合营，开始生产大众化的帽子。1986年，恢复老字号，专营少数民族帽店，包括满、蒙、回、藏等民族帽和舞蹈帽等。之后并入步瀛斋❶。2010年，马聚源被商务部认定为中华老字号。现在的马聚源作为北京步瀛斋鞋帽有限责任公司中的一个品牌，发展前景堪忧。

---

❶ 步瀛斋鞋店始创于清咸丰八年（1858年），是一家主营布鞋的老字号，创办者为满族李姓官员。

天有信

天有信开业于清道光年间,约清道光二十年(1840年)以后,是北京最早经营洋布的老字号之一,旧址位于北京前门外鲜鱼口路北。创始者为山东昌邑高姓人士。洋布虽然时髦,但由于不耐穿,所以天有信还经营着许多国货。清光绪二十六年(1900年),义和团运动期间,高掌柜审时度势,将店里的洋布拿出去当街焚毁,才幸免于难。1919年,五四运动期间,高家掌柜高伦堂主动响应不卖日货、提倡国货的号召,将日货布全部交出烧毁,主营河北高阳布,人称"爱国布"。后来,由于高伦堂的爱国举措,他被推选为北京布行商会会长和北京总商会的董事,和瑞蚨祥的总管姚秀岩共同操纵着北京绸缎布匹行业的大权。天有信当时也达到了生意发展的顶峰。1937年以后,由于日寇入侵,许多店铺纷纷倒闭,天有信由于货源短缺、时局动荡,最后也宣告破产。[12]类似天有信般的洋货店是顺应时代潮流的产物,但相对来说也比较脆弱,基本都在战乱中一蹶不振。比如同时期的天成信洋布店,历史跟天有信一样悠久,却在义和团运动的大火中遭劫,被迫歇业。

内联升

内联升创建于清咸丰三年(1853年),距今有160多年的历史,创办之初店址位于北京市东交民巷,现位于西城区(原宣武区)大栅栏街。内联升可以说是现存历史最悠久的手工布鞋类老字号。创始人是天津武清县人赵廷。他早年在京城一家制鞋作坊学做鞋,由于悟性高,很快便学得一身好手艺。慧眼独具的赵廷分析了当时京城制鞋业的状况,在积累了丰富的客户人脉和一定的管理经验后,决定自立门户。他出资两千两白银,京城一位人称"丁大将军"的贵人出资八千两白银,共同开办起了一家鞋店,[13]起名"内联升","内"指大内宫廷,"联升"寓意穿上此店制作的朝靴,可以在宫廷官运亨通、连升三级。

内联升的鞋做工精细、舒适美观。其"千层底"广受好评,做法为:"用好的白布打袼褙(坚决不用麻质、丝质、旧布为打袼褙的原料)。打袼褙时,贴布要求压平绷紧,保证骨力平正,厚薄一致。纳底时,选用产自温州的上等麻绳,针脚齐,拉力大。要求麻绳粗,锥铤细,勒得紧,针码匀,每平方寸要纳八十一针以上,纳好的底子还要放到80~100℃的热水中浸泡,然后用棉被包严热闷,闷软后再锤平、整形、晒干。"[14]

图3-1-1 《履中备载》

当然,内联升也有一套独到的经营管理理念。内联升将来店做鞋的文武官员的身份、籍贯、官职、靴鞋尺寸、式样和特殊需要(如脚疾或畸形)等都逐一登记在册,形成了一本名噪一时的《履中备载》。谁若再次买鞋,只要派人告知,便可根据资料按要求迅速做好送去。这不仅为顾客提供了方便,也为想逢迎达官显贵的人士提供了便利。因此,赵廷借由良好的人脉关系,生意分外兴隆。当时一双朝靴价值可达白银数十两。

清光绪二十六年(1900年),八国联军侵占北京,一场大火毁了东交民巷大部分商号。内联升被迫迁址至奶子府。1912年,袁世凯北京兵变,动乱中内联升又被洗劫一空,赵廷含恨去世。其子赵云书将店址迁至前门外廊房头条。民国时期,内联升开始生产经营礼服呢面和缎面千层底鞋,其主要服务对象仍然是上层人士,一双缎鞋大概卖现洋三块。1943年,赵云书逝世,由其子女继承家业。

1949年新中国成立,内联升打破专营男靴鞋的旧规,增添经营女鞋、童鞋、皮鞋和解放鞋等。1956年至1958年,内联升转为国营,迁址到大栅栏街。1962年,郭沫若先生为内联升书写字号商标,并作了一段诗:"凭谁踏破天险,助尔攀登高峰,志向务求克己,事成不以为功。"[15] 1976年,内联升开始生产和经营皮鞋。1977年,恢复了老字号名称。1986年,新厂房竣工,面积约有十三亩。1988年,新营业楼落成,外观具有清代建筑风格，营业面积1700多平方米。2001年，成立北京内联升有限责任公司。❶ 2006年，北京内联升鞋业有限公司（注册商标：内联升）被商务部认定为首批中华老字号。2008年，"内联升手工制鞋工艺"被列入国家级非物质文化遗产名录。同年，内联升为北京奥运会提供了所有颁奖礼仪用鞋。2011年，内联升鞋店成为第一批国家级非物质文化遗产生产性保护示范基地。现在内联升主要以生产千层底布鞋和毛布底布鞋等传统手工艺鞋为主，花色品种有3000余个。

图3-1-2　郭沫若为内联升题写的匾额　　图3-1-3　1925年信孚洋服店在《广州民国日报》上刊登的广告

信孚洋服店

信孚洋服店创办于清光绪六年（1880年），距今已有近140年历史，店址位于广州沙基，是广州最早的洋服店，也是我国较早的洋服店老字号之一。创办者为广东三水人邓月波。广州、上海等地是我国近代最早的通商口岸，许多留洋归来的中国人都崇尚西装革履或者洋服纱裙。清光绪六年（1880年），精明能干的邓月波瞅准了这个商机，便在英法租界对面的沙基开办了信孚成记洋服店，前店后厂，投资约500万两白银。[16] 信孚的西服面料和辅料选料上乘，呢绒、丝里和毛扑等全部都进口。做工也非常精细，雇用的工人手艺都很高超。服务热情周到，量身、裁剪、试衣由同

---

❶ 资料来源于北京内联升有限公司官方网站。

一师傅负责。款式新颖，西裤裤腰前上后直、抱肚托腰。因此许多外国领事馆官员、洋行职员和留洋人士都前来光顾。民国时期，生意非常兴隆。洋服在当时算是高档消费，一个普通人的月支出30元，而一套定制西装需要花费五六百元，假如面料采用进口的英国绒布则还需要再加四五百元。当时广州有四家洋服店最为著名，即沙基的信孚成记洋服店、高第街口的金城洋服店、北京南路的黄谦洋服店和中山五路的怡安泰洋服店。

抗日战争爆发后，洋人纷纷回国，洋服店的生意也日渐萧条。1942年，邓月波之子邓达潮接管信孚成记洋服店，店址迁至新兴的商业旺地下九路80号，改名信孚行洋服店。抗战胜利后，信孚行洋服店生意日渐好转，年营业额可达70多万。

新中国成立后，由于人们都崇尚中山装、军干装、棉大衣和灰蓝土布衣服等，信孚行洋服店一度惨淡经营。直至1958年公私合营后，信孚行洋服店合并了美美服装店，开始主营高档呢绒服装。"文革"期间，信孚行洋服店改名东方服装店，销售平淡。改革开放后，信孚行得以焕发生机。1979年前，年销售额仅有370万元。1980年以后，每年递增16.5%。[17] 1982年，信孚老号重新复用。20世纪80年代，信孚的毛料大衣、化纤全夹里男西服和涤卡男上衣等屡获殊荣。2012年，信孚服装店入围当年广州老字号推荐名录。

瑞蚨祥

瑞蚨祥始创于清光绪十九年（1893年），距今已有120多年历史，店址位于北京前门外大栅栏路北。创始人为山东省章邱县人孟洛川。孟家数代人一直在山东周村老家经营布料生意，孟洛川见北京商贸发达，便投资8万两白银，委派已在北京前门外布巷子经营山东寨子布多年的侄子孟觐侯，在大栅栏开了瑞蚨祥绸布洋货店。瑞蚨祥字号来源于《搜神记》中的"青蚨还钱"典故，《搜神记》里说："南方有虫，名'䗺蠋'，一名'蛃蠋'，又名'青蚨'，形似蝉而稍大，味辛美，可食。生子必依草叶，大如蚕子，取其子，母即飞来，不以远近。虽潜取其子，母必知处。以母血涂钱八十一文，以子血涂钱八十一文，每市物，或先用母钱，或先用子钱，皆复飞归，轮转无已。故淮南子术以之还钱，名曰'青蚨'。"[18] "祥"有

图 3-1-4 公私合营后的瑞蚨祥门脸

吉祥之意，取名"瑞蚨祥"即期望财源滚滚，以钱生钱，吉祥如意。

开业后，由于瑞蚨祥商品齐全、货真价实、布料美观又不掉色不缩水，因此生意格外兴隆。瑞蚨祥的漂染工艺非常严格，刚出染房的布匹要包捆好放在布窖里存放半年以上，待染料慢慢渗透每根纱线，才可出售。这种类似酿造陈年老酒和老醋的工艺，叫"闷色"。经过"闷色"的布，缩水率小、布面平整、色泽均匀艳丽，且不易褪色。❶ 孟洛川善于经营和管理，瑞蚨祥不仅提供送货上门和代客加工服务，而且会根据不同消费群体和货品档次安排不同的消费区域和结算方式，还备有不同数额的礼券。店内管理层和后勤人员均聘用经过严格审查的山东老乡，店面的迎宾服务人员均选用善交际、形象好的北京当地人，便于与顾客交流沟通。此外，瑞蚨祥雇员的工资在同行中普遍高出一倍多。可以说，瑞蚨祥正是借由这些先进的管理经验，提供给顾客热情、细致和周到的服务，跻身京城"八大祥"❷ 之首。

---

❶ 资料来源于北京瑞蚨祥绸布店有限责任公司官方网站。
❷ 据段炳仁主编，王红著《老字号》介绍，"八大祥"即瑞林祥（1862 年）、瑞蚨祥（1893 年）、谦祥益（1862 年）、益和祥（1875 年）、瑞生祥（1862 年）、瑞增祥（1875 年）、瑞成祥和庆祥。这些绸布店基本都由山东济南府章丘县旧军镇的孟姓家族开办，在清朝同治、光绪年间开业。光绪二十六年（1900 年），八国联军进军北京，"八大祥"惨遭劫难。"八大祥"中实力最强者为瑞蚨祥和谦祥益。新中国成立后，谦祥益改名为"北京丝绸商店"。目前，"八大祥"中仅有瑞蚨祥一家存活至今。

清光绪二十六年（1900年），八国联军侵占北京，许多商号纷纷倒闭。孟家借助天津和青岛等瑞蚨祥商号的力量，于清光绪二十七年（1901年）又开始恢复营业。不仅经营绸缎布匹，还经营呢绒、钟表和化妆品等进口商品。至1918年间，瑞蚨祥为了避免谦祥益进军大栅栏与其竞争，便在大栅栏街逢铺必买，开设了四个商号，"自东向西分别为瑞蚨祥东鸿记茶叶店、瑞蚨祥绸布店（即总店，也称东号）、瑞蚨祥鸿记皮货店、瑞蚨祥西鸿记茶叶店、瑞蚨祥西鸿记绸布店"。[19]在此期间，瑞蚨祥的生意可谓发展至顶峰。据瑞蚨祥西鸿记残存账册记载：1912年以前每年不足20万两；1913年便超过了30万两，纯利1万3千两；1916年超过40万两，纯利2万5千两，1919年超过50万两；1925年超过60万两，纯利32000两，达到顶峰。[20] 1926年后，由于政局变化，瑞蚨祥生意开始走向滑坡，但是其在同行中的地位仍不可动摇。据《旧都文物略》介绍："（旧京）绸缎肆以山东孟氏祥字号为巨，货品亦佳。虽近来花样翻新，他商于市上贬价竞卖，而如瑞蚨祥等号，则守其故，常趋购者，仍不稍减云……"[21]

图3-1-5　20世纪40年代的瑞蚨祥

新中国成立后，瑞蚨祥再次获得了生机，开国大典上升起的第一面五星红旗就是用瑞蚨祥提供的面料制作而成。1954年，瑞蚨祥五号合一，率先实现公私合营。改革开放后，瑞蚨祥结合传统服饰特点和现代审美情趣，用现代科技结合传统工艺，不断更新产品和服务，在加工和展示东方传统服饰上取得了可喜的成绩。2006年，北京瑞蚨祥绸布店有限责任公司（注册商标：瑞蚨祥）被商务部认定为首批中华老字号。2007年，"瑞蚨祥中式服装手工制作技艺"被列入北京市非物质文化遗产名录。现在，瑞蚨祥带有天井的两层楼房是大栅栏唯一保持老字号原貌的店堂，已被列为国家级文物保护单位。许多知名人士和国外政要及其夫人都会选择瑞蚨祥来加工和制作一件中国传统服装。瑞蚨祥还开办了网络商城，在老字号企业中更加凸显了其创新的市场意识。

图3-1-6 如今前门大栅栏瑞蚨祥店面

盛锡福

盛锡福创办于1911年，距今已有百余年历史，始创于天津。创办者为山东掖县沙河镇人刘锡三。起初为了谋生，刘锡三从家乡来到青岛一家外国人办的饭店做勤杂工，学会了一些日常英语。后来，他跳槽到美清洋行做练习生，学习出口草帽辫业务。1911年，他和友人芮某合资在天津估衣街归贾胡同开办了盛聚福小帽店。当时，许多人都剪去长辫，摘下瓜皮小帽后都想换上适合潮流的新式帽子。富有经济头脑和创新精神的刘锡三，看准社会潮流，便开始向社会推销轻巧美观的巴拿马草帽和英、法、美式呢帽，受到人们的普遍欢迎。

1925年，刘锡三独资经营，将盛聚福改为"盛锡福帽庄"，并注册了"三帽"商标。"盛"即繁荣昌盛，"福"即幸福吉祥，"锡"取自张锡三的"锡"字，又与"赐"通假，有赐予之意。"盛锡福"即繁荣昌盛、赐予幸福。[22]几年之后，盛锡福相继设立了皮帽工厂、便帽工厂、缎帽工厂、化学漂白厂、毡帽工厂和印刷厂等，并开设了两家分销门市部。

20世纪二三十年代，盛锡福先后在南京和北京等城市设立了20多处分店。❶ 1931年的《天津志略》里介绍了盛锡福当年的盛况："盛锡福帽

---

❶ 资料来源于北京盛锡福帽业有限责任公司官方网站。

庄，总号设于法租界天增里南，附设工厂，专制男女草帽及皮、缎、布、便、毯、绒各帽，物美样新，极得各界人士之欢迎。并承办化学漂白，经售各种草帽辫及各种杂货、化装用品。又附设储蓄部，分活期储蓄、定期储蓄两种，试办以来，存款颇为踊跃。因之各种营业非常进步，现在本埠设分销处二处……，此外，北平、南京、上海等处均设庄分销，共约二十余处。总经理刘锡三，山东掖县人，兼任山东旅津同乡会会长，华商公会监查委员，素以提倡国货为职志，又兼心思巧密，善于发明，故其营业大盛，堪称北方草帽业之巨擎焉。"[23]

1936年，北京西单北大街盛锡福开业。1937年，北京前门大街和王府井大街盛锡福开业。1938年，北京沙滩盛锡福开业。北京的这几家盛锡福帽店皆地处繁华地段，再加上其品种齐全、做工考究和物美价廉，所以生意非常兴隆。由吴佩孚书写的盛锡福牌匾，一直挂到现在。1937年，盛锡福帽厂主要品种有75种，实际生产的帽子品种超过200多种。1956年北京王府井大街盛锡福帽店参加了公私合营。同年，周恩来总理在视察王府井大街后指出：要保住盛锡福的特点，组织起来办工厂。❶毛主席、周总理、刘少奇、陈毅和江泽民等党和国家领导人以及朝鲜金日成主席、印尼苏加诺总统、柬埔寨西哈努克亲王等外国政府首脑都曾在盛锡福定做过帽子。改革开放促进了盛锡福的发展。1986年，北京、天津、上海、南京、青岛和武汉八家盛锡福联合组成盛锡福帽业联合会。同年，王府井盛锡福帽厂开业。目前，盛锡福帽子不仅雄踞国内市场，还远销美国、德国、法国、加拿大和新加坡等国家，成为国际知名品牌。

2006年，北京盛锡福帽业有限责任公司和天津市盛锡福帽业公司双双被商务部认定为首批中华老字号。2008年，"盛锡福皮帽制作工艺"被列入国家级非物质文化遗产名录。2012年，由帽业专业委员会出资建立的我国首家冠帽文化博物馆在位于北京前门大街的盛锡福门店三楼开馆，展示着盛锡福帽业的发展历史和中华民族独具风格的冠帽文化。

---

❶ 资料来源于北京盛锡福帽业有限责任公司官方网站。

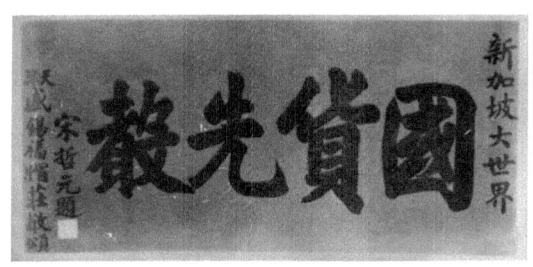

图3-1-7 20世纪二三十年代宋哲元为盛锡福题写的匾额

内金生

内金生始建于民国四年（1915年），距今已有百余年历史，店址位于辽宁省沈阳市中街路北。创办者为闯关东而来的河北人康豫州、王中和、何焕庭之母何氏和梁品四人。老北京的口头禅"头戴马聚源，脚踩内联升，身穿八大祥，腰缠四大恒"在沈阳也有个地方版本，即"头顶庆丰润，脚踩内金生"，也是形容旧时沈阳人一身名牌的打扮。起名"内金生"，寓意"店内生金""鞋内生金"。[24]此外，关于内金生名字的由来还有一段传奇故事。

据说当年乾隆皇帝来沈阳祭祖，时值春节将至，乾隆便乘兴到中街闲逛，体恤民情。当时商铺林立好不热闹，而且家家张灯结彩兴致十足。可乾隆却发现有一家店铺没贴对联，也没收拾门脸。乾隆觉得奇怪便走进店铺，发现老两口正在低头做鞋。乾隆问老人家为什么只忙着做活不张罗过节，连幅对联也没有，老两口说："客人的靴子等着急用，不敢耽误啊。"乾隆以为百姓疾苦，便要买双靴子回去，可是又没带钱。老两口很厚道，说可以送给他一双。乾隆很感动，便现场写下一幅对子送给店家，上联为："大楦头小楦头银锤乒乒乓乓打出穷鬼去"，下联为："粗麻绳细麻绳金针吱吱嘎嘎引进财神来"，横批为："鞋内生金"。老两口一看落款方才知道是乾隆皇帝驾临，便连忙起身跪拜，叩谢皇恩。从此小店就有了名号"内金生"。传说与内金生鞋店的创办虽然不对版，但却在一定程度上反映出了内金生的品牌价值，穿内金生的人应该都是有身份有地位的，而内金生鞋子的品质也是配得上其字号的。

鞋子是易耗品，耐磨与舒适最为关键。内金生鞋店对他们所制作的鞋子,各道工序都要求严格,"纳鞋底规定,每斜方寸49针,即每寸7针,每行7针;绱鞋规定每寸针码三针半,一个套上一针,不许套甩;绱完的鞋,必须前后周正,前冲与后跟也必须高低一致。成品须达到里白外净。"[25] 此外,鞋面一律选用英国荣泰牌纯毛礼服呢、俄国青平呢、日本司马相如牌呢和国产名牌软缎。鞋底料选用进口三色牛皮、香港法蓝皮和国产上等牛皮。糨糊也要选用绿兵船牌上等面粉。[26] 当时,内金生因其质量上乘、美观舒适而大受欢迎,日产量曾达到200双左右,生意兴隆。1928年,康豫州病故,二老板王中和接管内金生。王中和通过买鞋中奖的促销方式和"包退、包换、包修"的三包服务,使得内金生的声誉日益增高,并得到了许多上流人士的追捧。1934年,内金生无奈受命为伪皇帝溥仪赶制皇靴,为伪朝臣赶制朝靴100双。虽然事出无奈,但却使内金生的制鞋工艺和品质再次得到肯定。

抗日战争时期,由于物资匮乏和货源不足,内金生一度关门停业。抗日战争胜利后,1946年,王中和和梁品在中街鼓楼拐角处复营内金生鞋店。1948年,店址迁往中央路112号。1956年,公私合营,内金生字号获得保留。1957年,与润记帽店合并成立内金生润记鞋帽店。"文革"时期,先后改名为红星鞋帽商店和中街鞋帽商店。1980年,恢复内金生鞋帽商店字号。[27] 20世纪末,新城改造,由于拆迁和经营原因,内金生倒闭。

三枪

三枪前身是上海莹荫针织厂,创建于1928年,商标诞生于1937年,是上海服饰类老字号的知名品牌,创始者为干庭辉。当时干庭辉在莹荫针织厂担任经理,他是一个射击爱好者,为了纪念他在射击比赛中的三连冠,更为了抵制日货,1937年,干庭辉注册了"三枪"这个品牌,商标上三支枪交叉鼎力,既象征着连中三元、弹无虚发,也象征着抵制日货、支持国货。当年,干庭辉雇了十几个工人在黄陂南路,通过横机和手摇筒子等简陋设备生产棉毛衫裤。后来,工厂进口了英特华尔棉毛机和柏林顿大罗纹车,产品质量才渐趋上乘,不仅门

图3-1-8 三枪商标

庭若市，而且产品还远销至南洋等地。到了1948年，平均每个月能生产9000多打衣裤。

1954年，莹荫针织厂实行公私合营。1966年，改名为上海针织九厂。当时针织九厂的产品主要以棉毛衫裤为主，60%~70%通过国家进出口公司外销，市场很好。1990年，以针织九厂为主，10家企业联合组建了上海针织内衣（集团）公司。1994年，上海针织内衣（集团）公司改制为上海三枪（集团）有限公司后，三枪正式成为企业名称，实现了商号与商品的统一。同年，首家三枪专卖店在石门一路诞生，是全国针织行业的第一家专卖店，三枪品牌几乎家喻户晓。后来三枪又通过自主创新生产了柔暖棉毛衫裤，得到了消费者的追捧。

1998年，上海纺织集团资产重组，三枪集团有限公司以优质资产加入上海龙头集团股份有限公司❶，实现了多元化发展。2003年，三枪的高支全棉凉爽麻纱内衣系列荣获中国国际与名牌博览会特别金奖。2005年，三枪集团开发的具有蓄热升温和绿色环保养肤特性的舒绒莱卡面料内衣再次荣获国家级新品。2005年至2008年，三枪集团通过商业运作，与国际品牌迪士尼实行系列品牌战略合作，不仅拥有了米老鼠、小熊维尼、迪士尼公主、蜘蛛侠、钢铁侠和狮子王等一线卡通形象内衣的生产和销售权，而且拥有中国地区独家生产并销售迪士尼0~14岁的少儿内衣的资格。除此之外，三枪还跟美国杜邦公司合作开创了棉加莱卡内衣产品，与日本旭化成株式会社合作开发了智慧型升温内衣。2010年，三枪被商务部认定为中华老字号。2011年，三枪集团与日本三菱公司合作研发了维耐寒轻薄内衣。在世界品牌实验室公布的2011年中国最具价值品牌排行榜中，"三枪"的品牌价值为19.85亿元人民币。

如今，三枪已在全国主要省市设立了25家分公司、500多家商场专柜、700多家自营门店和4000多个销售网点，实体店和电子商务齐头并进。❷ 三枪，这个以民族振兴为初衷的老字号品牌，并没有捧着老字号这

---

❶ 上海龙头（集团）股份有限公司是中国首批股份制上市公司（证券代码600630），由针织、家纺、服饰和国际贸易四大事业部构成核心业务发展。公司拥有三枪、菊花、海螺、民光、凤凰、钟牌414和皇后等品牌。

❷ 资料来源于上海三枪（集团）有限公司官方网站。

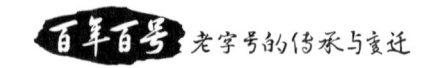

块免死金牌而消极作为，相反却一直致力于自主创新，坚持品牌信誉保证，通过先进的管理理念，融合时尚与科技因素，成为中国纺织业老字号品牌的代表。

第二节　首饰眼镜

吴良材

吴良材创办于清康熙五十八年（1719年），距今已有300年历史，创办于上海。据悉，眼镜随着西洋传教士和胡商传入中国，在明清时代被视为稀罕之物。至乾隆时期，苏广两地的工匠已能小批量生产，眼镜商铺林立。清康熙五十八年（1719年），吴良材的祖辈在上海南市方浜路的马姚弄口创办澄明斋珠宝玉器号，以经营珠宝玉器为主，兼营晶石眼镜。清嘉庆十一年（1806年），吴良材接手澄明斋，他认为眼镜的盈利比珠宝玉器多，所以将该店主营业务转至眼镜业，兼营珠宝玉器，店号仍为澄明斋。

鸦片战争后，眼镜业务日渐兴隆，吴良材便挂起了"吴良材眼镜号"，其精湛的技术和优质诚实的服务广受好评。1926年，店铺传至吴良材的第五代孙吴国诚手中。他摘下澄明斋招牌，留下吴良材字号，专营眼镜业务。1929年，店铺迁至光启路。1932年，吴国诚在南京东路六合路口开设吴良材眼镜分店。1946年，上海吴良材眼镜公司南京分公司成立。

1956年公私合营后，南京分店与上海吴良材总店脱离了关系，南京吴良材眼镜店划入南京百货批发站。上海吴良材眼镜店为我国空军成功试制了第一副航空防风镜，为上海照相机厂成功地研磨了第一架国产照相机镜头，为我国填补了光学仪器的空白。吴良材的这些成就与其任人唯才和不断更新技术设备密不可分。吴良材眼镜店曾在抗日战争胜利后选派员工赴美国留学，并购置先进的国外验光仪器和研磨镜片的设备。1979年，在全国率先引进美国电脑验光仪。1992年，在浙江嘉兴开设分公司。之后的数年间，又在上海的杨浦区和南京东路曼克顿广场开设分店。1994年，销售额达3000万元。[28]

2006年，上海三联（集团）有限公司的吴良材品牌荣获商务部认定的首批中华老字号称号。2010年,南京吴良材眼镜店(注册商标:丝绸之路)被商务部认定为中华老字号。现在,吴良材隶属上海三联(集团)有限公司❶,在上海拥有30多家分店。

图3-2-1　民国时期宝庆银楼的饰品"挂锁"

图3-2-2　清末民初宝庆银楼的饰品:五铃帽饰"长命富贵"

宝庆

宝庆创建于清嘉庆年间,距今已有200多年历史,创办于浙江宁波。光绪十二年(1886年),宝庆银楼从浙江宁波迁至南京驴子市(今建康路),艺匠均来自江浙沪一带,技艺超群,使得银楼声名鹊起。清末时期,宝庆银楼的经典作品有"十八罗汉""八仙过海"和"唐僧取经"等。民国时期,南京银楼业开始兴盛,大小银楼有近百家,宝庆银楼的经营规模和资本总额为当时众家银楼之首,其金银细工制作技艺首屈一指。❷ 当时,南京宝庆银楼、上海老凤祥银楼、沈阳萃华银楼和苏州恒孚银楼并称为中国的"四大银楼"。

1929年,宝庆银楼的作品"银鼎"摘取西湖博览会特等奖桂冠,确立了其在银楼业的重要地位。新中国成立后,一批当年的老艺人留了下来,

---

❶ 上海三联(集团)有限公司始建于1956年,是一家专业经营钟表、眼镜和照相器材零售批发的企业集团。旗下五大品牌亨达利、亨得利、吴良材、茂昌和冠龙均为闻名遐迩的百年老字号。其中亨达利和亨得利并称为"钟表业两大亨";吴良材和茂昌为全国眼镜业仅有的两个著名商标。三联集团目前已在上海及周边地区拥有专业连锁门店200余家,拥有的技师占到全市总量的80%以上,其中包括全国唯一特级验光师和钟表唯一车件技师在内的多位专业顶级技师。资料来源于上海三联(集团)有限公司官方网站。

❷ 资料来源于宝庆银楼官方网站。

宝庆银楼得以传承和发展。1984年，宝庆银楼恢复老字号，但是之后的相当长一段时间，宝庆银楼始终守着太平南路上的门店，实行传统的前店后厂经营格局，发展相对缓慢。2006年，南京市轻纺产业集团❶对宝庆公司进行管理结构和经营思路调整，大力发展自营店或商场专柜，使其品牌知名度和影响力迅速提升。同年，宝庆银楼被商务部授予全国首批中华老字号。

2008年，"宝庆金银细工技艺"被国务院列入国家级非物质文化遗产名录。"宝庆金银细工技艺"主要包括绘图、雕塑、翻模、拼装、焊接、灌胶、绘錾、表面处理、景泰蓝、镶嵌、装配等几十道工序，手工金银摆件所用主料为纯金、纯银、K金、K银，金焊料和银焊料，主要辅料为汽油、锡合金、松香、化石粉、胶、硼砂、明矾和皂角水等，主要工具有百余种，在保持南派工艺的基础上，又吸取北派花丝技艺，将掐丝、累丝、填丝和盘丝等运用于摆件制作中，南北技艺糅合在一起，形成了宝庆金银细工技艺的特有风格特征。❷

近年来，南京宝庆首饰总公司集珠宝首饰零售、批发和研发加工于一体，主要产品为宝庆牌和宝庆银楼牌系列金银珠宝首饰及金银摆件。公司已在江苏、安徽和上海等地开设了100多家加盟连锁店，产品远销东南亚、中东和欧美等10多个国家和地区。

图3-2-3 清末民初宝庆银楼首饰盒（外）

图3-2-4 清末民初宝庆银楼首饰盒（内）

---

❶ 2000年，原南京轻工产业（集团）有限公司和原南京纺织产业（集团）有限公司合并，成立南京轻纺产业（集团）有限公司。

❷ 资料来源于江苏省非物质文化遗产网站。

老凤祥

老凤祥创建于清道光二十八年（1848年），距今已有170多年的历史。原店址位于上海南市大东门大街。清光绪十二年（1886年），迁至大马路抛球场（现南京路望平街）。清光绪三十四年（1908年），迁址南京路盆汤弄（现南京东路432号老凤祥银楼总店旧址），当时店名为凤翔银楼，号称怡记。清光绪三十一年（1905年），老凤祥怡记银楼因亏损而将所有货品转给老凤祥植记售卖，货品上刻有松鹤图形。清光绪三十四年（1908年），植记转行，将货品转给叶氏永，更字号为庆记。1912年，改为老凤祥裕记银楼，启用丹凤商标。1919年，费祖涛任银楼经理，直至1949年。[30]

图3-2-5　创办之初的老凤祥银楼

1930年，老凤祥银楼进行了全面改造，建造了当时少有的三层钢骨水泥楼宇，并以制作金银首饰、中西器皿、宝景徽章、珠翠钻石、珐琅镀金和精制礼券等闻名遐迩。20世纪30年代，银楼业组成同业会时，老凤祥位列上海九大银楼❶之一。❷ 老凤祥也达到了鼎盛时期。1943年，资本额320万元；1945年，资本实数为1000万法币。[31] 1948年8月19日，国民党政府颁布了《财政经济紧急处分令》，禁止私人流通、买卖或持有黄金、

---

❶ 当时的上海九大银楼为：凤祥、杨庆和、裘天宝、方九霞、宝成、庆云、景福、费文元和庆福星。
❷ 资料来源于上海老凤祥有限公司官方网站。

白银。许多银楼都深受影响，纷纷停业或转业。[32]

1949年，老凤祥银楼宣告停业。1952年，中国人民银行在上海开设国营上海金银饰品店，店址位于老凤祥裕记银楼旧址（南京东路432号），店屋被国家征用，留用原银楼雇员10人。1954年，制作完成了上海中苏友好大厦钢塔、五角星和角亭的鎏金。1958年，为了满足国家需要，改名上海金银制品厂，主要为外贸加工饰品和餐具。1959年，为人民大会堂制造了直径9.5米的大型鎏金五星葵花顶灯和银餐具。1962年，老凤祥划归上海市工艺美术工业公司。"文革"期间，改名为上海金属工艺一厂。20世纪70年代，老凤祥的首饰几乎全部出口国外，包括中国港澳地区、东南亚、东欧和西欧等地区。1979年，年出口额419万元。

改革开放后，随着人民生活水平的日益提高，为了满足市场需要，老凤祥率先开展金银饰品的来料加工和换货业务。1982年，改名为上海远东金银饰品厂，厂址迁至漕溪路260号，原址只作门市营业。1985年，老凤祥字号复用，当年年产值3.3亿元。1987年，成立绍兴分厂，主要从事亚金饰品生产。1993年，与浦东上海环球饰品厂合并成立上海老凤祥首饰总厂。1994年，在浦东兰村路设立老凤祥银楼浦东分号。1995年，设立老凤祥银楼徐家汇分号。同年，老凤祥年销售额达2.15亿元。[33] 2001年，全年销售额7.1亿元。2002年，老凤祥作为首批成员加入上海黄金交易所。

2006年，老凤祥被商务部认定为首批中华老字号。2008年，"老凤祥金银细工制作技艺"被列入国家非物质文化遗产保护名录。同年，邀请香港影视明星赵雅芝女士作为代言人，有效地迎合了市场，彰显了老凤祥的古典品牌形象。2010年，老凤祥被中国黄金协会授予"中国黄金首饰第一品牌"称号。2011年，老凤祥首次列入"中国企业500强"，年销售额达205亿元，品牌价值达75.65亿元。2012年，在澳大利亚悉尼开设了国外第一家老凤祥特许专卖店。在"2012中国上市公司最具投资价值100强"评选中，老凤祥股份有限公司榜上有名，位列第69位。

如今的上海老凤祥有限公司拥有一条完整的产业链，旗下的研究所、博物馆、专业工厂和全国3200多家银楼专卖店以及典当行、拍卖行等，构成了老凤祥大规模的产业体系，产品向旅游纪念品、工艺品、钟表和眼镜等相关产业和跨界产品延伸扩展。2017年，老凤祥年销售近400亿，品牌价值达 260.97 亿元。2018 年，BrandZ"最具价值中国品牌 100 强"中，老凤祥蝉联珠宝首饰业第一。

孔雀

孔雀始建于清咸丰元年（1851年），创始人为李金寿，距今已有160多年历史，位于云南省通海县，是我国传统民族银饰业的老字号代表。早在五代十国时期，银饰制造就在通海兴盛起来。民国中期，通海首饰已销往缅甸、越南和泰国等周边国家。1956年2月，通海县银器社组建成立，注册商标"孔雀"。

图3-2-6 老凤祥银楼西号店现貌

后来，通海县银器社发展成为云南通海民族银饰制品厂。1981年，通海银饰研制开发了佤族的围头链，傣族的双鸽扣、凤凰扣、菊花扣、银腰带和彝族的八飘银耳环等产品。1982年，通海银饰参加全国民族用品展销会，受到时任总理赵紫阳的赞扬，中国民族文化宫买下了通海银饰全部产品作为永久收藏，还委托通海银饰再加工19种共200多个系列饰品，总重达1000多两。[34]

1998年，云南通海民族银饰制品有限公司被国家轻工部、国家民委、国家税务总局和中国人民银行认定为全国民族用品定点生产企业。1999年，孔雀牌被评为全国少数民族用品优质产品。2002年，被评为中国珠宝首饰业优秀企业。2005年，云南通海民族银饰制品厂改制为民营企业，更名为云南通海民族银饰制品有限公司。2006年，云南通海民族银饰制品有限公司（注册商标：孔雀）被商务部认定为首批中华老字号，并且成为首批中华老字号中唯一一家以民族银饰制品为特色的企业。2007年6月，通海民族银饰制品有限公司深圳分公司正式开业，深圳分公司的月销售额达到了250万元，占全公司销售额350万元的2/3以上。

2008年，孔雀被评为云南省著名商标。2009年，孔雀被评为中国十大最具历史文化价值百年品牌，通海银饰被授予2009中国十大最具历史文化价值百年品牌荣誉称号。2012年，被评为云南老字号。

目前，云南通海民族银饰制品有限公司是云南省唯一经国家商务部认可的中华老字号珠宝首饰企业，也是通海本地规模最大的一家银饰品企业。公司产品60%为纯手工制作，既保留了银饰制品的古朴风格，也彰显了精美高超的云南少数民族传统银饰品的加工工艺。主要生产彝族、傣族、佤族和蒙古族等10多个少数民族特色产品，还生产银制餐具、银雕塑、银刻字和银制钢笔，同时兼营金饰品和玉器翡翠等500多个品种。在昆明、玉溪及通海拥有6家直营店，还拓展了印度、孟加拉国、泰国、韩国和巴基斯坦等国外市场。❶

图3-2-7 孔雀通海老店现貌

毛源昌

毛源昌创办于清同治元年（1862年），距今已有150多年历史，原店

---

❶ 资料来源于云南通海民族银饰制品有限公司官方网站。

址位于浙江省杭州市太平坊（今中山中路191—193号），现总店店址位于杭州南山路新民村3号。创办者为绍兴人毛四发。"源昌"由来于店铺的原东家詹志飞开办的"詹源昌"，"毛"即为毛四发之姓。当时眼镜是达官贵人用来点缀和养目用的高档消费品。创办之初毛源昌做的只是前店后厂的小本生意，主营玉器兼营眼镜，眼镜品种只有铜边眼镜、茶晶眼镜和水晶石眼镜。后来又增加生产了科学眼镜，即用玳瑁镜框装配的平光、散光和近光眼镜，并以售卖真品水晶眼镜而闻名。[35]

1926年，毛四发的后代毛鉴永去上海兴华眼镜公司当学徒，回来后便对毛源昌进行管理改革和设备更新。1930年，为了适应市场需求，毛源昌从美国订购了验光仪和磨片设备，使其生意大旺，并逐步转为主营眼镜的店铺。[36]毛源昌还在《东南日报》《浙江工商报》和《浙江工商年鉴》上刊登广告说："别家没有的眼镜我有，别家没有的设备我备"，"光线绝对正确，式样自然美观"和"毛源昌验光最准，毛源昌货色最好，毛源昌价格最便宜，毛源昌交货最及时"。[37]当时，毛源昌的资产已占杭州各家眼镜店资产总额的44%。[38]抗日战争时期，毛源昌一度辗转迁至外地。1945年抗日战争胜利后，在杭州中山中路重新开业。

1956年公私合营，毛源昌、明远、晶益和可明几大眼镜店合并成立毛源昌眼镜厂。1958年，在毛源昌眼镜厂的基础上成立了国营杭州市光学仪器厂。"文革"时期，工厂发展处于停滞状态。1984年，毛源昌字号恢复，在杭州医用光学仪器厂的眼镜生产车间和湖滨门市部的基础上建立了杭州毛源昌眼镜厂。[39]为了迎合市场需要，毛源昌果断更新设备和产品，开始生产金属镜架，并逐渐占据了国内大部分地区的金属架市场。1992年7月15日，杭州毛源昌眼镜厂与新加坡信义光学有限公司合资成立杭州毛源昌信义光学眼镜有限公司，注册资本167万元人民币。

2006年，杭州毛源昌眼镜厂（注册商标：毛源昌）被商务部认定为首批中华老字号。近年来，在大光明、宝岛和宝丽等品牌的挤压下，毛源昌的经营状况出现下滑。2011年12月初，毛源昌在杭州产权交易所挂牌，转让其75%的股权。当月，以生产汽摩配件为主的温州瑞标集团以7900万元的标价获得毛源昌75%的国有股权，成为该品牌第一大股东。民间资本的注入为老字号提供了坚实的资产和资源保障。目前，毛源昌以生产、经营、加工、销售各类近视眼镜、太阳眼镜、隐形眼镜和老花眼镜等为主,在杭州市区拥有14家直营门店,全国范围内拥有近70家加盟店。

亨得利

亨得利创办于清同治十三年(1874年),距今已有140多年历史,店址位于浙江省宁波市东门街。清同治十三年(1874年),宁波当地人应启霖、王纪生和庄九泉创办了一家经营钟表、眼镜和唱机等维修业务的小店,起名"二妙春钟表行"。清光绪十六年(1890年),应启霖买彩票中了头彩,便扩大了店铺规模,专门经营进口钟表,迁址于宁波双街(今滨江路)。1911年前后,二妙春在杭州和南京两地开设了分号,并派人常驻上海组织货源。1915年,在上海五马路开店,取名"亨得利",寓意亨通与得利,并意与当时外国人在上海开设的亨达利钟表行[1]分庭抗争。1917年,在山西太原柳巷丁字街建立亨得利钟表眼镜店。1918年,集资6900银元派浙江宁波人郑章斐到山东济南开设分号。同年,在江西南昌开办分店,经理为韩文辉,该店位于当时南昌最繁华的中正路南端(现胜利路28号)。

1920年,上海总行派王行龙和蒋永贵到天津开办天津亨得利表行,位于原日租界旭街(今和平路)194号。同年,在河南郑州开办亨得利钟表眼镜店,创办者为浙江宁波鄞县人崔长贵,该店位于大同路敦睦路口。同年,派浙江人周锡纯在沈阳创办沈阳亨得利钟表眼镜店,位于大西门。1924年3月9日,派浙江宁波鄞县人郑章华在青岛开办青岛亨得利钟表眼镜店,位于青岛中山路144号。1927年,上海总店股东兼总经理王光祖的三儿子王惠椿在北京前门外观音寺街开办第一家北京亨得利,人称"南亨";随后又在王府井大街开办了第二家,人称"东亨";在西单北大街路

---

[1] 亨达利开办于清同治三年(1864年),创办者为法国人霍普,原为霍普兄弟公司家的洋货行,是一家为欧美侨民提供服务类产品的综合性商店。清光绪年间,被德国礼和洋行收买。1914年,转让给礼和洋行的买办虞芗山和跑街孙梅堂,虽由中国人经营,但每年还要付给礼和洋行白银800两。当时孙梅堂是中国最大的钟表企业美华利的负责人,所以亨达利的经营方向侧重于钟表。1917年,亨达利更名为亨达利钟表公司,由于与洋商和美华利的关系,亨达利资源充沛,在钟表业首屈一指。资料来源于孔令仁、李德征编:《中国老字号》,高等教育出版社,1998年版。

西开办了第三家,人称"西亨"。"三亨"地处繁华商业街区,生意很是兴隆。长期位居京城钟表业之首。1928年,上海亨得利总店店址迁至南京东路,由于地段好、门面大,再加上大做广告标榜为"全国第一大号钟表店",因而名声大振,生意蒸蒸日上。数年间,便在上海静安寺、霞飞路和香港开设了三家分店,还与全国各地建立了联营合资企业多达60家。❶

20世纪30年代,可谓亨得利最鼎盛的时期,与亨达利平分秋色。1931年,西安亨得利钟表眼镜公司成立,创办者为浙江宁波人许庸会,该店位于南陀门,是西安第一家钟表眼镜公司,打开了在西安经营钟表的局面。1945年,新疆乌鲁木齐也开起了亨得利,名叫"正记亨得利",浙江人许振民经营,该店位于大十字街以南的南大街南门。1949年,在乌鲁木齐东大街又开设了一家"意记亨得利",由浙江人杨剑尘创办。1946年,湖北宜昌亨得利开业,店主是浙江宁波人周芝瑞,曾在江西南昌的亨得利做过学徒,店址在宜昌二马路。由于亨得利各地合资企业或分号实现全国联保,"以卖带修、以修促销",受到了顾客的广泛欢迎,赢得了信赖。

1956年公私合营后,店名改称为亨得利钟表商店。各地分号也都各自发展,划归当地政府管辖,与上海总店脱离了关系。比如山西太原的亨得利就与当地的金华和新中国等10家同行合并,改组为公私合营亨得利钟表眼镜店;西安亨得利归属西安市钟表行业协会;乌鲁木齐的两家亨得利合并为一家;沈阳的亨得利划归沈阳市钟表眼镜公司;郑州亨得利并入郑州钟表眼镜中心店。1958年,上海亨得利改名为长江钟表商店。改革开放后,1985年,恢复亨得利产品字号。1992年,更名为亨得利钟表公司。[40] 20世纪90年代,亨得利被特约为瑞士浪琴表的国际保单维修中心。现与亨达利、吴良材、茂昌和冠龙同属上海三联集团。

萃华

萃华创建于清光绪二十一年(1895年),距今已有120多年的历史,原店位于辽宁省沈阳市中街出颖胡同,是中国首饰业现存为数不多的百年老字号。创始人为清末知府关锡龄,姓瓜尔佳氏,大清镶黄旗锡伯族人。

---

❶ 资料来源于上海三联集团官方网站。

由于关氏久官聚财家资豪富，便决心要为故乡做些贡献，他出资3.6万吊（16枚铜钱为一吊），于奉天城内四平街铜行胡同的出颖胡同又称银楼街路北（今沈阳中街）选址，辟祖产开金店，取名为"萃华新首饰楼"。聘请当了多年金银店老板的祝玉堂先生为经理，以经营首饰为主，兼营金银条宝、珠石钻翠。祝玉堂很善经营，再加上雇用了一些被称作"关里帮"的技艺精湛的金银匠，质量和信誉良好，因此萃华很快便在沈阳的金银业中占据了一席之地。

图3-2-8 萃华金店早期宣传招贴

第一次世界大战结束后，黄金价格下跌，每两黄金不足50元，萃华首饰销售量随之增加，使用资金和公积金达15万银元，另有银行和银号贷款周转金10万银元以上。从1918年到1929年，每年萃华金店的纯利可达10万元。[41]其间，萃华金店陆续在哈尔滨道外三道街、五道街，安东市（今丹东市）中富街和沈阳南满站（今沈阳站）设立了分号。"萃华新首饰楼"也改称"萃华金店总号"。总号和分号共有六处，其中尤以哈尔滨市的两处分号生意最为兴隆。哈尔滨市靠近产金地区，收买沙金数量多、价格低，该市行业对家又少，萃华两个分号零售的首饰，平均每天可达七八千元。1914年，账期分红倍入9000吊，合为4.5万吊，按当时市价六比一，折实为银元7500元。1920年倍入2.25万元，1930年倍入3万元，至此财东的资本合为现大洋6万元，相当于最初投资的10倍。❶

20世纪20年代末至30年代初，可谓是萃华金店的鼎盛时期。沈阳金银首饰同业公会的会长一直由萃华的经理担任，同业公议牌价也由萃华挂

---

❶ 资料来源于沈阳萃华金银珠宝股份有限公司官方网站。

出，萃华成了沈阳金银业中公认的龙头老大。萃华制作的首饰和器具种类繁多，有手镯、戒指、耳环、项链、麒麟锁、器皿、杯盘、炉具、匙箸和烟具等。在投料色度和质量上，一直保持着国内标准水平，黄金是足赤，白银是纹银，各种饰品和器具计量精确，不少分厘。当时凡有萃华戳记的首饰，到外地金店出卖，都能不打折扣地兑换。连京、津、沪等大城市也对萃华金银饰品倍加推崇。萃华刻意求新，所制饰物花色新颖，同行业中其他金店不能镶嵌的饰物，萃华也能受理制作。据说，萃华金店的首饰非常受张作霖等军政显贵的太太和小姐们的喜爱。1930年，王恒安继任萃华金店经理。

1934年初，伪皇帝溥仪要举行登基大典，必须穿龙袍、戴皇冠，宫里立即准备按祖制赶制皇冠。经过仔细筛选，任务最终落在萃华金店头上。为了数百名萃华人的生存，萃华金店只得日夜赶制，如期完成。虽是忍辱接单，但却为萃华的工艺制造史留下了一个传世精品。该皇冠真金冠柱、胫柱盘龙、嵌镶缕雕、巧夺天工，充分展现了萃华传统金饰工艺的高超技艺。为此，溥仪胞弟溥杰日后还为沈阳萃华金店亲笔题写了店名牌匾。抗日战争胜利后，萃华金店重操旧业，赵瑞馥任经理。但开业不久，国民党政府下令禁止黄金交易，金店只得关闭。

新中国成立后，萃华金店曾一度兴盛。1950年，由于当时金银买卖被认为是带有投机倒把性质的行业，不符合国家经济政策，因此金店股东响应政府号召自动停业转行。1985年，萃华金店复业，80岁高龄的萃华金店前任经理赵瑞馥被聘为萃华金店顾问。2004年，沈阳萃华金银珠宝制品实业有限公司成立，注册资金11300万元，总资产21668万元。2005年，萃华加入上海黄金交易所，成为108家会员单位之一。2006年，席卷全国的佩戴"转运金珠"热潮，就是由萃华公司研发和生产的，并申请了专利。同年，萃华成为商务部首批认定的长江以北地区首饰业中唯一的中华老字号。2008年，改名为沈阳萃华金银珠宝股份有限公司。2009年，萃华商标被国家工商总局评定为中国驰名商标，是东北首饰行业获此殊荣的第一家。同年，深圳子公司成立。时至今日，萃华金银珠宝股份有限公司已成为集黄金、铂金、钻石和翡翠等珠宝首饰的研发、设计、生产、批发、零

售与加盟于一体的综合实力雄厚的专业公司,连锁加盟店几百家。❶

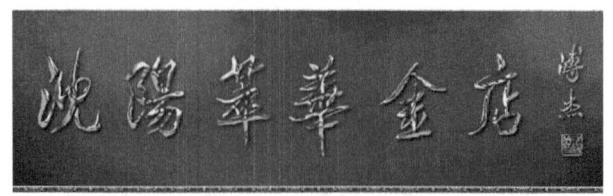

图3-2-9 溥杰为萃华金店题写的匾额

李占记

李占记创建于1912年,距今已有百年历史,店址位于广东省广州市上下九路。创办者为李兰馨,曾在香港上环一家叫做李应记的钟表店当学徒,他精于钻研、技术精湛。1912年,李兰馨在香港文咸东街9号开办第一间李占记钟表行。1915年起,李兰馨相继在广州十八甫90号、澳门新马路十月初五街口附近和广州惠爱东路344号(今中山四路与北京路步行街交接处)开设李占记分行。这四处分店生意兴隆,号称省港澳李占记。当时广州香港等地富商华侨云集,携进自用或出售的名贵钟表很多,其拥有者不惜高价,也要找信誉好、工艺精的钟表首饰行修理。李兰馨深谙此理,便对表行进行严格管理。他不计成本千方百计采买原件的零件,修好的座钟都要贴上"李占记修"的字条。为了保证质量和维护信誉,他规定每个技工每天只修三只表。招收的技工有"三不要":有不良嗜好的不要;不求上进、责任心差的不要;技术差的不要。虽然管理严格,但很多技工都以能在李占记工作为荣,因为在李占记工作,不仅待遇优厚,而且能广修各种名表,技艺能得以显著提高。除此之外,李兰馨还特别擅长营销。

新中国成立前,除了李占记,在长堤和永汉路(即如今北京路)还分布着很多高档钟表店,除此之外,还有许多价格较为低廉的钟表店对李占记构成很大的威胁。李兰馨便高薪雇请两个人化装成关羽、张飞,手执长矛大刀,在橱窗内威武站立,吸引了许多老百姓前来。店内还写有一副对联,上联为:"占得利权天下观",下联为:"记得时刻寸分量"。此外,凡

---

❶ 资料由沈阳萃华金银珠宝股份有限公司提供。

是在李占记购买木挂钟、闹钟和表带等，均免费赠送印有李占记广告的痢疾散一包，这种痢疾散，其实是由几味清热中草药制成，但偶有人因此治愈，便使得李占记名声更加响亮，门庭若市。[42]

新中国成立前，李兰馨一家迁至香港，但李占记的经营传统一直保留。1956年公私合营后，李占记由中国百货公司广东省广州市公司管理经营。1967年，改名为广州钟表商店。1970年，并入大陆钟表店。当时一只普通手表，到其他店修只要1.8元，保修半年，到李占记修却要2.8元，保修一年。虽然李占记收费较贵，但由于其较好的质量信誉，生意还是相当不错。

改革开放后，许多名表进驻各大商场，表行层出不穷。1985年，恢复李占记店名，划归广州市钟表眼镜公司。同年，与瑞士雷达表合作，增设现代设备维修站，购置了国外先进的修表工具。1988年起，李占记深化改革，扩大经营品种和范围，不仅售卖各种名表，还兼营珠宝首饰，产品种类多达200多种。1991年，利润为126万元。1993年，利润翻了一番，达231万元。[43] 2004年，广百集团公司对李占记进行重组，变更单位名称为广州市李占记钟表有限公司。2006年，在广州百货天河中怡店开设分公司。2010年，广州市李占记钟表有限公司（注册商标：李占记）被商务部认定为中华老字号。

图3-2-10　1938年李占记的票据

图3-2-11　李占记钟表店现貌

宝时

宝时创办于1915年，距今已有百余年历史，厂址位于山东省烟台市朝阳街南端小太平街1号，是中国第一家木钟厂。创办者叫李东山，原是烟台市德顺兴五金行的经理。当时日本的马球牌座钟充斥中国市场，为了增强民族自信心，振兴民族经济，1915年，李东山创办了宝时造钟厂，产品注册为"宝"字商标。经过多次去日本学习技术和购置设备，再加上受到了德国人的盎斯洋行在原料上的支持，1918年，宝时终于自主研发试制出第一批座钟，销往山东各地和东北地区。

20世纪20年代，宝时已经开始自造钟机，技术和质量与马球牌不相上下。当时国内开始抵制日货，在提倡国货的热潮下，宝时将"马球牌"挤出国际市场，成为中国最著名的造钟厂之一。1930年，更名为德顺兴造钟厂。1931年，日本开始侵占我国东三省，德顺兴遭遇销售困境，被迫采用先货后款的销售办法努力打开南方和东南亚市场。1933年，德顺兴年生产钟表4.5万只，其中出口钟表1万多只。1936年，推出国产小闹钟。[44]

图3-2-12 北极星商标

抗日战争时期，由于日本侵略和国民党统治等因素，德顺兴货源短缺，产销两难，濒临倒闭。

新中国成立后，1954年实行公私合营，烟台德顺兴造钟厂（即宝时造钟厂）、永业造钟厂和永康造钟厂合并成立烟台造钟厂，商标为"北极星"。1956年，年产钟表16.0486万只，获利颇丰。1959年，注册了一个国际化商标"北极星"，1960年正式启用。1975年，改名为烟台木钟厂。"文革"期间，产量下滑，年产约10万只。

改革开放后，引进当时处于世界领先水平的石英钟壳和真空镀膜生产线，成为国内较早生产石英钟的企业。1988年，年产值达1.3亿元，发展成为全国最大的木钟企业。1989年，企业投资百万元在中央电视台新闻联播节目前5秒钟用"北极星"来报时计时，"中国时钟有颗星，她是烟台北极星"，这句广告词当时可谓家喻户晓。1993年，产品销售收入7339万元，出口创汇 354 万美元。[45] 1999 年，原山东烟台木钟厂整体改制成为现在的烟台北极星宝时有限公司。2001 年，组建烟台北极星国有控股有限公司。通过控股公司的投资和重组，组建了烟台北极星中信机械有限公司、烟台北极星石英钟有限公司、烟台北极星表业有限公司、烟台钟表研究所有限公司、烟台北极星荣华钟业有限公司、烟台海鸥表业有限公司、烟台北极星华晶宝石有限公司、烟台北极星计时仪器有限公司、烟台北极星弹性元件有限公司和中法合资的烟台北极星高基时间同步技术有限公司等子公司。2009 年底，为充分发挥北极星制钟优势，对生产钟类产品包括机械钟、石英钟和技术用钟等资源进行重组，组建了烟台北极星股份有限公司。

北极星的商标图案为：在一颗灿灿发光的星星上面有英文"POLARIS"，下面有中文"北极星"三个字，上下中英对照，形成组合商标。北极星是浩瀚星空中唯一指北，而且方向永远不变的恒星，商标寓意着产品质量像北极星一样恒定。❶ 2010 年，烟台北极星国有控股有限公司被商务部认定为中华老字号。2012 年初，烟台市政府决定重点支持北极星老品牌的振兴和发展，重点围绕机械钟、手表、技术用钟和石英钟的资源进一步重组优化与深化结构调整，通过实施退城进园解决历史遗留问题，加快更新设备、加快产品换代升级和加大研发投入。2012 年 6 月，北极星的王守华、于洪运分别被评为中国首届机械钟机芯制作大师和中国首届机械钟机芯设计大师。北极星现在主要生产机械座挂钟、落地钟、木壳石英钟、礼品钟、建筑塔钟及工艺品等六大系列 500 多个花色品种。

这个国内时钟行业的开拓者不仅代表着我国国产时钟产业的发展水平，而且作为民族品牌不断增强着其国际影响力，产品远销到 100 多个国家和地区，年出口创汇千万美元。

注释：

[1]（宋）吴自牧：《梦梁录》卷十三。
[2]（宋）吴自牧：《梦梁录》卷十三。

---

❶ 资料来源于烟台北极星国有控股有限公司官方网站。

[3]（民国）夏仁虎：《枝巢四述·旧京琐记》卷九，辽宁教育出版社，1998年版，第125页。

[4]（民国）夏仁虎：《枝巢四述·旧京琐记》卷九，辽宁教育出版社，1998年版，第125页。

[5]（民国）曾同春：《中国丝业》，商务印书馆，1929年版，第1页。

[6]（民国）曾同春：《中国丝业》，商务印书馆，1929年版，第3页。

[7] 转引自侯式亨编著：《北京老字号》，中国环境科学出版社，1991年版，第345页。

[8] 转引自侯式亨编著：《北京老字号》，中国环境科学出版社，1991年版，第215页。

[9] 参见孔令仁、李德征编：《中国老字号》（卷六），高等教育出版社，1998年版，第148—149页。

[10] 转引自侯式亨编著：《北京老字号》，中国环境科学出版社，1991年版，第216页。

[11] 参见孔令仁、李德征编：《中国老字号》（卷六），高等教育出版社，1998年版，第150页。

[12] 参见孔令仁、李德征编：《中国老字号》（卷六），高等教育出版社，1998年版，第12—15页。

[13] 参见段炳仁主编，王红著：《老字号》，北京出版社，2006年版，第174页。

[14] 中国人民政治协商会议北京市委员会文史资料研究委员会编：《驰名京华的老字号》，文史资料出版社，1986年版，第45—46页。

[15] 中国人民政治协商会议北京市委员会文史资料研究委员会编：《驰名京华的老字号》，文史资料出版社，1986年版，第47页。

[16][17] 参见孔令仁、李德征编：《中国老字号》（卷六），高等教育出版社，1998年版，第222—225页。

[18]（东晋）干宝撰：《搜神记》第十三卷。

[19] 段炳仁主编，王红著：《老字号》，北京出版社，2006年版，第168页。

[20] 参见侯式亨编著：《北京老字号》，中国环境科学出版社，1991年版，第199页。

[21]（民国）汤用彬：《旧都文物略》，北京古籍出版社，2000年版，第263页。

[22] 参见侯式亨编著：《北京老字号》，中国环境科学出版社，1991年版，第217页。

[23] 转引自侯式亨编著：《北京老字号》，中国环境科学出版社，1991年版，第218页。

[24][26][27] 参见孔令仁、李德征编：《中国老字号》（卷六），高等教育出版社，1998年版，第161—165页。

[25] 孔令仁、李德征编：《中国老字号》（卷六），高等教育出版社，1998年版，第162页。

[28] 参见孔令仁、李德征编：《中国老字号》（卷六），高等教育出版社，1998年版，第307—309页。

[29] 李思颖：《宝庆银楼：看老字号激流勇进》，《南京日报》，2011年7月6日。

[30] 参见孔令仁、李德征编：《中国老字号》（卷六），高等教育出版社，1998年版，第513页。

[31][33] 参见孔令仁、李德征编：《中国老字号》（卷六），高等教育出版社，1998年版，第514—517页。

[32] 参见谢牧，吴永良：《中国的老字号》（上），经济日报出版社，1988年版，第265页。

[34] 参见李学华：《通海银饰：走上品牌发展之路》，《云南经济日报》，2008年12月12日。

[35][38] 参见赵大川：《杭州老字号系列丛书·百货篇》，浙江大学出版社，2008年版，第243—247页。

[36] 参见孔令仁、李德征编：《中国老字号》（卷六），高等教育出版社，1998年版，第291页。

[37] 赵大川：《杭州老字号系列丛书·百货篇》，浙江大学出版社，2008年版，第246页。

[39] 参见孔令仁、李德征编：《中国老字号》（卷六），高等教育出版社，1998年版，第292页。

[40] 参见孔令仁、李德征编：《中国老字号》（卷六），高等教育出版社，1998年版，第320—357页。

[41] 参见孔令仁、李德征编：《中国老字号》（卷六），高等教育出版社，1998年版，第574—575页。

[42] 参见梁婵：《李占记：记将时刻寸分量》，《广州日报》，2008年6月29日。

[43] 参见孔令仁、李德征编：《中国老字号》（卷六），高等教育出版社，1998年版，第305—306页。

[44][45] 参见孔令仁、李德征编：《中国老字号》（卷六），高等教育出版社，1998年版，第606—609页。

第四章　老字号中的工艺美术

第一节　日用百货

传统工艺美术类老字号是中华传统手工艺的承载者和传袭者,是我国劳动人民集体智慧结晶的集中展现。其中日用百货类老字号因其较为贴近人民生活而广为传颂。早在西周时代,《周礼·冬官考工记》便记载了木工、金工、皮革、染色、刮磨和陶瓷等六大类三十个工种的工艺:"郑之刀,宋之斤,鲁之削,吴粤之剑,迁乎其地而弗能为良,地气然也。燕之角,荆之干,妢胡之笴,吴粤之金锡,此材之美者也。……凡攻木之工七,攻金之工六,攻皮之工五,设色之工五,刮摩之工五,抟埴之工二。攻木之工:轮、舆、弓、庐、匠、车、梓;攻金之工:筑、冶、凫、栗、段、桃。攻皮之工:函、鲍、韗、韦、裘;设色之工:画、缋、锺、筐、巾荒;刮摩之工:玉、楖、雕、矢、磬;抟埴之工:陶、瓬。"[1]

战国时期金属器皿的制造已经非常考究了。《荀子·强国篇》中记载:"刑范正,金锡美,工冶巧,火齐得,剖刑而莫邪已。"[2]秦汉时期,出现了"蜀锦""越布"和"齐陶之缣"。[3]《汉书》里记述"齐地"时说:"织作冰纨绮绣纯丽之物,号为冠带衣履天下。"[4]《后汉书》中记载"蜀地":"女工之业,履衣天下。"[5]而到了魏晋南北朝时期,"民间的手工业普遍衰落,除家庭纺织业外,一般工业多由官府垄断着"[6]。

隋唐时期,手工业中纺织业仍较为发达,其次是盐、铁、茶和酒等,建筑和雕刻艺术也有显著成就,如隋代匠人李春所建的赵州安济桥。[7]唐代，各地手工业不仅发达，而且各有特色。《旧唐书》中记载："若广陵郡船，即于枕背上堆积广陵所出锦、镜、铜器、海味；丹阳郡船，即京口绫衫段；晋陵郡船，即折造官端绫绣，会稽郡船，即铜器、罗、吴绫、绛纱；南海郡船，即玳瑁、真珠、象牙、沉香；豫章郡船，即名瓷、酒器、茶釜、茶铛、茶碗；宣城郡船，即空青石、纸、笔、黄连；始安郡船，即蕉、葛、蚺蛇胆、翡翠。"[8]

到了宋代，最发达的手工业类为染织、陶瓷、采冶和制茶等。[9]出现了许多门类的工艺美术店铺字号。宋代《梦粱录》中记载："炭桥河下青篦扇子铺，水巷桥河下针铺、彭家温州漆器铺，沿桥下生帛铺、郭医产药铺，住大树下橘园亭文籍书房，平津桥沿河布铺，黄草铺温州漆器、青白磁器，铁线巷笼子铺、生绢一红铺。荐桥新开巷元子铺，官巷内飞家牙梳铺，齐家、归家花朵铺，盛家珠子铺，刘家翠铺，马家、宋家领抹销金铺，沈家枕冠铺，小市里舒家体真头面铺，周家折揲扇铺，陈家画团扇铺。自大街及诸坊巷，大小铺席，连门俱是，即无虚空之屋。……城内外数十万户口，莫知其数。处处各有茶坊、酒肆、面店、果子、彩帛、绒线、香烛、油酱、食米、下饭鱼肉鲞腊等铺。盖经纪市井之家，往往多于店舍，旋买见成饮食，此为快便耳。"[10]《东京梦华录》中也记述："相国寺每月五次开放万姓交易，大三门上皆是飞禽猫犬之类，珍禽奇兽，无所不有。……近佛殿，孟家道院王道人蜜煎，赵文秀笔及潘谷墨，占定两廊，皆诸寺师姑卖绣作、领抹、花朵、珠翠、头面、生色销金花样幞头帽子、特髻冠子、绦线之类。殿后资圣门前，皆书籍、玩好、图画及诸路散任官员土物香药之类。"[11]可见当时日用百货商贸多么发达，字号种类多么丰富。

元朝时期，统治者大肆俘虏和掠夺工匠以发展本民族的贵族手工业。如1236年，搜括中原民匠七十二万户；1275年，搜括江南籍民匠三十万户。许多自由的手工业工人重新沦于奴隶或半奴隶地位。[12]《元典章》中记载："延祐四年九月，行台札付；……江南各翼军人……唯复依例除铁课官给外，其余物料令军人自行出备，官局人匠带造。……其余翼汉军……差军匠与官局人匠造成。……若无官局法去……先尽军匠，如不敷，官民官司差倩民匠，置局成造。除军匠外，其余民匠，官为应付口粮、工价。……各万户府，选差军匠，置局成造，不许差遣民匠，并官局带造外。"[13]可见，民匠受官府管制之严格。所以元代的手工业多以官府手工业发展为主，民间手工业则发展缓慢。

到了明朝，虽然初期工匠们仍需要轮班赴京服役，一定程度上束缚了民间手工艺的发展，但到了明朝中期，资本主义开始萌芽，匠户"以银代役"，逐渐恢复了独立性，手工业及其雇工制便开始逐渐发展起来。明朝末期，工艺美术业进一步发展起来。从明末宋应星写就《天工开物》一书就可以看出民间工艺美术的发达。以景德镇瓷器为例，书中记述："若夫中华四裔驰名猎取者，皆饶郡浮梁景德镇之产也。此镇从古及今为烧器地，然不产白土。土出婺源、祁门两山：一名高梁山，出粳米土，其性坚硬；一名开化山，出糯米土，其性粢软。两土和合，瓷器方成。其土作成方块，小舟运至镇。造器者将两土等分入臼舂一日，然后入缸水澄，其上浮者为细料，倾跌过一缸，其下沉底者为粗料。细料缸中再取上浮者，倾过为最细料，沉底者为中料。既澄之后，以砖砌方长塘，逼靠火窑以借火力。倾所澄之泥于中，吸干然后重用清水调和造坯。"[14]可见，景德镇瓷器制作工艺多么考究。

清朝初期，由于统治者对资本主义的排斥，工商业遭到一定程度的破坏，民间工艺美术业发展缓慢。但社会经济的发展终究无法遏制，资本主义的萌芽顽强地生长着。清道光年间《苏州府志》卷一四九中记载："吴中人才之盛，实甲天下，至于百工技艺之巧，亦他处所不及。近有刘允辉者，世医，家能制扇及文具、茶具之类，种种精致。有王天相，名亚于刘。又有赵浒者，能以羊皮为灯，及脱沙为人物，今城隍庙东房三官神像，其手制也，极其工巧。尝为人言：能作石磨，不用人牛，自然运转，其名曰子房车。盖未之试。宋人刻丝竹之法久不传，有吴煦者，取古制拆而观之，遂能自作，其工致不减前人。此数人，皆无所师承，而自得天巧，信一时之绝艺也。（近又有孙云球，吴江诸生，善制眼镜，著有《镜史》一卷。他如钱葆初制笔，项天成捏像，并有名。）"[15]又有范祖述在《杭俗遗风》中记述："五杭者，杭扇、杭线、杭粉、杭烟、杭剪也。"[16]其中杭剪和杭扇的代表要数至今人们仍耳熟能详的老字号张小泉（创办于清康熙二年）和王星记（清光绪元年）。夏仁虎在《旧京琐记》中记载：

"初仅三家,所居在打磨厂之三义店。曰扇庄,亦只二家,曰周全盛、曾万聚。曰羊角灯店,惟吴姓者一家。昔日玻璃未盛行,宫中用之以防火患。曰刻字铺与眼镜铺,其工人皆籍金陵,聚处琉璃厂,今犹世其业。又有织工,昔内府设绮华馆,聚南方工人教织于中,江宁织造选送以为教习。"[17]可见,清朝时期诞生了许多工艺美术类老字号,更有流传至今者,如创始于清顺治八年(1651年)的北京王麻子、创办于清雍正十三年(1735年)以制作天津杨柳青年画为主业的戴廉增画店和齐建隆画店、创办于清光绪十八年(1892年)的天津长清斋风筝魏和创办于清光绪二十年(1894年)的浙江龙泉沈广隆剑铺等。

民国时期,许多以振兴民族经济为初衷的工艺美术类老字号诞生,如创建于1917年的湖南锦华丽绣庄和创办于1922年的杭州都锦生丝织厂等。它们都怀着实业救国的理想,在国外手工艺产品充斥国内市场的挤压下,力排万难,勇于革新,在国内外屡获殊荣,为传承和弘扬中华手工艺文明作出了力所能及的贡献。

王麻子

王麻子创始于清顺治八年(1651年),距今已有360多年历史,创办于北京,是闻名京城的剪刀业老字号,创办者是山西人王青山。起初他在北京宣武门外大街南头临近菜市口的位置开了一家杂货店,专营火镰、火石和剪子、刀子等日用杂品。后因剪刀销量日增,除了自产剪刀外,还收购其他作坊的剪刀。王青山对自己生产和收购的剪刀要求非常严格,每把剪子坚持"三看"和"两试"。"三看"即看外观、看刀口和看剪轴。"两试"即试锋锐和试手感。由于王青山经营的剪子精工细作、经久耐用,生意日渐兴隆。因为王青山脸上有麻子,人们就把这家店俗称为王麻子。[18]

清乾隆年间的《帝京岁时纪胜》在《皇都品汇》一节中记载:"丰年为瑞,薄海承平。汇万国之车书,聚千方之玉帛。……马公道,广锡铸重皮钮扣;王麻子,西铁锉三代钢针。"[19]可见,当时王麻子已经是有名的老字号了。清嘉庆二十一年(1816年),王姓掌柜后人在北京宣武门外大街135号挂起了"三代王麻子"招牌,将王麻子三个字打在所卖的剪刀上作为标记。由于王麻子产品销路好、名声大,市场上便出现了许多仿造者,比如汪麻子、老王麻子、旺麻子和真王麻子等。当时文人李静有一首诗是这样写的:"刀店传名本姓王,两边更有万同汪。诸公拭目分明认,三横一竖看莫慌。"❶《旧都文物略》中记载:"而打磨厂之镊子张,宣武门外之王麻子刀店,则同牌号同商标者,比户竞业,非土著不能识其孰真孰伪也。"[20]当时还有一首竹枝词反映了王麻子字号遍地开花、难辨真假的情境:"纷纷刀剪铺如麻,认取招牌有数家。外客欲将真货选,不知谁是老王麻。"[21]

虽然打着王麻子旗号的假冒剪刀铺众多,但都多少与王麻子有些许关联。据民国十六年(1927年)的《晨报》记述:"初创时确为王麻子,其所造之刀剪,原是乡间安炉定打,担负来京售卖。后因其熔铁夹钢、醮水等事,皆具有特别手艺,外人不能仿效。其刀剪之长处,是崩铁不崩钢、始终不卷刃。于是生意日渐发达,在京设店售卖。年深日久,店中徒伙皆在外分店售卖。至于所售之货,仍由王麻子店中批卖,盖王麻子之手艺,仅传授一徒耳。……查现在王麻子刀剪店,有炉自制刀剪者,仍是宣外大街之一家。熔铁打形皆归徒伙,而醮钢时仍由一人密做。其余各家王麻子多是由该处批卖货物,自行制自己之字号……'王麻子'虽有真伪,其所售之刀剪却皆为一家所制也。"[22]民国时期,王麻子剪刀物美价廉,薄利多销,生意很好。如1934年,木刻用刀每套六件,只卖1元5角。日销纹银200两。[23]

新中国成立前夕,社会动荡,王麻子勉强维持经营。新中国成立后,才又恢复了发展。当时北京刀剪行业共有55家作坊,包括真王麻子、真正王麻子和汪麻子等字号,虽然真假混杂,但质量基本都延续了王麻子的传统。1956年公私合营,宣武门外菜市口一带的数家刀剪铺合并进驻菜市口百货商场,统一使用"王麻子"商标。

1956年3月4日,毛主席在《加快手工业的社会主义改造》一文中指出:"王麻子、张小泉的刀剪一万年也不要搞掉。我们民族好的东西,搞掉了的,一定都要来一个恢复,而且要搞得更好一些。"[24]1956年12月7日,毛主席对民建中央、全国工商联负责人发表关怀老字号的重要谈话,

---

❶ 资料来源于北京栎昌王麻子工贸有限公司官方网站。

又强调指出:"王麻子、东来顺、全聚德要永远保存下去。"[25]

毛主席的讲话使得王麻子等老字号受到了前所未有的重视,王麻子也随之迎来了发展的黄金时期。1959年,北京市政府命名成立北京王麻子剪刀厂,注册"王麻子"商标,厂址在崇文门外大街120号。1964年,为了满足市场需求,扩大生产能力,在昌平沙河镇为王麻子重新建厂。1965年,北京王麻子剪刀厂迁至沙河镇。❶"剪刀的剪头由锻造贴钢改为轧制双层复合钢;剪股改用电阻加热,热拉成型;剪头和剪股采用'对焊';改进了磨削工艺。"[26]"文革"时期,改名为北京刀剪厂。1978年,恢复王麻子厂名和字号。

20世纪80年代,王麻子刀剪在北京各大商场设立了代销点,产品占据全国50%以上的市场份额,并远销东南亚等许多国家和地区。1990年,王麻子获首届轻工博览会金奖。1994年,王麻子"年产各种刀具97万把,剪子400万把,规格品种已达70余种"[27]。1999年,北京王麻子剪刀厂与其他厂投资成立了北京栎昌王麻子工贸有限公司,统一生产经营王麻子刀剪产品。2003年,北京王麻子剪刀厂宣布破产。破产时,年产量不到10万把。据悉,"截至2002年5月31日,北京王麻子剪刀厂资产总额1283.66万元,负债总额为2779.98万元,资产负债率为216.5%。王麻子剪刀厂无奈之下申请破产以求还债"[28]。破产后,王麻子品牌归属北京栎昌王麻子工贸有限公司。

2006年,北京栎昌王麻子工贸有限公司对下属生产厂进行调整。2008年,"王麻子剪刀锻制技艺"被列入第一批国家级非物质文化遗产扩展项目名录。2009年,王麻子参加了在北京举办的中国非物质文化遗产传统技艺大展系列活动,展示了王麻子剪刀特有的技艺和品牌形象。2010年,北京栎昌王麻子工贸有限公司(注册商标:王麻子)被商务部认定为中华老字号。2010年12月,王麻子历史文化馆在北京市西城区宣武门外香炉营头条33号楼开馆,占地700余平方米,集中展示了王麻子品牌的历史、工艺演变和工艺流程等珍贵历史文化。

---

❶ 资料来源于北京栎昌王麻子工贸有限公司官方网站。

张小泉

张小泉创办于清康熙二年（1663年），距今已有350多年历史，是杭州最为知名的剪刀业老字号。创办者为安徽黟县制剪高手张思家。清康熙二年（1663年），张思家携子张小泉来到杭州，在吴山北麓大井巷搭棚设灶、制卖剪刀，字号"张大隆"。由于其采用镶钢锻打工艺制作的剪刀式样精巧、剪切锋利，所以生意兴隆。后来因冒名顶替者与日俱增，张小泉子承父业后，便将"张大隆"改为"张小泉"。后传至张小泉的儿子张近高一代，冒牌者更多，张近高便在张小泉下面加上"近记"。[29]

图4-1-1 张小泉商标

据传，时值张近高的儿子张树庭接管张小泉期间，恰逢乾隆皇帝二次下江南，微服私访时到店里买剪刀，觉得其制作非常精巧，便御笔亲题"张小泉"三字，责成浙江专办贡品的织造衙门，进贡张小泉剪刀为宫廷用剪，从此张小泉剪刀铺声誉大增。清代丁立诚的《武林杂事诗》中一首《大井巷购剪》诗说："快剪何必远求并，大井对门尤驰名。吴山泉深清见底，处铁锻炼复磨洗。象形飞燕尾涎涎，认识招牌张小泉。疾比春风净秋水，不数菜市王麻子。"[30]其《武林市肆吟》还有一首诗说："利似春风二月天，掠波燕子尾涎涎。并家新样张家好，门对吴山第一泉。"[31]可见当时张小泉的盛名。

清光绪三十年（1904年），以内篆"张小泉"三字的六角图案作为商标的张小泉剪刀注册成功。清宣统二年（1910年），张小泉的第七代传人张祖盈任掌门。当时杭州有各式各样的张小泉剪刀，字号和商标大同小异。张祖盈便以"海云浴日"作为新标，变更注册。清宣统二年（1910年），张小泉剪刀获南洋劝业会银奖。1915年，在美国旧金山举行的太平洋万国博览会上张小泉荣获二等奖，从此其剪刀远销南洋和欧美，享誉海内外。❶ 张祖盈勇于革新，曾试制过医用剪刀、钳子和理发剪刀等。但

---

❶ 资料来源于杭州张小泉实业发展有限公司官方网站。

1925年的一场大火使张小泉元气大伤。1929年,张祖盈通过大量的广告宣传和推广活动,使张小泉牌剪刀在西湖博览会上获得特等奖,张小泉的生意也渐有起色。据1947年的《浙江经济年鉴》记载:"张祖盈在改组后的杭州商业剪刀同业公会中任负责人,下辖31个商号,会员人数为122人。"[32]

新中国成立前期,由于战乱,张小泉暂时歇业。1956年,公私合营,杭州张小泉剪刀厂成立,厂址选在杭州大关路33号。1958年,命名为地方国营杭州张小泉剪刀厂。"文革"期间,杭州张小泉剪刀厂改名为杭州剪刀厂。1976年,杭州张小泉剪刀厂恢复厂名。1980年,张小泉剪刀获批享受产销自主权,可向北京、天津、上海、宁波、广州和重庆等8大城市直接供货,突破了国有计划经济模式,实现了开放式经营。1993年,企业自筹资金建造了全国唯一一个剪刀博物馆,占地2000平方米。陈云同志为博物馆题写馆名。2000年,企业改制成杭州张小泉集团有限公司,之后市场占有率逐年提升。

2006年,拥有72道工序的"张小泉剪刀锻制技艺"入选国家级非物质文化遗产名录。同年,张小泉被商务部认定为首批中华老字号。2007年,公司整体再次转制,富春控股集团入股张小泉,张小泉成为其子公司。2012年,杭州张小泉集团有限公司被授予首批联合国教科文组织全球创意城市网络"工艺与民间艺术之都"传承基地称号。现在,杭州张小泉实业发展有限公司是一家专业生产各类刀剪的综合企业。品牌图标由菱形图标和张小泉中英文字体构成,主要颜色是红色。

王星记

王星记创始于清光绪元年(1875年),距今已140多年历史,位于浙江省杭州市,是杭州最为知名的扇业老字号。创始人王星斋,出身于三代扇业工匠之家,二十多岁时就成为杭州制扇业中一位砂磨名匠。其妻陈英是远近闻名的黑纸扇贴花洒金高手。[33]杭扇与浙江丝绸和龙井茶叶并称为"浙江三绝",在宋朝时就负有盛名。宋代《梦梁录》记载:"杭城大街,买卖昼夜不绝,夜交三四鼓,游人始稀;五鼓钟鸣,卖早市者又开店矣。大街关扑,如糖蜜糕、灌藕、时新果子、像生花果、鱼鲜猪羊蹄肉,及细

图4-1-2 王星记的工人
正在制作扇骨

画绢扇、细色纸扇、漏尘扇柄、异色影花扇……"[34]明清时期杭扇发展更为兴旺。杭州经营扇子的店号有50多家，从业人员四五千人。作坊主要集中在太平坊、扇子巷和官巷口一带。[35]

清光绪元年（1875年），王星斋、陈英夫妇在扇子巷开了一个小作坊，称"王星斋扇庄"。夫妻俩恪守"精工出细活、料好夺天工"的经营宗旨，深得顾客好评。当时，王星记所产的高级黑纸扇还作为杭州特产进贡朝廷，因此也为宫廷贵族与文人墨客所青睐。清光绪十九年（1893年）前后，王星斋在上海城隍庙开办了扇子店，作为窗口展示和销售自己的产品，所售扇子常常一销而空，使得王星斋的扇子更是名声远扬。光绪二十七年（1901年），王星斋在北京杨梅竹斜街开设王星斋扇庄，在上海和沈阳等地设立销售点，在杭州的制扇作坊也扩大了雇工和招徒，迁至祖庙巷，渐渐发展成为一个中型制扇工厂。

图4-1-3 王星记的工人正在描画扇面

为了适应产销一条龙的发展需要,王星斋夫妇除了在技术上精益求精外,还在经营上狠下功夫。通过发料加工、预付货款和收购成品或半成品等方式,控制了一部分中小作坊来扩大生产与经营,与杭州生产著名黑白光扇的张子元和舒莲记并驾齐驱,并称为杭城扇业三大名庄。

图 4-1-4　王星记扇庄清河坊门市部店貌

后来,王星斋改为王星记。❶ 清光绪三十年(1904 年),舒莲记老板为了与王星记竞争,花钱捐官做了道台,垄断了进贡朝廷的高级花扇销路。王星记转而面向百姓生产耐用、浸水不走样的黑纸扇。现在,黑纸扇成为王星记扇子的一个重要品种。[36]宣统元年(1909 年),王星斋病故,其妻扶持年仅十几岁的儿子王子清继承父业。当时受湖南白纸扇和日本扇子的挤占,加上清政府垮台、宫廷贵族没落,杭扇销量并不好。王子清长大后致力于根据市场需求革新产品。他率先以檀香木为材料,以西湖名胜"西泠""玉带"和"双峰"为名制作檀香扇。后恰逢舒莲记老板舒青莲去世,子孙分其家产且挥霍无度。王子清认准时机,决定重振王星记。

1929 年,王子清注册了"三星"商标,同时在杭州太平坊舒莲记对面开设规模为四开间门面的王星记扇庄。他还不惜重金在报刊、日历和橱窗等大做广告。同年,王子清抓住了杭州举办西湖博览会的良机,挑选各类精致名扇参加博览会艺术馆陈列竞赛,不仅获得金奖,而且编印了王星记名扇品种价目专册,广为散发、大肆宣传,又雇用翻译招待国外客户上门

---

❶ 资料来源于杭州王星记扇业有限公司官方网站。

参观选购。由于他的精心策划，王星记扇子在博览会期间被选购一空，并接了国外两年的订货单，外销自此打开，生意日益兴隆，业绩也渐渐超过舒莲记扇庄。[37]1936年，杭州从事扇业产销者仅剩11家，王星记扇子抢占了大部分市场。1937年，抗日战争爆发，张子元和舒莲记等扇庄纷纷倒闭，杭扇业凋敝，王星记扇庄将制作工厂迁至绍兴柯桥，保留清河坊杭州门市部。王子清根据上海妇女普遍喜爱扇子的需求，吸收日本、法国女式扇的特点，创造性地开发出一种檀香木绢扇，以印度檀香为原料，木质细腻坚硬，并含有天然的芳香油，受到市场的普遍欢迎。新中国成立前期，社会动荡，王子清移居香港，王星记交由其子王雄飞经营，生意较为黯淡。

20世纪50年代初，王子清的女婿陈守文负责扇庄经营。1952年，王星记成为硕果仅存的杭扇代表。1956年公私合营，王星记扇庄的制扇工厂只留下一个白骨扇加工小组。1958年，杭州市政府决定恢复重建王星记扇厂，广招失散的王星记制扇艺人，恢复和扩大生产，并在杭州闹市地段湖滨路开设了门市部，恢复启用王星记扇庄原使用的"三星"商标，使王星记扇业得以传承。当时，"扇厂拥有固定资产4万多元，职工120名，年产48万把扇子"。[38]1959年，王星记扇厂改属上城区工业局，归杭州市手工业局管理，扇子品种增至10种，恢复了停产多年的全棕40茄、50茄黑纸扇，真金象牙扇，男式檀香扇和湘妃骨边扇等工艺扇品种。1965年，王星记扇厂成为杭州市二轻局直属厂，厂址迁址到杭州解放路。"文革"期间，王星记发展缓慢。1966年，王星记扇厂更名为杭州东风扇厂，门市部遭销毁。1977年，复名王星记扇厂，注册"王星记"商标。与此同时，生产规模也得到了迅猛发展，年产扇子1200多万把，产品品种也增加到15大类200多个花色，成为中国唯一一家综合性扇子生产基地。

1979年，在全国首次扇子质量评比中，王星记黑纸扇以其过硬的质量获得轻工部全国优质产品称誉。1981年，在全国扇子质量评比中，王星记黑纸扇又获全国同类产品第一名。1983年，其真金全棕黑纸扇获中国工艺美术品百花创作一等奖。同年，实行承包合同制，当年年产值达340万元，利润75.5万元，比承包数超额15.5万元，利润增长幅度大大超过产值增长幅度。❶ 1988年，年产量700余万把，其中一半销往中国香港、东南亚和西欧地区。[39] 1990年，王星记在杭州二轻总公司的领导下，与天工艺苑联营，实行"前店后厂"的生产经营模式。然而，1994年1月的一场火灾，使企业遭受了巨大的损失。接着因城建需要，王星记连续几次搬迁厂房和门市部，使得企业元气大伤，生产和经营受到了很大影响。2000年，王星记进行改制，成立杭州王星记扇业有限公司，企业进入了新的发展时期。2006年，王星记被商务部认定为首批中华老字号，也是制扇行业中的唯一一家。同年，王星记向国家知识产权局申请13项外观设计专利，有效地保护了企业知识产权。

2008年，"王星记制扇技艺"被列入国家级非物质文化遗产保护名录。同年，王星记赴日本参展和进行技艺表演。2009年，王星记被评为浙江省非物质文化传承基地。2012年，杭州王星记扇业有限公司被授予首批联合国教科文组织全球创意城市网络"工艺与民间艺术之都"传承基地称号。王星记扇子选材名贵、制作精良、造型典雅、品位高档，目前拥有黑纸扇、檀香扇、白纸扇、绢扇、舞扇、骨扇、香木扇和挂扇等19个大类万余个花色，年销售和利税主要经济指标每年以10%~15%的速度增长。产品销售网点拓展于国内各大城市，远销东南亚、欧洲等20多个国家和地区，公司已成为中国传统工艺美术行业中技艺、销售、文化领先的龙头企业。

长清斋

长清斋（风筝魏）创办于清光绪十八年（1892年），距今已有120多年历史，是天津风筝的代表性老字号。创办者为魏元泰，曾经在天福斋扎彩铺学徒四年，学成后便在天津城内鼓楼东租下了个门脸，店号"长清斋扎彩铺"。起初以油漆、粉刷和扎糊业务为主，后来便改做风筝。[40]天津与北京、山东潍坊和江苏南通并称为中国风筝四大产地。清嘉庆年间（1818年）诗人樊斌所写的《津门小令》中记载："津门好，薄技细搜求，烟管雕成罗汉笑，风筝放出美人游，花样巧工留。"[41]

---

❶ 资料来源于杭州王星记扇业有限公司官方网站。

当时魏元泰的长清斋与志远斋、唯心斋和益友斋等扎彩铺一样，所经营的风筝远近闻名。但长清斋的风筝有其独到之处，比如"把风筝的各个单件用木工接榫的工艺技术代替丝线帮儿，用白铁焊管代替禽翎管作插管"。[42]制作出的风筝拆装方便，易于携带。魏元泰还钻研出使风筝发声的技艺，"即在制作的硬翅小沙燕等筝的头部做成两个'眼'，'眼'里再安装一个中轴可旋转的拨击锤，风吹轴转，锤击小铜片或小鼓而发出声音"[43]。还有一种可以使风筝发声的方法，"用藤条为弓，两颗细蒲蓬皮条作弦，升空后便发出筝鸣琴响，声音可传达半里左右"[44]。总体来说，长清斋的风筝"采用高级真丝织物、上等毛竹为原料，全部工艺均为手工制作。具有造型多变、彩绘逼真、飞行平稳、特技精湛等艺术特点。风筝样式有飞禽走兽、昆虫花卉、人物风景等"[45]。1915年，美国巴拿马万国博览会上，魏元泰的风筝获得大奖，长清斋继而打开国外销售市场。抗日战争时期，民生萧条，风筝魏随同天津许多手工艺类老字号一样饱受摧残，发展缓慢。

新中国成立后，风筝魏重获生机。1956年，公私合营后，长清斋并入天津风筝厂。后又独立出来成立了长清斋魏记风筝厂。1989年，天津市长清斋魏记风筝厂，将"魏记"登记为企业字号，由第三代传人魏永昌和第四代传人魏国秋经营。1997年，该企业注销。同年，第三代传人之一魏永珍登记成立天津市风筝魏工艺品有限公司❶，并注册了"FZW"商标。1999年，第三代传人之一魏永昌登记注册了"天津市南开区长清斋魏记风筝作坊"。2000年，被登记机关吊销。2004年，风筝魏第四代传人之一魏国秋登记成立了天津市长清斋魏记风筝作坊。[46]可见，风筝魏的传人在企业和商标登记注册方面争议颇多，使得老字号的传承和改制困难重重。2005年，风筝魏工艺品有限公司准备通过产权市场公开拍卖45%的股权，但由于商标权归属不明而不了了之。2009年，魏永珍被文化部认定为第三批国家级非物质文化遗产名录风筝魏的传承人。风筝魏现在主要由魏国秋的天津市长清斋魏记风筝作坊（现位于南开区鼓楼北街东侧二楼）和魏永

---

❶ 公司成立于1991年，前身为天津市河西区魏记风筝厂，1994年升格为天津市风筝魏工艺品公司，1997年转制为天津市风筝魏工艺品有限公司。

珍的天津市风筝魏工艺品有限公司（现位于南开区复康路31号）来传承。

沈广隆剑铺

沈广隆剑铺创办于清光绪二十年（1894年），距今已120多年历史，是浙江现存龙泉剑铺中历史较为悠久、知名度较高的老字号，现址位于浙江省龙泉市公园路。龙泉素有"宝剑之乡"的美誉，铸剑历史约有2500多年。据传春秋末期，越国铸剑师欧冶子奉楚王之命，在龙泉秦溪山里铸成"龙渊""泰阿"和"工布"三把名剑。后世人便以"龙渊"命为所在地的名字。唐朝时期因避讳唐高祖李渊之名，改为"龙泉"。唐乾元二年（759年）设龙泉县。清朝晚期，浙江铁匠高手沈朝庆来到龙泉，开始专业铸造龙泉剑。清光绪二十年（1894年），沈朝庆之子沈庭璋创建壬字号剑铺。壬字号所产的宝剑寒光逼人、造型古朴，能断铜削铁，在龙泉销路甚好。

1911年，龙泉市举办铸剑精英比武，沈庭璋所铸之剑一剑洞穿三枚铜板，艺压群雄，击败参加比赛的当时知名的千字号和万字号剑铺，一举夺魁。知县杨毓琦当即挥笔写下"沈广隆剑铺"赠予壬字号。从此，壬字号便改为沈广隆剑铺。1915年，沈广隆剑铺参加巴拿马万国博览会，获得金奖，从此誉满海内外。1925年，沈广隆剑铺由第二代传人沈焕周接管。1930年，在南京举行的国术大赛中，沈广隆剑铺击败来自北京、天津、四川、云南、山东和上海等地的制剑高手，以其"纹饰高雅、寒光凝人、古色古香、技术独特"被评为最佳习武用剑。[47]之后剑铺传至第三代传人沈焕周。1942年，沈焕周、沈焕文和沈焕武为蒋介石铸造了一柄"龙泉七星剑"。1955年，沈焕周、沈焕武为毛主席铸剑。1956年，沈广隆剑铺并入农具厂。1961年，成立宝剑生产合作社，沈焕周任主任，社址设在原沈广隆剑铺。1972年，美国总统尼克松访华，第四代传人沈新培所铸之剑被作为国礼赠送。1978年，改称龙泉宝剑厂。1982年，沈广隆所铸之"云花剑"获中国国际旅游大奖。❶ 1983年，恢复沈广隆剑铺字号。

1985年，在龙泉铸剑质量比赛中，沈广隆荣获大奖，时任县长林华刚为其题词"天下第一剑"，中国武术家邵善康题写对联："试锋甘传欧冶

---

❶ 资料来源于沈广隆剑铺官方网站。

子，论剑当推沈广隆。"[48]1991年，沈新培被评为浙江省工艺美术大师。1993年，"日月乾坤剑""日月乾坤刀"和"民间习武用剑"获中国首届武术器材审评会三个金奖。1996年，"日月乾坤剑"和"日月乾坤刀"被国家武院、武术运动管理中心和中国武协定为中国武术锦标赛指定器械，深受武术界好评。1998年，沈广隆第四代传人沈州接管剑铺。同年，沈广隆剑铺被国内贸易部评为中华老字号。2005年，"乾坤剑""成功剑"和"乾隆佩剑"获浙江省首届民族民间工艺美术博览会天工最高荣誉奖。2006年，"龙泉宝剑锻制技艺"入选国家级非物质文化遗产名录，沈新培被评为传承人。2009年，"至尊剑"获深圳文博会金奖，"帝王剑"获北京文博会金奖。同年，沈新培、沈州父子在新中国成立60周年大庆之际铸造的"军魂剑"被中央军委收藏。2010年，"四灵剑"获深圳文博会金奖。❶

2010年，沈广隆剑铺被商务部重新认定为中华老字号。2012年，沈新培被评为中国工艺美术大师。沈广隆所产的龙泉宝剑具有坚韧锋利、削铁如泥、刚柔并寓、光洁如霜、纹饰精巧和古朴风雅等特色。主要工艺特点为：选材讲究，十斤毛铁五斤钢；锻打火候足，反复折叠，多次锻打；剑身结构致密，花纹清晰，刚柔并寓；淬火独特，取当地剑池湖水作冷却剂；剑身坚利，一剑剁断三枚重叠铜板，剑刃无损；以当地特产"亮石"研磨；采用当地特产上等花梨木制剑鞘，不加漆，越用越亮；装具精美。❷作为当地剑铺中唯一一家子承父业、一脉相承的中华老字号，沈广隆剑铺一直致力于将中华传统铸剑技艺与现代文明相结合，曾为电影《杨门女将》（2011年版）等多部影视剧作品制作刀剑等兵器。

锦华丽

锦华丽始建于1917年，距今已有百年历史，店址位于湖南省长沙市，是经营湘绣的老字号之一。湘绣乃中国四大名绣之一。清同治时期，湘绣一词才得名于世。长沙市第一家绣坊叫做"绣花名寓"，创办于清光绪元

---

❶ 资料来源于沈广隆剑铺官方网站。
❷ 资料来源于龙泉剑行业官方网站。

年（1875年），创办者为湘阴人吴健生之妻胡莲仙。店址位于天鹅塘，后迁至今芙蓉区尚德街。随后，长沙开设了锦云、吴彩霞、梁玉霞、李协泰和万源等绣庄。清朝末年，长沙绣庄近30家。

1917年，著名湘绣艺人唐人甫在长沙药王街创办了锦华丽绣庄，附设照相业务。后来在上海设有分庄，每年销售额达10万银元。唐人甫师承著名湘绣画家杨世焯，善绘山水人物、飞禽走兽，尤其工于肖像。1933年，在美国芝加哥举办的"百年先进博览会"上，由他设计、绣工杨佩珍和杨

图4-1-5 锦华丽作品之"罗斯福总统像"

培宽制作的美国总统罗斯福绣像一经展出便轰动一时。该绣品现藏于美国芝加哥亚历山大博物馆。后时任湖南省主席何键专门赠送锦华丽绣庄"誉满全球"金匾一块。[49]锦华丽绣庄也因此一举成名，生意兴旺。

20世纪30年代，湘绣处于全盛时期，北京、天津、上海、南京和武汉等地都开设了湘绣庄分店。1938年，文夕大火，锦华丽许多画稿被烧毁，后迁至黄兴路。1944年，日军侵占长沙，绣庄纷纷倒闭，锦华丽绣庄勉强维持经营。

新中国成立后，成立了湖南省湘绣研究所、长沙市湘绣总厂和红星湘绣厂等5家较有规模的湘绣企业，湘绣迎来了新的发展机遇。锦华丽被并入长沙市湘绣总厂。1993年，恢复锦华丽绣庄店号。当时绣庄固定资产150万元，营业面积280平方米，职工20多人，年营业额200多万元。1997年，长沙市湘绣总厂在南郊公园举办了"庆香港回归"湘绣风筝展，湘绣风筝在社会上引起了较好反响。后来，湘绣企业纷纷改制，"许多企业停产、卖厂、分钱、走人。除原沙坪湘绣厂改制能保留下来并有所发展外，其他集体企业无一幸免。……长沙县湘绣厂成为第一个改制企业，仿佛一夜之间就销声匿迹了。……长沙市湘绣总厂在改制前仅西班牙披巾市场年出口额超过1000万元，全厂生产总值约2000多万元，就因改制，造

成近200人失业。"[50]2006年，"湘绣"❶经国务院批准被列入第一批国家级非物质文化遗产名录。2010年，黄兴路人文茶馆与锦华丽湘绣有限责任公司因拆迁补偿问题产生了纠纷。现在的长沙市锦华丽湘绣有限责任公司，店址位于芙蓉区黄兴中路54号。某种程度上可以说，在湘绣品牌中，锦华丽的辉煌已经成为历史。

都锦生

都锦生创办于1922年，距今已有90多年历史，创建地址位于杭州西湖茅家埠，是杭州最为著名的丝织业老字号。创办者为我国著名民族企业家都锦生。在杭州出产的各种丝织品里，织锦是最高级的一种。杭州织锦的历史可以追溯到五代十国时期，吴越王钱镠在杭州设立了官营丝绸作坊——织室。"丝绣之绫夸柿蒂，青旗沽酒趁梨花。"这首唐代大诗人白居易的诗句展现了杭州织锦的高超工艺。宋代时期，杭州的内诸司设有织染所。杭州织锦融合了南北织锦技艺的精华，具有独特的艺术风格和技艺特点。

都锦生生于清光绪二十三年（1897年），号鲁滨，家乡为杭州西子湖畔的茅家埠。都锦生酷爱美术，1917年，考入浙江省甲种工业学校（浙江大学的前身）机织科求学。[51]1919年，因成绩优异留校任教。因其对织锦的浓厚兴趣，他怀着实业救国的理想，和学生胡邦汉、陈贤林等许多美术爱好者一起研究和制作织锦。都锦生努力钻研制作工艺，采用8枚缎点子和33种组织画法，制作出了富有层次感和阴阳面的色彩绚丽的风景织锦。[52]第一幅丝织风景作品《九溪十八涧》因此诞生。1922年5月15日，都锦生在家人的资助下开办了都锦生丝织厂。创办之初只有一台手拉机、

---

❶ 湘绣的传统针法，有两大类近百种，首创掺针绣法和鬅毛针绣法，使湘绣狮、虎作品成为独有的形象标志特征。湘绣绣线色彩十分丰富，可称为"有色皆备"。在湘绣中，无论平绣、织绣、网绣、结绣、打子绣、剪绒绣、立体绣、双面绣和乱针绣等，都注重刻画物象的外形和内质，即使一鳞一爪、一瓣一叶之微也一丝不苟。湘绣巧妙地将我国传统的绘画、书法及其他艺术形式与刺绣融为一体，形成以中国画为基础，运用近两百种颜色的绣线、上等丝绸和绸缎，通过一百多种针法进行创作或还原画面的独一无二的中国刺绣流派。显著特点是色彩鲜艳、形象逼真、构图章法严谨和画面质感强。长沙市政府为湘绣这一国家级非物质文化遗产的保护主体。资料来源于湖南非物质文化遗产官方网站。

一个拉机师傅和一个轧花工,仅能制作5×7英寸的织锦作品。[53]后来,都锦生辞去学校工作,专心钻研技术和经营企业。1924年,都锦生曾到广州聆听孙中山先生的演说,对他振兴民族经济的思想影响甚深。1925年,都锦生丝织厂在上海等地开设门市部。

1926年,都锦生生产的丝织风景一举荣获美国费城国际博览会金奖,一幅丝织的《宫妃夜游图》古朴典雅、栩栩如生,被西方人誉为"东方文明的美妙珍品"。从此都锦生名声大噪。1927年,厂房从茅家埠搬到了交通便利的艮山门。"厂房面积占地10亩,手拉织锦机68台,工人130余人。"[54]1928年,成功试制出五彩织锦。随后,都锦生又开发了织锦台毯、织锦靠垫、织锦领带、丝绸衬衫、西湖绸伞和绸扇等相关产品。1929年,参加首届西湖博览会,荣获特等奖和优秀奖。1931年,都锦生的生产达到鼎盛时期,当年"生产丝织风景5.04万张,创利10万元"。[55]分店遍及杭州、上海、北京、南京、重庆、广州和香港等13地,产品远销东南亚和美国。[56]

抗日战争时期,作为民族工业,都锦生饱受日本帝国主义摧残,产品出口大受影响,被迫停产。都锦生坚持抵制日货,不再购进东洋丝,而用价格较高的法国和意大利的产品来代替。1939年,日本侵略者因为憎恨都锦生的织锦与日本丝绸竞争,强迫都锦生担任伪杭州市政府科长一职,遭到都锦生的拒绝,日本人便将都锦生的主要厂房和机械设备纵火烧毁,都

图4-1-6　1929年西博会上的都锦生

锦生的半生心血毁于一旦。而后，都锦生虽然将少部分设备搬至上海经营，但由于局势动荡，日侵甚嚣，1941年，丝织厂终于被迫关闭。1943年，都锦生因患脑溢血在上海辞世，享年46岁。而后，都锦生的妻弟宋永基终止学业接管工厂。1948年，都锦生丝织厂搬回杭州艮山门原址，恢复生产，但由于通货膨胀、市场混乱和内战等因素，工厂已远不及当年，年产值不过三万多元。[57]

新中国成立后，都锦生重新焕发生机。据有关历史资料记载，1949年都锦生丝织厂的规模为：职工47人，手拉机34台，西洋纡车20锭，资本总额7000万元（约现人民币7000元），年产台毯143条、靠垫760只、风景或伟人像3702平方米和绸伞1333把。[58]1954年，都锦生丝织厂实行公私合营，被定为国家礼品之一。周恩来总理在1957年视察都锦生丝织厂时曾指出："都锦生织锦是中国工艺品中一朵奇葩，是国宝，要保留下去，要后继有人。"❶1966年，因受"文化大革命"影响，改称为东方红丝织厂。1972年，根据周总理的指示，又改名为杭州织锦厂，销路越来越好。1982年，"工艺品总销售额达1285.59万元，比历史最高水平的1962年增长163%"。[59]1983年，恢复使用杭州都锦生丝织厂厂名。1979年、1982年和1984年多次荣获国家金质奖与银质奖。1990年，被国家内贸部认定为中华老字号。1998年，都锦生为来华访问的时任美国总统克林顿先生创作的《克林顿总统和夫人》织锦肖像画，得到克林顿的亲笔致谢信。2001年，企业改制为杭州都锦生实业有限公司，保留杭州都锦生丝织厂作为第二厂名。

2010年，都锦生被商务部认定为中华老字号。同年，都锦生的"杭州织锦技艺"被列入第三批国家级非物质文化遗产名录。都锦生织锦是杭州织锦的代表，杭州织锦属二经重纬织物结构，纬重数一般可多达15种以上，有58道传统手工织锦工序，结构繁杂，能用丝织的方法表现出照片或绘画作品。2012年，杭州都锦生实业有限公司被授予首批联合国教科文组织全球创意城市网络"工艺与民间艺术之都"传承基地称号。目前已有德国柏林，英国爱丁堡，法国里昂，美国圣达菲，日本名古屋、神户和中国

---

❶ 资料来源于杭州都锦生实业有限公司官方网站。

深圳、上海、成都等19个国家31个城市加入了该网络。杭州是网络中第五个"工艺与民间艺术之都"主题城市，也是中国第一个该主题城市。

2014年，都锦生织锦有像景织锦、装饰织锦和服用织锦三大系列，1640多个花色品种，仅丝绸主业每年的销售额约在3000多万元，成为我国最具代表性的名锦之一。❶ 公司直属专卖店有四家，分别为湖滨路专卖店（邮电路82号）、龙游路精品专卖店（龙游路48号）、丝绸市场专卖店（西健康路79-1）和茅家埠专卖店。下辖都锦生博物馆、杭州鞋城、都锦生装饰工艺品公司、武林服饰城、都锦生宾馆、龙凤苑菜馆和丝织工艺品分厂等。

杨柳青画社

杨柳青画社创办于1926年已有90多年历史，是制作和售卖杨柳青年画的老字号代表。前身为霍玉棠、韩春荣二人创办的玉成号画庄，是民国时期杨柳青镇内规模较大的年画作坊。明崇祯（1628—1644年）年间，天津杨柳青镇出现了木板年画。清乾隆年间，杨柳青的画店作坊达100多家，遍及附近30多个村庄（田家庄、李家庄、赵庄子、古拂寺、雪家庄和炒米店等），从业者超过3000人，"家家会点染，户户善丹青"。[60]雍正十三年（1735年），规模较大的年画店开始设立，如戴廉增画店❷和齐建隆画店。后来又出现了戴美丽、盛兴、荣昌、爱竹斋和建隆等画店，售往京秦、津浦和北宁铁路沿线各地。

杨柳青年画精细、工整、水色好，"在制作方法上的主要特点是采用木版印刷（即木版木印套色），同时又采用人工添色重绘的方法（即加工描绘）。一些较细致的、较好的年画，除了印刷线版以外，主要的靠人工描画"❸。杨柳青年画"通过寓意、写实等多种手法表现人民的美好情感和愿望"，"尤以直接反映各个时期的现实生活、时事风俗、历史故事等题材为其特长"。[61]早期题材多是灶王、门神、魁星、胖娃娃、孟母三迁和聚宝

---

❶ 资料来源于杭州都锦生实业有限公司官方网站。
❷ 明朝永乐年间戴氏先人携画业北上，定居天津杨柳青镇，经营木版年画。目前"戴廉增敬记老画店"已歇业，共传了十九代，历时五百年。
❸ 资料来源于天津玉成号画庄官方网站。

盆等，还有《红楼梦》《三国演义》和《白蛇传》等传统故事。[62]年画《连年有余》，画面上的娃娃怀抱鲤鱼、手拿莲花，寓意生活富足，成为杨柳青年画中的经典代表，流传至今。

清光绪十年（1884年）以前的一段时间，是杨柳青年画的鼎盛时期。据悉，杨柳青镇的戴廉增画店一年生产的成品就达2000件，每件500张，可达百万幅。清光绪二十六年（1900年）以后，时局动荡，杨柳青年画业日趋衰落。甲午战争爆发以后，杨柳青年画的印刷和销路大为减低，侵略者们还曾在下雨天用木板年画画板铺路，以便大炮车通行。清光绪三十年（1904年）左右，天津和上海石印年画逐渐兴起，但日本帝国主义者的石印画片大量传播，中国的传统手工业生产难以和机器生产相抗争，杨柳青年画业发展迟缓。

新中国成立后，成立了杨柳青年画社。1956年公私合营后，玉成号画庄改为杨柳青和平画业合作社。1958年，与天津荣宝斋、德裕公合并成立天津杨柳青画社，❶ 隶属天津市文化局，是国家新闻出版署核定的美术图书出版单位和国家文物局认定的文物经营单位。周恩来总理曾亲临画社视察。1960年，邓拓同志在《光明日报》上发表《新年谈杨柳青年画》一文，文中写道："三百年来版画新，民间艺术此奇珍。刀兵水火都历尽，杨柳青青大地春。"[63]1966年，店址由杨柳青镇迁至天津。"文革"期间，杨柳青年画改为胶版印刷。

20世纪80年代起，霍玉棠之子霍庆有子承父业，苦心钻研，成为天津一带唯一的勾、刻、刷、画、裱"五项全能"的杨柳青年画艺人，使濒临绝迹的杨柳青年画技艺得以复苏。2006年，"天津杨柳青年画"入选首批国家级非物质文化遗产名录，传承人为霍庆顺、霍庆有、冯庆矩和王文达。2010年，天津杨柳青画社被商务部认定为中华老字号。2011年，天津杨柳青木版年画博物馆开馆，位于河西区佟楼三合里111号，展览面积1724平方米，收藏了自明代以来的年画共万余张。如今的天津杨柳青画社位于河西区佟楼三合里111号，下辖杨柳青年画艺术公司、图书编辑部、年画编辑部和市场营销部四个业务部。在社址所在地和文化街、长春道等

---

❶ 资料来源于天津玉成号画庄官方网站。

津门繁华区街设有凝翠轩、文化街杨柳青画店、长春道杨柳青画店和杨柳青画社西青分店四个销售部。❶

第二节　笔墨纸砚

笔墨纸砚，也被称作文房四宝，在中国传承已久，代表着中国传统文书工具的独有特色及其文化。究其历史，可以追溯到春秋战国时期。《尔雅·释器》中有关于"笔"的记载："简谓之毕，不律谓之笔，灭谓之点。"[64]1954年，在湖南长沙出土了一支战国时期的楚国毛笔，笔杆为竹制。1957年，陕西西安出土了成叠的西汉晚期古纸残片，称"灞桥纸"。可见，早在西汉时期中国人就已经开始制作并使用纸。东汉时期，蔡伦又将造纸术进一步提升并推而广之。

魏晋时期，已有较详细的制笔方法记载。《齐民要术·卷九》里记述了"笔法"："韦仲将《笔方》曰：先次以铁梳梳兔毫及羊青毛，去其秽毛，盖使不髯茹。讫各别之。皆用梳掌痛拍，整齐毫锋。端本各作扁，极令均调平好，用衣羊青毛缩羊青毛去兔毫头下二分许。然后合扁，捲令极圆。讫痛颉之。以所整羊毛中或用衣中心名曰笔柱，或曰墨池承墨。复用毫青衣羊青毛外，如作柱法，使中心齐，亦使平均。痛颉内管中，宁随毛长者使深。宁小不大，笔之大要也。"[65]书中还记载了"合墨法"，说："好醇烟捣讫，以细绢筛于堈内，筛去草莽，若细沙尘埃。此物至轻微，不宜露筛，喜失飞去，不可不慎。墨麹一斤，以好胶五两浸梣皮汁中……亦以真珠砂一两，麝香一两，别治细筛，都合，调下铁臼中。宁刚不宜泽，捣三万杵，杵多益善。合墨不得过二月九月。温时败臭，寒则难干。潼溶见风，自解碎。重不得过三二两。墨之大诀如此。宁小不大。"[66]

唐宋时期，文房四宝随着文学的兴盛而发展迅速。《唐国史补》记载："纸则有越之剡藤苔笺，蜀之麻面、屑末、滑石、金花、长麻、鱼子、十色笺，扬之六合笺，韶之竹笺，蒲之白蒲、重抄，临川之滑薄。又宋亳间

---

❶　资料来源于天津杨柳青画社官方网站。

有织成界道绢素,谓之乌丝栏、朱丝栏,又有茧纸。""凡造物由水土,故江东宜纱绫、宜纸者,镜水之故也。"[67]北宋时期苏易简的《文房四谱》则详细研究和记述了笔墨纸砚的诞生、制造工艺、流传的故事以及相关诗词曲赋等。当时,售卖笔墨纸砚的店铺已为数不少,如《东京梦华录》中所述:"街北都亭驿(大辽人使驿也),相对梁家珠子铺。余皆卖时行纸画,花果铺席。"[68]

明清时期,文房四宝业更加兴旺,出现了许多书肆集市专门售卖文房四宝等文化用品。《光绪顺天府志》记载:"胡氏经籍会通云:燕中书肆,多在大明门之右,及礼部门外拱宸门西,花朝后三日,则移于灯市,每朔望并下浣五日,则徙于城隍庙中。灯市岁三日,庙市三朝后三日。今京师书肆皆在正阳门外西河沿,余惟琉璃窖厂间有之而不多见。灯市初在灵佑宫,稍列书摊,自移于正阳门大街之南,则无书矣。每朔望并下浣五日,百货集慈宁寺,书摊只五六,往间有秘本,二十年来绝无之。"[69]再如夏仁虎在《旧京琐记》中记载:"琉璃厂为书画、古玩商铺萃集之所。其掌各铺者,目录之学与鉴别之精往往过于士夫,余卜居其间,恒谓此中市佣亦带数分书卷气。盖皆能识字,亦彬彬有礼衷。"[70]这一时期,流传至今的笔墨纸砚老字号有创办于清康熙十一年(1672年)的荣宝斋、清乾隆六年(1741年)的王一品斋、乾隆四十七年(1782年)的胡开文、清咸丰四年(1854年)的胡魁章、清同治元年(1862年)的邵芝岩、清同治四年(1865年)的一得阁和清光绪二十三年(1897年)的商务印书馆等。

民国以后,出现了许多以振兴民族经济为初衷的老字号企业,如创办于1912年的中华书局、创办于1934年的鸵鸟墨水和1935年的中国铅笔厂(中华)。新中国成立后,政府将许多著名文房四宝产地中处于零散发展的老字号整合,形成了一些颇具新气象的知名老字号企业,如建于1951年的红星宣纸。随着新中国文化事业的蓬勃发展,文房四宝业也进入了前所未有的兴盛时期。尤其是改革开放后,许多改制后的老字号通过提高技术和创新产品在市场经济大潮中经受住了考验,如荣宝斋、一得阁、商务印书馆、中华书局和西泠印社等,成为传承中华文书工具文明和发扬中华传统文化的行业代表。

荣宝斋

荣宝斋始建于清康熙十一年（1672 年），距今已有 340 多年历史，店址位于北京市琉璃厂西街，是我国历史比较悠久的经营书画和文房四宝的老字号。原名"松竹斋"，始创者为浙江张姓人士。张氏在京为官，为人豪放热情。松竹斋初营之际，主要售卖文房四宝，兼营代客订购书画篆刻家的作品等。后来，又制作和售卖各种大众化的信封、信纸、稿纸、扇面和装裱好的各式屏联等。

图 4-2-1　20 世纪 20 年代荣宝斋南纸店

值得一提的是，当时松竹斋印制的"缙绅"（官员名录）获利颇多，在当时被当做官场交际的必备资料。为了及时更新"缙绅"，松竹斋还捐了一个五品官职，以便随时抄录官员任免名榜。由于与达官贵人、文人墨客接触较多，又十分亲民，松竹斋的生意十分兴旺。雍正进士、乾隆间东阁大学士兼吏部尚书梁诗正还为"松竹斋"题写了匾额。[71] 夏仁虎的《旧京琐记》记载："南纸铺并集于琉璃厂。昔以松竹斋为巨擘，纸张外兼及文玩骨董。厥后清秘阁起而代之，自余诸家皆为后起。制造之工，染色雕花，精洁而雅致，至于官文书之款式，试卷之光洁，皆非外省所及。詹大有、胡开文之墨；贺莲青、李玉田之笔；陈寅生之刻铜，周全盛之折扇；虽各设专铺，南纸铺皆为代销、书画家之笔单亦备。在昔科举时称极盛，科举停后，渐凋零矣。"[72]

鸦片战争爆发以后，文化业颇受影响，再加上张氏子孙张秀衡恐自己经营不利，便聘请京城名士庄虎臣接管松竹斋。庄氏为通县人士，出身捐班，曾在东北凤凰厅（今辽宁省凤城市）任职，又广交京城达官贵人。因此，他接手松竹斋后决定与张秀衡一起重振辉煌，弃旧图新。[73] 清光绪二十年（1894 年），将店名改为"荣宝斋"，取"以文会友，荣名为宝"之意。后又聘请同治时期的状元、曾任国子监祭酒的著名书法家陆润庠为荣宝斋题写匾额。[74]庄氏接手后，荣宝斋服务对象以社会名流为主，他还"锐意革新，创设印刷机构，不仅复制了大量传统名著，而且为后来闻名中外的木板水印奠定了基础"[75]。1925年，顺义人王寿贤接替庄虎臣担任第二任经理。王氏的父亲是一位画工，他自幼受绘画熏陶，热爱民间艺术。在担任经理的30多年间，他为木版水印事业的发展作出了显著的贡献。[76]

木版水印是中国特有的一种传统手工印制技术，其历史可追溯到唐代。郑振铎先生在《十竹斋笺谱》再版序言中说："中国木刻画始见于公元868年，较欧洲早五百四十余年，彩色木刻画，则于16世纪末流行于世，至17世纪而大为发达。"[77]印制出的中国画与原作极为相似，可以假乱真。"整个制版印刷过程，需要经过临拓勾描、雕刻、印刷三道主要的工序。制作时，先将原作品上的同一种色调的笔画线条，用墨线临拓在一张透明的纸上。然后再将一张张色调各异、墨色浓淡不一的透明纸分别粘贴在木板上，进行雕刻。雕刻时，还需不断参照原作品，根据已临拓、勾勒出的墨线轮廓，精心雕制出一幅一幅木板，也称为套版。待表现各种色调的墨色的套版全部雕刻完后，就可以依次逐版套印成画。印刷时，还要选用与原作品相同或尽可能接近的绘画材料，如纸、绢、墨、色等来印制作品。同时，还须根据原作品和雕成的套版，依据原作品的用笔、用色特点和技法，决定如何控制和利用套版的含水量，以及所用高丽纸、宣纸、绢等绘画材料的不同润染效果。"[78]

1931年，荣宝斋印制了《十二辰笺》，作者都是画坛名家，社会反响很大。1934年，印制了《十竹斋笺谱》，鲁迅和郑振铎先生曾赞其"纸墨良好，镌印精工，

图4-2-2 20世纪70年代荣宝斋门市

近时少见，明鉴者知矣"。[79] 1935 年，荣宝斋仿印了《明代拱花博古笺》，当时的书法篆刻命驾寿石工题诗赞道："荣宝高斋峙两京，琅琊妙手重平生。瓶罍般钵浑无那，笺谱传抄记有明。"[80] 在王寿贤的苦心经营下，荣宝斋先后在上海、南京、汉口、洛阳和天津设立了分号。

1950 年，公私合营后，荣宝斋更名为荣宝斋新记，侯凯任经理，王寿贤任副经理。荣宝斋仍是名人书画的集萃之地。徐悲鸿和郭沫若都为荣宝斋题写了匾额。1952 年，荣宝斋新记改为荣宝斋，转为国营。此间，木版水印技术有了新的飞跃。1959 年，在德国举办的莱比锡国际书籍艺术展览会上，荣宝斋的木版水印艺术荣获"特殊展览金质奖"。1966 年，荣宝斋印制的古今书画达 4000 多个品种，销往 48 个国家和地区。[81] "文革"期间，荣宝斋部分专业人员被遣往湖北劳动，经营业务颇受影响。

改革开放后，又恢复生机。1979 年，荣宝斋通过木版水印技术印制的《韩熙载夜宴图》在日本东京"中国荣宝斋展览会"上一鸣惊人。此图纵 28.7 厘米，横 335.5 厘米，耗用版片 1667 套，印刷 6000 多次，历时近 10 年，复制 30 余张，工程浩大，刻制精美。自 1980 年起，荣宝斋先后在东京、纽约、新加坡和汉城设立了经销处或分店。1987 年 11 月，荣宝斋同香港博雅艺术公司合资开办荣宝斋（香港）有限公司。1989 年，荣宝斋的《八大山人画集》获德国莱比锡国际图书博览会金奖。1990 年，《八大山人涉事册》获中国优秀美术图书奖银奖。1992 年，《齐白石印影》荣获新闻出版署直属出版社优秀图书奖。

1993 年 4 月，荣宝斋出版社成立。1994 年，北京荣宝艺术品拍卖有限责任公司成立，这是荣宝斋第一家以现代企业模式建立的下属企业。2005 年开始，荣宝拍卖公司走出北京，在南京、上海、重庆和湖南等地举行拍卖会。拍

图 4-2-3　今天的荣宝斋

品已逾六万件，在拍卖行业具有良好的信誉和知名度。2006年，荣宝斋被商务部认定为首批中华老字号。同年，被国家商标评审委员会认定为"中国驰名商标"。"木版水印技艺"入选首批国家级非物质文化遗产名录，崇德福和王丽菊为国家级非物质文化遗产代表性传承人。2007年，《十二生肖珍藏册》荣获第三届中国出版集团荣誉奖。

2008年，荣宝斋的"装裱修复技艺"入选第二批国家级非物质文化遗产名录，王辛敬被列为国家级非物质文化遗产项目代表性传承人。据悉，以装裱一幅普通中堂为例，大约需要17道工序，依次为：托心、方裁、拉配镶料、镶嵌、四裁、转边、粘串、配背、扶活、砑光、批串、配杆、钉绦圈、包头、上杆、系绦封籖和扎带。[1] 2009年1月，中国出版集团公司将荣宝斋与中国美术出版总社重组分立，荣宝斋成为集团公司直属单位。同年，在北京第四届文博会上被评为中国十大最具历史文化价值百年品牌。同年，高文英被确定为国家级非物质文化遗产项目"木版水印技艺"代表性传承人。

2010年，《荣宝斋画谱》获中国出版集团公司颁发的2009年度优秀畅销书奖，《荣宝斋珍藏·绘画卷·齐白石·黄宾虹》荣获第十九届优秀美术图书"金牛杯"金奖。同年，北京荣宝斋典当公司、荣宝斋（上海）拍卖有限公司和荣宝斋天津分店开业。2011年，荣宝斋的《所见所思入画图》获新闻出版总署颁发的第二届中国出版政府奖。同年，荣宝斋被文化部认定为第一批国家级非物质文化遗产生产性保护示范基地。如今的荣宝斋已经是一个集书画经营、文房用品、木版水印、装帧装裱、收藏、出版、展览、拍卖、典当、教育培训和印刷等于一体的综合性文化企业，是业内影响较为广泛、发展前景较为广阔的老字号之一。

王一品斋

王一品斋始创于清乾隆六年（1741年），距今已有270多年历史，位于浙江省湖州市红旗路，是中国历史最悠久的一家湖笔老字号。湖笔的生产历史可以追溯到两千多年前，湖笔又称"湖颖"，"颖"即指"笔头尖

---

[1] 资料来源于荣宝斋官方网站。

端有一段整齐而透明的锋颖",用上等山羊毛精制而成。[82]这是湖笔的传统特色。清《乌程县志》有载:"凡笔之佳者,以尖、齐、圆、健四字全备为上。"[83]

据记载,清乾隆年间,湖州城里有一位姓王的老笔工,每逢朝廷大考之年,他总要携带一批精制毛笔,随着考生们上京城,到考场或书生寓舍兜售。清乾隆六年(1741年),一位考生买了他一支羊毫笔,考试时得心应手,挥洒自如,竟中了头名状元,这个消息很快传遍了整个京城,后来人们都把他卖的笔叫"一品笔",称他为"王一品",王一品的毛笔因此而名震四方。后来,王姓笔工在他的店铺房顶上塑造了一尊"天官"铜像,生产的笔杆上端也刻有天官标记。后演变成了"天官牌"商标,沿用至今。❶

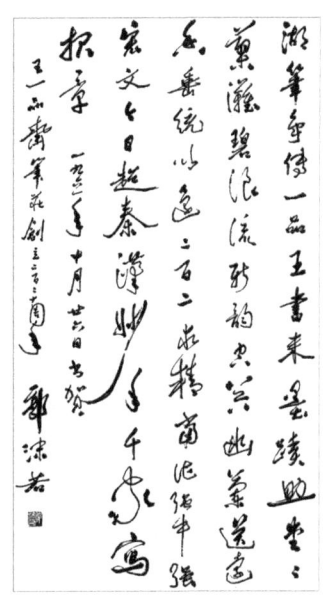

图4-2-4 1961年郭沫若为王一品斋创立220周年题词

王一品的湖笔具有尖、齐、圆、健四大特点:"尖,指锋颖尖锐;齐,指修削整齐;圆,指丰硕圆润;健,指劲健有力。"[84]王一品斋生产的毛笔因其寓意和质量在众多湖笔生产字号中独领风骚。

图4-2-5 1961年潘天寿为王一品斋笔庄成立220周年纪念作画

20世纪20年代末年,王一品斋发展到历史鼎盛时期。随后抗日战争

---

❶ 资料来源于潮州王一品斋笔庄有限责任公司官方网站。

爆发，笔庄每况愈下。直到新中国成立，王一品斋才又恢复了生机。1956年公私合营后，钟三益、费莲青和胡仕文等笔庄并入王一品斋，笔庄规模不断扩大。改革开放后，笔庄的老艺人将历代相传的制笔技艺传授给青年人，使得笔庄得以发扬光大。从下面一组数据便可看出，新中国成立前王一品斋年产毛笔20万支，有100多个品种；1956年，年产量增至30余万支；1985年，年产量40万支；1992年，上升到100余万支，拥有500多个品种；1993年，销售网点从改革开放前的40多家发展到300多家。[85]

王一品斋深受国内外名家的厚爱，朱德、董必武、陈毅、何香凝、周建人、沈雁冰、叶圣陶、沈尹默、吴作人、老舍、傅抱石、潘天寿、丰子恺、王个簃和陈半丁等国家领导人或书画名家曾莅临王一品斋。近年来，江泽民、李岚清、尉健行、迟浩田、胡绳、陈慕华、李锡铭、布赫、张爱萍、张思卿、费孝通、朱镕基、彭佩云、胡平和陈香梅等也先后亲临笔庄视察。1961年，王一品斋创立220周年之际，郭沫若先生曾赋七律一首："湖笔争传一品王，书来墨迹助堂堂。蓼滩碧浪流新韵，空谷幽兰送远香。垂统以还二百二，求精当做强中强。宏文今日超秦汉，妙手千家写报章。"❶ 现在王一品斋的招牌"王一品斋笔庄"，便是郭沫若先生的墨宝。著名书法家启功也曾为王一品斋作诗一首："湖州自古笔之乡，妙制群推一品王。驰誉年经二百载，书林武库最堂堂。"[86]

1992年，王一品应邀参加全国轻工博览会，荣获优秀企业参赛奖。同年，在浙江省首届著名商标评选中名列同行榜首。1993年，获中华人民共和国国内贸易部授予的中华老字号称号。1994年，获得亚太国际贸易博览会金奖。1995年，天官牌被评为浙江省及湖州市著名商标。1998年，被列为浙江省旅游商品定点生产企业。2000年，在杭州西博会上获得全国优秀旅游商品银奖，荣列中国十大名笔之一。2004年，被认定为浙江省名牌和知名商号。

2006年，湖州王一品斋笔庄有限责任公司（注册商标：天官牌）被商务部认定为首批中华老字号。2007年，中国商业联合会授予天官牌湖笔中华名特优产品指定供货单位。2009年，获中国工艺美术博览会金奖。同

---

❶ 资料来源于湖州王一品斋笔庄有限责任公司官方网站。

年,获得全国(行业)顾客满意十大品牌。2010年,获得"联合国教科文组织杰出手工艺品徽章"认证。同年,笔庄的"冰清玉润"世博湖笔荣获2010上海世博会产品创新奖。2011年王一品年销售额达1006万元,同比增长22%,创历史新高,是全国毛笔行业中销售首破千万的企业。

现在的湖州王一品斋笔庄有限责任公司作为中国历史较为悠久一家生产和经营湖笔的笔庄在保持传统品种基础上,开发了大量新品种,形成了四大类(羊毫、狼毫、兼毫、紫毫)十八个分类和500多个系列。最著名的品种有"玉兰蕊""玉兰""湖颖""缶庐妙颖""鼎堂遗爱""元白锋""福禄寿喜庆""特制长锋狼毫"和"胎发笔"等。销售网点遍及全国各大中城市,出口英国、美国、日本、东南亚及我国港澳台等地。2012年,王一品斋笔庄官方商城正式上线,涵盖了B2C、C2C等电商模式,同年还开通了新浪微博。

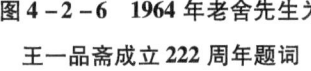

图4-2-6 1964年老舍先生为王一品斋成立222周年题词

图4-2-7 王一品斋笔庄现貌

胡开文

胡开文胡开文是近代徽墨的代表。徽州制墨始于唐代,"初循韦诞墨法","唐末,易水名工奚超率子廷珪南渡来歙,留居造墨,取黄山松造烟,使质量达于新的境界,很受南唐后主李煜的赏识,赐奚廷珪国姓李,并擢为墨务官"。[87]李廷珪与父亲奚超便是徽墨的创始人。宋代徽墨知名墨

· 161 ·

工首推被苏东坡推崇为"墨仙"的潘谷。苏东坡曾写诗悼念他："潘郎晓踏何阳春，明珠白璧惊市人。……一朝入海寻李白，空看人间画墨仙。"[88] 明代徽墨发展极为兴盛。制墨名家歙县人程君房曾撰写了《墨苑》。他采用烧漆取烟法，"竭桐膏之焰五石，入漆缩烟百两，寂光内韫，神采坚莹"。[89] 后来，又一制墨名家方于鲁继承和改良了程君房的技艺，撰写了《墨谱》。这两部制墨名典，为传承我国制墨技艺及其文明功不可没。

到了清代，歙县制墨名家有曹素功、汪近圣、汪节庵和胡开文，人称四大名豪。胡开文墨店便承袭胡开文一脉。据歙县《徽墨志》记载：胡开文徽墨的创始人是近代徽墨创始人胡天柱之子胡余德（1762—1845年），名正，字端斋，绩溪上庄人。曾在墨店做工。清乾隆四十七年（1782年），他做工的汪启茂墨店因经营失败转给胡余德经营，在父亲胡天柱的资助下开起了"胡开文墨店"，店址位于休宁县城海阳镇西街口。"开文"二字据说得于一次石亭内的小憩时偶然看见的"谷开文运"四字匾。创业之初，发展缓慢。直至其嫡孙胡元乾接管时，因其经营有方，胡开文墨开始进贡给朝廷，方才名声大噪。[90] 胡开文有八子，各房纷纷开起分号。

到清光绪年间，分店已遍布歙县、屯溪、北京、天津、上海、南京、汉口、苏州和杭州等地。致使目前以胡开文为字号经营的墨厂和文具店较多，有绩溪上庄老胡开文墨厂、歙县老胡开文墨厂、屯溪胡开文墨厂和成都胡开文文具公司等。其中歙县老胡开文墨厂前身为休城胡开文老店，始创于清同治三年（1864年），是胡开文嫡孙开设的第一家分店。

民国初期，休宁老店倒闭，歙县休城胡开文老店承继了老店所有财产。1915年，胡开文获巴拿马万国博览会金奖。新中国成立前，由于连年战乱，歙县仅剩"老胡开文、胡开文正记、胡开文顺记、胡开文仁山氏四家，年产不到四千斤"。[91] 1956年公私合营后，四家墨厂合并为一家歙县徽墨厂。

改革开放后，恢复为歙县老胡开文墨厂。1985年，以南唐徽墨名家"李廷珪"的名字命名的高级油烟书画墨汁研制成功。同年，该厂年产量达15.89吨。1989年，歙县老胡开文徽墨厂被定为全国轻工业重点骨干企业。1993年，被评为第一批全国旅游商品定量生产企业，拥有出口产品免检和自营出口权。1994年，获第五届亚洲及太平洋地区国际博览会金奖。

1999年，兼并安徽歙砚厂，开始生产和经营歙砚和石雕工艺品。2006年，安徽歙县的"徽墨制作技艺"被收入国家级非物质文化遗产名录，传承人是歙县老胡开文徽墨厂现任厂长周美洪。据悉，徽墨的主要特点是："拈来轻，磨来清，嗅来馨，坚如玉，研无声，一点如漆，万载存真"[92]。徽墨的制作非常考究，"廷之墨，松烟一斤之中，用珍珠三两，玉屑龙脑各一两，同时和以生漆捣十万杵"❶。

2010年2月，安徽省授予歙县老胡开文墨厂徽州文化生态保护实验区非物质文化遗产传习基地称号。同年8月，歙县老胡开文墨业有限公司（注册商标：李廷珪）被商务部认定为中华老字号。现在歙县老胡开文墨厂是徽墨生产的代表，一年手工生产近百吨墨块，占徽墨总产量比重较大，但墨块大部分销往日本等国，国内销售量并不理想。除徽墨外，歙县老相开文墨厂还生产中国四大名砚之一的歙砚、书画墨汁和各类文苑盒等。

胡魁章

胡魁章创办于清咸丰四年（1854年），距今已有160多年历史，店址位于辽宁省沈阳市中街。创办者是浙江人胡魁章。清道光三年（1823年），浙江人胡魁章在家乡湖州开设了一家笔庄，以他的名字命名为胡魁章笔庄。胡魁章毛笔源于中国历史久享盛名的湖笔，因产于明清时的制笔中心浙江湖州（今吴兴县）而闻名天下。

清道光末年，奉天行宫的皇陵总管福康阿慕名从胡魁章笔庄订购一批毛笔送进宫廷，深得皇亲国戚和军机大臣的赞赏，胡魁章的毛笔从此开始供奉朝廷。[93]与北京李福寿和上海周虎臣并称中国毛笔中的"三杰"。清咸丰四年（1854年），胡魁章在东北沈阳的四平街（中街）悦来栈胡同开办一处分号，除制笔还经营文具和乐器。清宣统元年（1909年），胡魁章笔庄交其孙胡沛然经营。日伪时期，笔庄由胡凤祥打理。

新中国成立前夕，胡魁章仅在小北门以卖毛笔和文具等维持生计。1956年公私合营，胡魁章、李湛章合并吸收了文华、吉祥和君文公等文具

---

❶ 资料来源于中国非物质文化遗产名录数据库系统网站。

店,成立胡魁章笔庄总店。20世纪80年代初,一批古稀技术老人重操旧业,在大南街道隶属的书画院基础上恢复胡魁章笔庄。1982年,笔庄在沈阳市正阳街重新恢复正式营业,于同芳任继承人。1993年,笔庄任命刘芝圃担任笔庄法人代表,毛笔深受好评,远销海外。同年,胡魁章笔庄荣获国家贸易部颁发的中华老字号称号。1995年,胡魁章笔庄"拥有资产20余万元","在沈阳市内有沈河区正阳街95号和沈河区沈阳路153号两处门市部","毛笔年产量3.6万余支,生产品种有40多种,年销售额30余万元"。[94]

胡魁章笔庄所制的毛笔具有真材实料、配方独特、工艺传统、精工细作、质量第一、刚柔相济、书写流畅、得心应手八大特点。早期的胡魁章笔庄制作的毛笔,其原材料主要来自当地,但是随着制笔工艺流程的发展和品种的不断拓宽,胡魁章发现北方的黄鼠狼尾毛制出的毛笔其特点更加明显。由于北方地处高寒地区,特别是在严寒的冬季,动物为了保暖抗寒,适应环境生存,其兽毛在这个时期发育最旺盛,毛质坚硬挺拔、毛针粗壮。因此便选用三九天严寒季节捕猎的上等的黑龙江地区大草甸和大山丘特有的黄鼠狼尾毛,加上香狸毛、貉针毛和灰鼠尾等辅助材料,采用独特的浸、拔、垫、齐、梳、择等数十道工序制作笔毛。

具体工艺流程分为两大类,即水盆和择笔。水盆,是指制作笔头。不同品种,笔头加工前也有所差异,如狼毫笔,主要材料为黄鼠狼尾毛,经选料、拔毛,在水盆中浸入、锋齐,并在砖上熏(主要为了将毛针顺挺、直),并按一定比例配以辅助材料,垫上适当的苘麻。而羊毫制作前要将羊毛浸在水中发酵,一定时间后将毛皮分离,并按一定比例配以其他辅料,垫上苘麻,然后进行反复齐、梳,制成初期笔头,再进行圆头,并按种类不同,附上相应盖毛,制成笔头,绑头风干备用。择笔,是指水盆所制的笔头,经过风干后,首先进行绑头、选杆,再经过细心择头,将笔头杂毛及不合要求的毛除掉,净毛后再将笔头、笔杆粘牢,经质检后用纤维素封笔头,再经过刻字、上色和封存等工序细心密制而成,使生产的毛笔达到尖、圆、齐、健。

胡魁章的招牌笔有青山挂雪、小大由之、大狼毫、第一枝、文光斗、落笔惊风和极品狼毫,深受广大书法爱好者喜爱。然而,作为传统的民族手工艺，胡魁章笔庄面临重重困境，如劳动成本大、效率低、技术人员老龄化、毛笔制造材料受限等，特别是1999年企业遭遇强迁，没有正规的经营场地，被迫搬到了中街附近。2007年，再度因动迁问题，搬到了现在租赁的小西路店铺。每动迁一次，笔庄就要损失一部分客源，这些困境给笔庄带来了巨大的压力。❶ 2007年，"胡魁章笔庄制笔工艺"被确定为省级非物质文化遗产。2017年7月，胡魁章联手深圳某设计公司制作的跨界毛笔荣获国际顶级设计大奖"2017－德国红点设计大奖"。胡魁章独一无二的苘胎狼毫毛笔工艺，被称为"中国古代制笔工艺的活化石"。

邵芝岩

邵芝岩建于清同治元年（1862年），距今已有150多年的历史，位于浙江省杭州市中山路，是杭州唯一一家制作和经营各类毛笔与文房四宝的百年老字号，原名粲花室。清同治元年（1862年），杭州邵芝岩笔庄的创始人，年仅18岁的浙江慈溪人邵芝岩在杭州三元坊开了一家笔庄，名叫粲花室，前店后厂。由于邵芝岩善于经营，年轻志大，笔庄生意日趋见好。但邵芝岩笔庄的名震四方还与一则故事密不可分。

图4－2－8　20世纪30年代的邵芝岩笔庄

据悉，清朝末年，一位青年到五云山挖兰花换米，无意中采掘到一枝奇特的盛开的并蒂兰花，绿如翡翠，非常稀有，人们竞相前去观赏。邵芝岩觉得这是一个商机，便花了500两纹银买下这枝兰花，取名叫做"绿云"❷，在笔庄内展览。许多达官贵人和文人墨客都欣然前往笔庄观赏奇花，笔庄也因此声名远播，生意日渐兴隆。[95]继而，人们便将笔庄称作邵芝岩。邵芝岩

---

❶ 资料来源于沈阳胡魁章笔庄。
❷ 绿云：仅开一对并蒂花，叶枯以后发芽，现已被载入花谱。

还借由这枝"绿云"兰花设计了"芝兰图笔",商标为一幅芝兰图,即左边是一个花瓶里插着灵芝,暗含邵芝岩的"芝"字,右边是一盆"绿云"兰花,寓意笔庄的笔名贵高雅。后来,为了感谢兰花带旺了笔庄,邵家女子名字中都要有一个"蕙"字。[96]

邵芝岩的笔不仅雅致,而且选料和做工非常考究。制作一支毛笔,需要选毫、梳毛、造型、结头、装套和刻字等七十多道工序。"重质量、守信誉、善经营"是笔庄的经营传统。所以,当年邵芝岩的毛笔红极一时。芝兰图笔不仅作为贡品进献给朝廷,而且在南洋劝业会、巴拿马国际博览会、美国费城展览会和西湖博览会等12次中外会展上屡获殊荣。

20世纪三四十年代,由于战乱频仍,邵芝岩笔庄一度经营惨淡。新中国成立后,笔庄重获生机。1956年公私合营,邵芝岩笔庄和石爱文笔庄合并,后又归于隆泰昌文具店所有。1964年,更名为文光笔店,后又并入涌金笔店,轮为一方柜台。"文革"时期,邵芝岩这一老字号被禁用,涌金笔店更名为勇进。邵家人也退出了制笔业。[97]

图4-2-9 邵芝岩笔庄的芝兰图注册商标

改革开放后的1979年,邵芝岩笔庄重新开业,包国震任经理。著名书法家、中国佛教协会主席赵朴初为新店题写店名。[98]邵芝岩笔庄一直遵循传统经营祖训,在继承和发扬传统产品的基础上,还积极研发适应新时代的产品及销售方式。1983年,被商业部定为全国六大名牌产品之一。1987年,被评为浙江商办工业名、优、新、特产品"玉兔奖",其中新试制的纯光锋笔被评为新产品优质奖。1992年,芝兰图牌紫竹峰颖和墨趣毛笔获第五届国际亚太博览会金奖。同年,芝兰图牌商标被评为第二届浙江省著名商标。1993年，被国内贸易部认定为中华老字号。1994年，芝兰图牌商标被评为浙江省著名商标。同年，芝兰图毛笔获国际亚太博览会金奖。1999年，被中国文房四宝协会评为全国文房四宝著名品牌。[1] 2004年，芝兰图牌毛笔获杭州市旅游商品铜奖。2006年，邵芝岩笔庄（注册商标：芝兰图）被国家商务部重新认定为首批中华老字号。

值得一提的是，与文人墨客相交是笔庄的经营之道之一。1986年，笔庄专门赶制了一支重4公斤、笔头直径13厘米和毫长26厘米的巨型毛笔，供沙孟海先生在拍摄《沙孟海》中使用，沙老书写的比灵隐寺大雄宝殿字大一倍的"龙"字就是出自这支巨笔。沙老将这支笔命名为"橡"。[99] 除此之外，启功、陆俨少、钱陶君、郭仲选、常书鸿和潘絜兹等著名书画家都对邵芝岩笔庄赏识有加，并赠以墨宝。

目前的邵芝岩笔庄已被列为杭州市历史建筑保护单位，保留着民国时期灰木结构建筑，占地面积482.73平方米，分上下两层，正前门挂着"邵芝岩笔庄"金字招牌。笔庄还保留着传统的独特开票收银方式："会计坐在一楼到二楼半层的地方，楼下开好发票的伙计把发票和钱夹在夹子上，顺着丝带转动，夹子就到了会计那里，会计再把发票和零钱用同样的方式传到楼下。"[100] 这种传统虽然在今天看起来远比电脑收银落后，但由于其古朴独特，满足了人们的情感诉求，还是被保留了下来。

如今的杭州邵芝岩笔庄仍是前店后厂，以制作和售卖各类毛笔与经营文房四宝为主，包括特制玉兰芯、福禄寿喜庆、极品冬紫毫和北狼毫等上品毛笔和各种档次毛笔一共400多种。邵芝岩毛笔的价值已趋向多元化，除了实用价值以外，还由于其悠久的历史和高超雅致的制作工艺具有较高的艺术价值和收藏价值。

一得阁

一得阁创办于清同治四年（1865年），距今已有近150多年的历史，始创地点位于北京城南（现东琉璃厂67号处），是中国最早的生产墨汁的老字号企业。魏晋以前，我国书写一般都用漆和石液。魏晋时期出现了用

---

[1] 资料来源于邵芝岩笔庄官方网站。

漆烟和松煤制作的墨丸，后来演变成墨块。科举考试中，考生都需要自己现研墨现书写。清同治年间，湖南湘乡人士谢崧岱进京赶考，虽然名落孙山，但却有感于考试中考生研墨的辛苦和嘈杂，萌生加工成品墨汁售卖给考生的念头。于是，他便先用墨块研制出许多墨汁，拿到考场外销售，大受欢迎。后来，谢崧岱又研究出生产墨汁的方法，在积累了一定的资金后，于清同治四年（1865年），在当时文人荟萃的文化街（即现在东琉璃厂67号处）置办了一座二层小楼，开起了专门制造和售卖墨汁的作坊，前店后厂，生意兴隆。[101]他还亲自书写对联赞美自家的墨汁，上联为："一艺足供天下用"，下联为："得法多自古人书"。店名便取两联首字，命名为"一得阁"。谢崧岱书写的此块匾额至今仍挂在一得阁东琉璃厂门市部。[102]

图4-2-10　谢崧岱题写的一得阁匾额

早期的一得阁墨汁采用传统的制墨技法，主要原料为油烟和松烟。制作方法较为原始和简陋："在一间屋子里点上数百盏油灯，上有层层铁板，油烟向上升腾，凝结在铁板之上。最上层的称为'云烟'，质量最好；中间的称'中烟'，次之；最下面的称为'落地烟'，又次之。"[103]松烟的制作方法也一样很古朴，"在院子里支灶燃烧松香，上面接有烟筒，烟筒的'拐脖'很多，在房顶上来回盘绕，烧出来的松烟，只能在烟筒里转圈儿，很难逸出。到了一定的时候，把烟筒卸下来敲打，便得到了制墨所用原料——'松烟'"。[104]制作完油烟和松烟两种原料后，再加上骨胶、冰片、麝香和芦盐等配料，经过上百次研磨，生产出虽然不易久存、缺少光泽，但在当时仍是独一无二的墨汁，达官贵人和文人雅士都欣然前往一得阁购买。

清光绪十年（1884年），谢崧岱写成《南学制墨札记》。清光绪十六年（1890年），谢崧岱的兄弟谢崧梁写成《今文房四谱》，对中华民族制墨技艺及其文明的传承和发扬功不可没。谢崧岱去世后，一得阁由其弟子河北深县人氏徐洁滨接管，他头脑灵活，经营有方。不仅扩大生产开设了墨汁制造厂（现一得阁墨汁厂地址：宣武区南街新华街25号），还先后在天津和郑州开设了分店，在上海和西安开办了联营代销店。❶

新中国成立后，一得阁开始研究更加先进的配方和工艺。1956年，公私合营，一得阁职工人数增加至108人。1957年，通过向上海等地同行业学习，一得阁的发展突飞猛进。不仅引进了机器生产和监工，结束了完全手工制作墨汁的历史，还增加了广告、国画、水彩、油画颜料和绘图墨水等产品。1960年年生产总值233万元，是1956年年生产总值的5.5倍。[105]1983年，一得阁获得国家银质奖章。1993年，一得阁的年总产值达889万元，生产品种包括墨汁、墨锭、印泥、印台、印油和各种颜料等125个品种。著名书法家启功先生曾为一得阁题词："砚池旋转万千磨，终朝碗里费几多。墨汁制从一得阁，书林谁不颂先河。"[106]著名书法家陈叔亮老先生也曾赞："一得阁墨汁如漆之黑、如兰之馨，文房至宝，艺苑驰名。"[107]

一得阁除了墨汁外，其八宝印泥也堪称传统名品。八宝即"红宝石、红珊瑚、珍珠、金箔、朱砂、麝香、冰片及贮存百年以上的蓖麻油"，[108]经过夏天的日晒和冬天的自然冷冻，使之四季适用。用八宝印泥盖上的印章色泽鲜艳、印鉴清晰、气味清香、久存不变。

2004年，一得阁改制为北京一得阁墨业有限责任公司，生产规模和产品销售网络迅速扩大。2005年，公司被中国轻工业联合会评为全国卓越绩效先进企业。2006年，被商务部认定为首批中华老字号企业。同年，"一得阁墨汁制作技艺"被列入北京市级非物质文化遗产项目名录。一得阁牌墨汁、中华牌墨汁和特制八宝印泥被国家科委、国家保密局确定和核准为国家秘密技术项目。据中国文房四宝协会统计，北京一得阁墨业有限责任公司生产的墨汁占全国书画墨汁总产量的76%，可谓墨汁企业中的龙头。

---

❶ 资料来源于北京一得阁墨业有限责任公司官方网站。

近年来，大量假冒一得阁产品充斥市场，严重影响了一得阁的发展。2011年，一得阁发布声明指出：目前文化用品市场假冒一得阁墨汁猖獗，为了保护经销商、消费者和企业自身的利益，决定从即日起北京一得阁墨业有限责任公司所发出一得阁系列墨汁产品均贴有防伪标识。2012年，一得阁又发布假货包装通知，通知中有一张图，指出现在市场上销售的，与图中包装一样的一得阁墨汁全部为假货。❶可见，老字号在知识产权方面的发展任重而道远。

现在，北京一得阁墨业有限责任公司主营的产品有墨汁（北京墨汁、一得阁学生墨汁、一得阁书画墨汁、云头艳墨汁、中华墨汁与特级浓墨等）、印泥（五色印泥、一得阁印泥、朱红印泥与印泥瓷盒等）、墨块（颐和园、北京风光与燕京八景等）和中国书画液等。产品一直延续着传统风格和独特优点。2012年6月，一得阁书画城在北京西城区琉璃厂文化街开业，致力于发展精品书画交易平台，标志着一得阁已经开始整合自身文化产业的资源优势，向紧密相关的文化领域拓展。

图4-2-11 一得阁门市部

---

❶ 资料来源于北京一得阁墨业有限责任公司官方网站。

商务印书馆

商务印书馆创办于清光绪二十三年（1897年），距今已有120多年历史，创办于上海，现位于北京，是中国近代出版业中历史最为悠久的老字号。甲午战争爆发以后，知识分子们非常渴望获得新知识。清光绪二十三年（1897年），曾在报馆、书馆工作过的上海青浦人夏瑞芳、高凤池、鲍咸恩和鲍咸昌兄弟等人集资3750元，在江西路德昌里创办了商务印书馆。取名"商务"是因为主要印刷广告、名片与账册等商业用品，称作"印书馆"是因为当时所有与印刷有关的场所和工厂都叫作印书馆。[109]

开办之初虽然设备简陋，但由于经营有方、服务优良，印书馆的规模和生意都越做越大。1902年，时任南洋公学译书院院长的张元济加入商务印书馆，他广交名流，善于经营，设立了印刷所、发行所和编译所，使得印书馆迅速壮大。同年，盘下日本修文印书局。1903年，在汉口设立发行所。1904年，创办《东方杂志》。1905年，接管北京直隶书局，改名为京华印书局。1907年，创办尚公小学。1909年，创办《教育杂志》。1910年，创办《小说月报》。1915年，创办《妇女杂志》和《英文杂志》，出版《辞源》。1916年，增设总务处，统管编译、印刷和发行。在新加坡设立分馆。1923年，创办《小说世界》。1924年，在香港设立印刷厂，创办上海国语师范学校。1929年，编印出版《汉译世界名著丛书》。

这个时期，可谓商务印书馆发展的繁盛时期，不仅在全国拥有85家分馆，而且在新加坡和吉隆坡也设有分馆，还在北京、香港等地设有印刷厂，规模之大，为当时国内首屈一指，出版物遍及社会科学、自然科学、应用技术、教科书、中外辞书和各种工具书等。其间出版的由现代启蒙思想家严复翻译的《天演论》和《国富论》等，为介绍西方学术思想的领先之作。截至1949年，出版物多达两万余种。[110] 1932年，日本帝国主义进犯淞沪，商务印书馆许多厂房被炸毁，损失巨大。

1937年，总管理处迁于长沙，上海和香港设立办事处，并发表启事说："敝馆五年以来，两遭国难。二十一年一二八之役，总馆及总栈全毁，损失奇重，总馆因是停业半年。复业后，鉴于学术救国之重要，于同年十一月一日，宣布每日出版新书至少一种，五年以来，从未间断，且逐渐增加至每日三四种，教科书及大部书尚不与焉。本年八一三之役，敝馆上海各厂，因在战区以内，迄今无法工作，书栈房亦无法提货。直接损失虽未查明，间接损失实甚严重。自沪战发生之日起，所有日出新书及各种定期刊物、预约书籍等，遂因事实上之不可能，一律暂停出版。月余以来，就较安全之地点，设置临时工场，并就分厂力量，设法调剂，决自十月一日起，恢复新出版物。惟是能力有限，纸张短缺，运输亦重感困难，只能量力分别进止，其继续进行者，亦只能分别缓急次第出版。邦人君子鉴于敝馆今日处境之困难，始终为文化奋斗之诚意，当能垂谅一切也！"❶

1941年，总管理处迁至重庆。上海、香港的货栈和印刷厂均被日军劫持，《东方杂志》等被迫停刊。1946年，上海解放，总管理处由重庆迁回上海。1947年，创刊《新儿童世界》。1948年，设台湾分馆。1950年，商务印书馆与三联书店、中华书局、开明书店和联营书店联合组织成立中国图书发行公司，为新华书店以外的全国第二个发行系统。1953年，东方图书馆全部藏书献给人民政府，受卫生部委托出版《中华人民共和国药典》。1954年，商务印书馆迁至北京，实现公私合营，张元济被选为第一届全国人民代表大会代表。

根据国家出版方针，"主要任务为编辑出版外国哲学社会科学方面的学术著作，介绍各国哲学、政治、经济、历史、地理方面各流派的著作"。[111]1957年，由高等教育出版社分出，恢复商务印书馆独立建制。时代出版社并入商务印书馆。1958年，中央确定商务印书馆出版任务为"以翻译外国的哲学、社会科学方面的学术著作为主，并出版中外文的语文辞书"。❷"文革"期间，编印业务一度停滞。1972年，商务印书馆复业，与中华书局合营，迁入王府井大街36号。1979年，商务印书馆与中华书局分立。同年8月，商务印书馆恢复独立建制。1984年，在上海河南中路221号原址恢复挂牌，设立上海办事处。1993年，由北京、香港、台湾以及新加坡和马来西亚的五家商务印书馆合营的商务印书馆国际有限公司成立。

2010年，商务印书馆被商务部认定为中华老字号。商务印书馆在出版

---

❶ 资料来源于商务印书馆官方网站。
❷ 资料来源于商务印书馆官方网站。

中外辞典工具书方面也具有悠久的传统，涉及的语种近二十种。截至2018年，《新华字典》发行量已超5亿册，居世界工具书印数之首。现有正式员工270多人，年出图书800种左右，其中新书350种左右，重印书450种左右，此外还出版《英语世界》《汉语世界》杂志及《中国语文》《方言》等重要学术期刊20种。迄今为止，商务印书馆有100多种精品书刊相继荣获国家图书奖和国家期刊奖等省部级以上重要奖项。❶

西泠印社

西泠印社创办于清光绪三十年（1904年），距今已有110多年历史，店址位于浙江省杭州市西湖西泠桥附近，是我国现存历史最悠久的文人社团，也是海内外成立最早的金石篆刻专业学术团体。清光绪三十年（1904年），书法篆刻名家丁仁、王禔、吴隐和叶铭等召集同人发起创建西泠印社，旨在"保存金石、研究印学，兼及书画"。[112] 1913年，吴昌硕❷被公推为西泠印社首任社长。吴昌硕担任社长之后，西泠印社一时精英云集，发展迅速。入社者均为精擅篆刻、书画、鉴藏、考古和文史等的名家。期间，还举行了创社10周年纪念大会。1927年，吴昌硕病逝。但西泠印社的规模和影响已经日臻壮大，许多名人都前来印社游历，比如1928年鲁迅前来参观，1931年张大千来社游览等。[113] 1947年，著名金石书画家、篆刻家、考古学家马衡❸被推为西泠印社第二任社长。

新中国成立后，西泠印社由政府接管，转为国营。1963年，著名书法家、版本学家张宗祥❹被选为西泠印社第三任社长。"文革"时期，印社活

---

❶ 资料来源于商务印书馆官方网站。

❷ 吴昌硕（1844—1927），号缶庐，浙江安吉人。诗书画印博采众长，自成一家，为纵跨近、现代的杰出艺术大师。

❸ 马衡（1881—1955），字叔平，浙江鄞县人。现代著名金石书画家、篆刻家、印学家、鉴赏家和考古专家。早年曾先后任北京大学研究所国学门考古学研究室主任、故宫博物院古物馆副馆长和故宫博物院院长。新中国成立后任全国文物管理委员会主任。

❹ 张宗祥（1882—1965），浙江海宁人。著名书法家、版本学家，善绘画，擅长古籍校勘。曾先后担任浙江高等学堂及两浙师范学堂教员、北京大理院推事兼清华学堂教员、浙江军政府教育司中等教育课课长、教育部视学、京师图书馆主任、浙江教育厅厅长和文澜阁《四库全书》保管委员会主任。新中国成立后，任浙江图书馆馆长、浙江文史馆副馆长、中国美协浙江分会副主席、浙江省人大代表、民革浙江省委会常委和浙江省政协常委等职务。

动被迫停止。直到1979年，印社召开了成立75周年庆祝大会，书坛巨匠沙孟海❶被选为西泠印社第四任社长，从此印社活动步入正轨。1983年，著名学者、书法家、全国政协副主席赵朴初❷任西泠印社名誉社长，1993年建社90周年大会上，赵朴初被推选为西泠印社第五任社长。2002年10月起，国学大师启功❸担任西泠印社第六任社长。学界泰斗、一代宗师饶宗颐❹自2011年起任西泠印社第七任社长。❺从历任社长中可以看出西泠印社所倡导的艺术与学养并举的文化理念，社长一职必由在国际文化艺术界具有崇高地位和巨大影响的大师级人物来担当。

2001年，西泠印社被国务院定为国家重点文物保护单位。2004年，西泠印社经国家民政部批准注册登记。2006年，"金石篆刻（西泠印社）"成为首批国家级非物质文化遗产代表作。同年，杭州西泠印社有限公司的"西泠印社"被国家商务部认定为首批中华老字号。2009年，由西泠印社领衔申报的"中国篆刻艺术"成功入选联合国教科文组织人类非物质文化遗产代表作。2012年，西泠印社被授予首批联合国教科文组织全球创意城市网络"工艺与民间艺术之都"传承基地称号。

现有社员约380人，分布于中国境内近30个省（市）自治区、港澳台地区和日本、韩国、新加坡、马来西亚、法国、捷克和加拿大等国家，每年春秋两季雅集，印社都要举办学术研讨和交流等活动，还会开展一些周年庆典和不定期聚会等。除金石篆刻与书画艺术的创作研习之外，西泠印社还拓展至文物收藏与研究、编辑出版和对外文化交流等领域，拥有我

---

❶ 沙孟海（1900—1992），浙江鄞县人。著名学者，文学泰斗。

❷ 赵朴初（1907—2000），安徽太湖人。著名学者、诗人、书法家、社会活动家，杰出的爱国宗教领袖。曾任华东军政委员会民政部副部长、人事部副部长、上海市人民政府政法委员会副主任、中国红十字会名誉会长、中日友好协会副会长和中国书法家协会副主席。

❸ 启功（1912—2005），姓爱新觉罗，满族。早年受业于著名史学家陈垣，长期从事中国美术史、中国文学史、中国历代散文、历史诗选和唐宋词的教学和研究，对红学、佛学等亦有精深研究。

❹ 饶宗颐，1917年生，广东潮州人，目前定居香港。通晓多种语言，在历史学、考古学、人类学等多个学科领域均有精深研究。除治学之外，又精通琴、诗、书、画，具有深厚的艺术修养。历任香港大学、法国巴黎高等研究院、美国耶鲁大学、日本京都大学、香港中文大学教授和法国远东学院院士等职，香港中文大学伟伦荣誉艺术讲座教授。

❺ 资料来源于西泠印社官方网站。

国唯一的印学专业博物馆——中国印学博物馆。

中华书局

中华书局创办于1912年，距今已有百年历史，创办地为上海，创办者为我国近代著名教育思想家和出版家陆费逵（字伯鸿）先生。1912年，陆费逵、陈寅、戴克敦、沈颐和沈继方等集资25000元在上海市福州路东创办中华书局，陆费逵任局长。设有编辑所、营业所和发行所，后迁至河南路五号，主要以出版小学、中学及师范教科书为主。1913年，迁至东百老汇路，设编辑、事务、营业和印刷四所，在全国各大城市、香港地区和新加坡设立17处分局。

1914年，创办《中华小说界》《中华实业界》《中华童子界》和《中华儿童画报》。1915年，总公司、营业所迁至河南路二号，并入文明书局及其所属进步书局，出版《中华大字典》，创办《大中华》《中华学生界》和《中华妇女界》。1921年，并入杭州丁辅之创办的聚珍仿宋印书局。1926年，开办中华书局函授学校，创办《小朋友画报》。1931年，创办《中华书局图书月刊》。1932年，出版"中华百科丛书"。1933年，在香港九龙建立印刷分厂。1936年，创制仿宋长体注音汉字铜模。1937年，抗日战争爆发，编辑出版业务受到严重影响。陆费逵赴香港，设立香港办事处。1938年，书局转赴大后方及香港复工。1940年，《古今图书集成》全书出齐。1941年，陆费逵在香港逝世，李叔明继任总经理。沪港两地大量物资被劫走。1942年，在重庆成立总管理处，继续编辑出版图书。1943年，与商务、正中、世界、大东、开明和文通等七家出版机构在重庆组成国定本教科书联合供应处。1946年，由重庆迁返上海，继续出版《新中华》《小朋友》和《中华少年》杂志。1947年，成立台湾分局。

新中国成立后，1949年11月，与新华书店、三联、商务、世界、开明、峨嵋和群益等四十六家机构成立联合出版社，出版中小学教科书。1951年，与三联、商务、开明和联营五家出版机构联合成立中国图书发行公司，与商务印书馆联合成立海外课本联合编刊社。1952年，总部迁至北京，成立广州办事处。1954年，实行公私合营，重印并出版《诸子集成》《诸子平议》《墨子间诂》《庄子集解》和《中华两千年史》。1956年，财政经济书籍出版业务分别转移至财政出版社与金融出版社。1957年，与古籍出版社合并。❶1958年，文化部规定中华书局为整理出版中国古籍的专业出版社，并适当出版有关的中国和外国学者的研究著作，以及相应的工具书和普及读物。[114]1966年，"文化大革命"开始，编辑出版业务全部停顿。1971年，根据周总理的指示，"二十四史"和《清史稿》除已经点校者外，都由中华书局负责组织。1976年，点校本《清史稿》开始分册出版。1977年，上海编辑所改名为上海古籍出版社。1978年，国家出版局重申中华书局是整理出版中国古籍的专业出版社，具体任务是：整理出版中国文学（包括语言文字）、历史和哲学方面的古籍，影印某些珍本、善本或重要古籍，出版有关的资料汇编和专业工具书；组织出版今人关于中国古代和近代文、史、哲方面的研究著作，适当出版外国人研究中国文史哲问题的有价值的著作；适当出版一些选本、译注本和知识性读物。❷同年，点校本"二十四史"全部出齐。

1979年，中华书局恢复"文革"前的建制。之后的几年里，中华书局稳步发展。在全国"八五"计划和十年规划收书的1004种图书中，中华书局承担了170多种；国家"八五"重点选题收书1000多种，中华书局承担了26种。[115]1986年，新疆乌鲁木齐"西域书画社"设专柜经销中华书局图书。至此，除西藏、台湾外，中华书局在全国各省、自治区和直辖市均设立了经销店。1988年，中华书局出版了《古今图书集成》。同年，开始对外出口业务。1992年，在首次全国古籍图书奖颁奖大会上，中华书局有26种图书获奖，约占获奖图书总数的四分之一。百年来，中华书局一直立足于较高的学术视野，与著名学者们密切联系，以其高质量和高品位在古籍出版界独领风骚。

截至目前，中华书局共出版图书3万余种，先后有200多种图书获得各种图书奖。其"二十四史"和《清史稿》点校本，被公认为新中国最伟大的古籍整理出版工程，有着非常广泛的社会影响。2012年，在中华书局成立100周年之际，社会各界对中华书局都给予了较高的关注和赞赏，时

---

❶ 资料来源于中华书局官方网站。
❷ 资料来源于中华书局官方网站。

任中共总书记胡锦涛致信中华书局,称赞其为弘扬中华文化、促进学术繁荣、提高民族素质和推动社会进步做出了重要贡献。

鸵鸟

鸵鸟前身为诚文信德记文具店,始创于1934年,距今已有80多年历史,店址位于天津,是中国自产墨水的首家老字号。创办者为张言廷和郭尧庭,他们曾在辽宁丹东诚文信文具店做学徒。1934年,诚文信文具店在天津设立分店,即天津诚文信德记文具店,地点在天津市红桥区锅店街。张言廷任经理,郭尧庭任副经理。当时经营的墨水和文具基本都是进口货。尤其是墨水,大部分来自美、英、日、德等国家,国内生产的墨水只有低档的盐基墨水和墨水片。[116]张言廷和郭尧庭作为爱国商人,意识到国货与国运的关系,便开始研制国产墨水,立志创出自己的品牌。

图4-2-12　鸵鸟纯蓝墨水

1942年起,郭尧庭根据商务印书馆出版的《工业大全》,对照上面墨水生产的基本常识,聘请化学人才,和本店的技工一起开始研制墨水。经过两年多反复试验,生产出少量普通墨水,取名丽得牌,供学生们使用。1945年,终于研制出了鞣酸铁墨水,即蓝黑墨水,取名鸵鸟牌。寓意墨水像鸵鸟一样有耐力,写出来的字字迹牢固稳定,不会沉淀变质。当时,外国人曾讥讽中国文化落后,是一盘散沙,取名鸵鸟,也寄托了希望鸵鸟牌墨水这一民族品牌,如同鸵鸟在沙漠中畅行无阻一样能够畅销全国。❶ 鸵鸟墨水正式投产时,天津还在日伪控制之下,诚文信克服了没有厂房、没有生产容器和没有包装瓶等困难,在简陋的条件下坚持生产,从此结束了洋墨水占据中国文化市场的历史。

鸵鸟墨水的生产原料选用德国金牛牌、披发牌品蓝块和日本产单宁酸。虽然价格昂贵,比如品蓝块曾贵至每公斤黄金一两,但诚文信依然坚

---

❶　资料来源于天津市鸵鸟墨水有限公司官方网站。

持质量，使得鸵鸟墨水可与进口墨水品质不相上下，销量日增。除此之外，诚文信还与时俱进，积极更新改进生产设备和加工工艺。比如改用表面涂满大漆的木制桶来作为储存墨水的容器，耐腐蚀性好，还能有效地沉淀杂质；改用机械搅拌机代替手工搅拌，提高了生产质量和效率；利用文具店自身的印刷优势，自制标签和广告类宣传品等。1946年底，诚文信在全国的客户达500多家，通过经销、代销、赊销和包销等形式销往全国各地。[117]

新中国成立前期，美国货大量进口，鸵鸟墨水又面临着与进口商品的激烈竞争，销售量并不理想。新中国成立后，教育事业和文化事业的发展为墨水产业提供了前所未有的契机。鸵鸟墨水不断改进工艺和包装，以期在与国内其他墨水厂家的抗衡中占有一席之地。1950年，厂房扩建，迁到张自忠路，改名诚文信文具制造厂。1954年，经过三次公私合营后，兼并了四达、益隆和勤华等35家私营墨水厂和纸盒厂，成立天津公私合营天津墨水厂，为全国职工数最多的墨水厂。1958年，产品品种已囊括蓝黑墨水、纯蓝墨水、红墨水、翠绿墨水、碳素墨水、绘图墨水和书画墨汁等。1967年，更名为天津市天津墨水厂，转为国营。1979年，发明了运笔流畅、易书易画的书画墨汁，较之研墨书写作画的古老方法更简易快捷。同年，鸵鸟牌高级墨水荣获天津市著名商标和优质产品称号。1994年，研制开发了计算机喷涂打印墨水，是同行业中第一个将墨水应用于高新打印技术的企业。1998年，墨水厂改制，成立了天津市鸵鸟墨水有限公司。

20世纪末，面对办公用品和书写工具的不断更新，墨水的功能逐渐被中性笔、水性笔和电脑等代替，为了维持市场份额，鸵鸟公司积极研发和调整产品，注重科技与市场的紧密结合。1999年，研制开发了具有高附加值、高技术含量的喷码墨水和添加剂，使得鸵鸟墨水在工业数字化领域占有一席之地。2001年，研制开发了中性笔墨水。2002年，被中国制笔协会评为中国制笔行业名牌产品和中国墨水王。2003年，被轻工总会评为全国制笔功勋企业。同年，鸵鸟商标被国家工商总局认定为中国驰名商标。2004年，鸵鸟牌墨水、墨汁被评为天津市最具影响力产品。2006年，被商务部认定为首批中华老字号。2008年，被轻工总会评为中国制笔行业先进企业。如今的天津市鸵鸟墨水有限公司产品行销全国大部分省、市和自治区。鸵鸟牌产品分五大类百余个花色品种,即墨汁系列、书写墨水系列、计算机喷涂喷码墨水系列、特种与专用墨水系列和办公用品系列。

据有关资料统计,2009 年,鸵鸟牌自来水笔书写墨水占公司销售额的 52%;鸵鸟牌墨汁占公司销售额的 12%;鸵鸟牌喷码墨水、计算机喷涂打印墨水等系列产品占公司销售额的 15%;鸵鸟牌与笔具配套的专用墨水即荧光笔墨水、中性笔墨水、直液式钢笔墨水、彩色笔墨水、绘图墨水、白板笔墨水和记号笔墨水等占公司销售额的 13%;鸵鸟牌系列办公文教用品占公司销售额的 8%。❶ 除了自产产品,鸵鸟公司还力争丰富产业链条,积极为其他笔具和文化产品厂家提供配套服务,比如与宁波贝发、山东白雪和温州笔业等大型企业集团合作,为其提供荧光笔墨水、直液式钢笔墨水和消字墨水等产品。鸵鸟墨水作为国内墨水行业领先者,产品和技术的每一次革新都备受瞩目,持续影响着国内墨水行业的发展方向。

中国铅笔厂

中国铅笔厂由留日归国人士吴羹梅创办于 1935 年,距今已有近 80 多年历史,厂址位于上海市,是我国第一家全能铅笔制造厂,其中华牌铅笔声名远扬。铅笔 16 世纪起源于英国,19 世纪,德国、日本、美国和俄国等国家的铅笔先后输入中国,霸占了中国的铅笔市场。1933 年,江苏常州人吴羹梅从日本横滨高等工业学校毕业后,在真崎大和铅笔株式会社实习。回国后,他满怀实业救国的理想,立志创办中国自己的铅笔工厂。他呼吁"铅笔在各种文具品中占重要之位置而与小学生关系又切。查海关贸易报告,去年(1932 年)铅笔输入我国者,达 150 万金单位之巨,区区铅笔一物,每年亦竟耗我国人之财富达数百万元之巨。吾人所惕者在此,觉有从速创办此种工业之必要者亦在此","虽九龙已有我国唯一之大华铅笔厂创设,然持此一厂,抵制外货,力当未逮,此种工业实大有提倡发扬之必要"。❷

1935 年 10 月 8 日,吴羹梅和同乡章伟士、同学郭子春等人集资 5 万

---

❶ 资料来源于天津市鸵鸟墨水有限公司官方网站。
❷ 资料来源于中国第一铅笔股份有限公司官方网站。

元，在上海市斜土路开办起了中国铅笔厂股份有限公司，这是大陆第一家能够自己制造铅芯、铅笔板和笔杆及外观加工的全能铅笔制造工厂。公司向日本昭和铅笔机械厂和上海顺昌机器厂订购设备。时任上海教育局局长潘公展为董事长，章伟士任董事、经理兼会计科长，吴羹梅任协理兼厂长，郭子春任副厂长兼工务科长。[118] 当时，国产铅笔要同外国铅笔竞争，困难重重，吴羹梅饱含爱国热情和振兴民族经济的理念，宣称工厂的产品是中国技师、中国原料和中国资本，同时将"中国人用中国铅笔"八个字印在铅笔上，以激发同胞的爱国热情，促使国人使用国产铅笔。

1936年，还将公司定名为中国标准国货铅笔厂股份有限公司。在国人爱国热情的支持下，公司逐步挤进由外国铅笔霸占的铅笔市场。后又将铅笔摆进了上海最繁华的南京路上著名的永安、先施和大新等三大百货公司的文具柜台，逐步在上海站稳了脚跟，还远销至云南、陕西和新疆等边远地区。❶ 当时公司主要生产飞机牌铅笔和鼎牌红蓝铅笔。1936年，月产量最高可达14.4万支。1937年，月产量达144万支。[119] 1937年，抗日战争爆发，铅笔厂地处国界，沦于炮火之下，被迫停工，迁至武汉。1938年，再迁至宜昌。1939年，又迁到重庆荣园坝正街，途中装运机器的民船遇险，十分之二的器材沉没于江底。在重庆期间又两次被敌军轰炸，发展之路可谓异常艰辛。1940年11月，章伟士辞去总经理职务改聘为常务董事，吴羹梅任常务董事兼总经理。1941年，公司重新改组，潘安卢任董事长，吴羹梅任总经理。

1942年，公司更名为"中国标准铅笔厂股份有限公司"，潘安庐任董事长，吴羹梅等4人为常务董事，任命吴羹梅为公司总经理，聘任王兰生为公司协理。1943年，特制"胜利"铅笔上市。1944年，设立兰州分公司。1945年，年产铅笔5141.4万支。[120] 当时，工厂已成为大后方唯一的铅笔厂，缓解了后方急需文化书写用品的燃眉之急，为支持抗战倾尽力量。1945年，中国标准铅笔厂锯木部独立。同年，抗战胜利后，吴羹梅立刻回到上海筹备复厂。1946年，工厂开工生产，公司推举潘安庐任董事长，吴羹梅等9人为常务董事。1947年，复厂工作完毕，耗资新法币5亿

---

❶ 资料来源于中国第一铅笔股份有限公司官方网站。

元。但当时面对美国铅笔的大量倾销和原上海长城铅笔厂、上海铅笔厂两大对手的激烈竞争，工厂经营困难重重。后在通货膨胀和局势动荡的压力下，工厂入不敷出，难以为继。1949年上半年，工厂已陷于半停工状态。1949年5月27日，中国人民解放军解放上海，中国标准铅笔厂于5月30日复工。

新中国成立后，中铅响应政府号召，将一套月产能力2万罗的铅笔制造设备运往哈尔滨，与黑龙江省公私合营哈尔滨企业公司合资建立公私合营哈尔滨中国标准铅笔公司。这是上海第一家私营企业与外地公私合营企业合资建厂，在当时的上海引起轰动。❶ 1950年，中铅公私合营，中国标准铅笔厂股份有限公司成立，资本总额人民币（旧币）66亿元。总公司设在北京崇文门内大街42号，上海、重庆分设制造厂。产品由中国百货公司包销。孙晓村、吴羹梅等人为私股董事，轻工业部副部长王新元为董事长，吴羹梅任总经理。1951年，吴羹梅因担任中央私营企业局副局长一职而辞职，吴永铭继任总经理。1952年，总公司迁回上海。1953年，试制成功品质优良的中华牌101绘图铅笔。铅笔铅芯的各项指标几乎赶上美国的维纳斯绘图铅笔，达到世界先进水平，成为中国唯一能与国外绘图铅笔一争长短的优良产品，在中国铅笔工业史上具有划时代的意义。

1954年，中华绘图铅笔一经上市便使得许多国外绘图铅笔在中国市场上无立足之地。同年，中铅公司改名公私合营中国铅笔公司一厂，吴羹梅任经理。1955年，成立上海市地方工业局制笔公司。中国铅笔公司一厂改称为公私合营中国铅笔一厂（简称中铅一厂），隶属于制笔公司。1956年，国家将公私合营中国铅笔三厂（原创建于1937年的长城铅笔厂）并入中铅一厂，随后又并入五华五金文具制造厂和8家小业主单位，企业规模成倍增长。1957年工业总产值452.7万元，比1950年增长2.2倍；铅笔产量12188.98万支，增长2.18倍。1957年固定资产82.8万元，比1950年增长3.55倍；职工人数691人，比1950年增加306人。❷ 其间，中铅厂不断开展技术革新，从国外引进技术设备。1959年，专用于出口的象牌铅笔，

---

❶ 资料来源于中国第一铅笔股份有限公司官方网站。
❷ 资料来源于中国第一铅笔股份有限公司官方网站。

"年出口量高达23000万支"。[121] 1965年，出口产品交货量达到1.13亿支，占铅笔总产量的三分之一以上。"文革"期间，生产一度混乱，工厂发展停滞不前。1981年至1983年，工厂进行了恢复性和建设性整顿。

1985年，实行厂长负责制，胡书刚为中国铅笔一厂厂长，拥有中华牌、长城牌木制铅笔、活动铅笔和爱丽丝牌化妆笔系列产品，产品销往国内大部分省市地区和70多个国家。1990年，全厂占地面积15194平方米，建筑面积20566平方米。拥有各类设备562台（套），固定资产1571.6万元，净值1209万元，职工人数988人，工业总产值6693.3万元，年利税总额2000万元，利润1304.5万元，主要经济指标始终列于全国铅笔行业之首。❶ 1990年，核定为铅笔行业唯一的国家一级企业。1992年，政府批准中国铅笔一厂改制为中外资金融合的中国第一铅笔股份有限公司，注册资本6400万元。同年，组建了长城笔业有限公司、上海高蒂丝化妆品有限公司、珠海汇海文教用品有限公司、上海铅笔机械有限公司、上海中华铅笔联销有限公司和上海华源出租汽车公司六家子公司。1994年，又筹建了福斯特笔业有限公司、贝贝保健用品公司和上海古雷马化轻公司。[122]

2010年，中国第一铅笔股份有限公司（注册商标：中华）被商务部认定为中华老字号。如今，中国第一铅笔股份有限公司专业生产销售中华牌与长城牌石墨铅笔、彩色铅笔和活动铅笔，还有古雷马削笔器、好学生橡皮等文具以及爱丽丝系列化妆笔。作为中国首家全能铅笔制造业老字号，中国铅笔厂在新时期仍焕发着勃勃生机。

中国宣纸集团公司（红星）

中国宣纸集团公司（红星）于1951年创办于安徽泾县，是我国现存最大的宣纸业老字号。"宣纸"一词最早见于唐代。据书画评论家、大理寺卿张彦远在他所著的《历代名画记》中记载："《淮南子》云：'宋人善画，吴人善冶。'不亦然乎？好事家宜置宣纸百幅，用法蜡之，以备摹写。"[123] 宋代诗人王令有一首《再寄权子满》："有钱莫买金，多买江东纸，江东纸白如春云。"在宋代，安徽泾县属江东宁国府，可见当时泾县

---

❶ 资料来源于中国第一铅笔股份有限公司官方网站。

宣纸的珍贵。明代文震亨在《长物志》中记述"纸"的发展历程中说道："近吴中洒金纸、松江潭笺，俱不耐久，泾县连四最佳。"[124] 可见当时泾县所产的纸已为纸之上品。清朝时期，宣纸发展出棉料、净料和皮料三大类，有单宣、夹贡宣和罗纹宣等20多个品种。清康乾时期，宣纸发展迎来第一个鼎盛阶段，共有纸棚40余家，纸槽160余帘，并诞生了白鹿、鸡球等老字号品牌。1911年，泾县鸿记宣纸在南洋国际劝业会上获超等文凭奖。1915年，泾县桃记宣纸在巴拿马国际博览会上获金奖。1923年，泾县籍国学大师胡朴安在《宣纸说》中赞道："泾县古属宣州，产纸甲于全国，世谓之宣纸。"1935年，泾县宣纸获英国伦敦博览会金质奖章。20世纪二三十年代，泾县共有纸棚44家，纸槽100余帘，年产宣纸700余吨。❶1951年，泾县政府成立泾县宣纸联营处。

新中国成立前，宣纸封刀印记的上部，有一个"官"字，表示厂家已在官方登记。泾县宣纸联营处成立后，便不再用"官"字，封刀印记改用红色五角星，既是歌颂新中国成立，五星红旗迎风飘扬，也寓意可以像星星一样闪闪发光、永不凋谢。1954年，公私合营泾县宣纸厂成立。1966年，更名为安徽省泾县宣纸厂，成为全民所有制企业。同年引入精选、精漂等新型工艺，将传统的手工制浆环节改为大工业生产线，使宣纸产量猛增到150余吨。1979年、1984年和1989年泾县红星宣纸荣获国家质量金奖。1984年，红星牌商标注册成功。1992年，安徽省泾县宣纸厂、泾县宣纸工业局和中国宣纸公司三家企事业单位合并成立中国宣纸集团公司（从属名称：安徽省泾县宣纸厂）。1996年，由中国宣纸集团公司发起成立的安徽红星宣纸股份有限公司上市。

2004年，宣城市被授予中国文房四宝之乡。同年，中国宣纸集团公司改制完毕。❷ 2006年，"宣纸传统生产技艺"入选国家非物质文化遗产名录，传承人邢春荣。同年，中国宣纸集团公司（注册商标：红星）被商务部认定为首批中华老字号。2009年，"宣纸传统制作技艺"入选联合国教科文组织非物质文化遗产代表作名录，为中国文房四宝业唯一入选的代

---

❶ 资料来源于中国宣纸集团官方网站。
❷ 资料来源于中国宣纸集团官方网站。

表。2010年，中国宣纸集团公司被命名为国家文化产业示范基地。2011年，被命名为首批国家级非物质文化遗产生产性保护示范基地。

宣纸，是以我国独特的传统工艺制造而出的纸中珍品，是我国劳动人民智慧的结晶，具有质地绵韧、光洁如玉、不蛀不腐和墨韵万变等特点。如今的中国宣纸集团拥有员工1100多人，是国内最大的宣纸业老字号。公司生产的红星牌宣纸分为棉料、净皮和特种净皮三大类，拥有四尺、五尺和二丈等规格，帘纹有单丝路、双丝路、罗纹和龟纹等，按加工程度又可分为生宣和熟宣。宣纸制品涵盖册页、印谱、信笺、对联和高级折扇等，深受书画名家和广大爱好者的喜爱，畅销海内外。

目前，公司年产宣纸600吨左右，占宣纸行业年产量80%左右，是文房四宝生产企业、手工造纸领袖企业、人类非遗保护与传承的代表性单位、宣纸与书画纸国家标准起草单位，被授予全国影响力国家文化产业示范基地、国家级非遗生产性保护示范基地、国家重点文化出口企业、国家级高新技术企业等称号。

注释：

[1]《周礼·冬官考工记》。

[2]《荀子·强国篇》。

[3] 参见童书业著，童教英校订：《中国手工业商业发展史》，中华书局，2005年版，第36页。

[4]《汉书·地理志》。

[5]《后汉书·公孙述传》。

[6] 童书业著，童教英校订：《中国手工业商业发展史》，中华书局，2005年版，第67—68页。

[7] 参见童书业著，童教英校订：《中国手工业商业发展史》，中华书局，2005年版，第101—106页。

[8]《旧唐书·列传》第五十五卷。

[9] 参见童书业著，童教英校订：《中国手工业商业发展史》，中华书局，2005年版，第131页。

[10]（宋）吴自牧：《梦梁录》卷十三。

[11]（宋）《东京梦华录》卷之三《相国寺内万姓交易》，中华书局，1982年版，第

第四章　老字号中的工艺美术

88—89 页。

[12] 参见童书业著，童教英校订：《中国手工业商业发展史》，中华书局，2005 年版，第 174 页。

[13] 转引自童书业著，童教英校订：《中国手工业商业发展史》，中华书局，2005 年版，第 176—177 页。

[14] （明）宋应星：《天工开物·卷中》。

[15] [16] 转引自童书业著，童教英校订：《中国手工业商业发展史》，中华书局，2005 年版，第 293—294 页。

[17] （民国）夏仁虎：《枝巢四述·旧京琐记》卷九，辽宁教育出版社，1998 年版，第 129 页。

[18] 参见孔令仁、李德征编：《中国老字号》（卷五），高等教育出版社，1998 年版，第43—44 页。

[19] （清）潘荣陛：《帝京岁时纪胜》，北京古籍出版社，1981 年版，第 41 页。

[20] （民国）汤用彬：《旧都文物略》，北京古籍出版社，2000 年版，第 255 页。

[21] 转引自段炳仁主编，王红著：《老字号》，北京出版社，2006 年版，第 200 页。

[22] 转引自侯式亨编著：《北京老字号》，中国环境科学出版社，1991 年版，第 429 页。

[23] 参见孔令仁、李德征编：《中国老字号》（卷五），高等教育出版社，1998 年版，第 45 页。

[24] 《毛泽东文集》第七卷，人民出版社，1996 年版，第 12 页。

[25] 《毛泽东文集》第七卷，人民出版社，1996 年版，第 171 页。

[26] 孔令仁、李德征编：《中国老字号》（卷五），高等教育出版社，1998 年版，第 45—46 页。

[27] 孔令仁、李德征编：《中国老字号》（卷五），高等教育出版社，1998 年版，第 46 页。

[28] 张继焦、丁惠敏、黄忠彩编著：《中国"老字号"企业发展报告》，社会科学文献出版社，2011 年版，第 4 页。

[29] 参见孔令仁、李德征编：《中国老字号》（卷四），高等教育出版社，1998 年版，第 509—510 页。

[30] 转引自赵大川：《杭州老字号系列丛书·百货篇》，浙江大学出版社，2008 年版，第 142 页。

[31] 转引自赵大川：《杭州老字号系列丛书·百货篇》，浙江大学出版社，2008 年版，

第 143 页。

[32] 转引自赵大川：《杭州老字号系列丛书·百货篇》，浙江大学出版社，2008 年版，第 146 页。

[33] 参见赵大川：《杭州老字号系列丛书·百货篇》，浙江大学出版社，2008 年版，第 168—169 页。

[34] （宋）吴自牧：《梦粱录》卷十三。

[35] 参见孔令仁、李德征编：《中国老字号》（卷四），高等教育出版社，1998 年版，第 463 页。

[36][37] 参见赵大川：《杭州老字号系列丛书·百货篇》，浙江大学出版社，2008 年版，第 172—175 页。

[38] 孔令仁、李德征编：《中国老字号》（卷四），高等教育出版社，1998 年版，第 464 页。

[39] 参见孔令仁、李德征编：《中国老字号》（卷四），高等教育出版社，1998 年版，第 464 页。

[40] 参见孔令仁、李德征编：《中国老字号》（卷四），高等教育出版社，1998 年版，第 401—402 页。

[41] 转引自孔令仁、李德征编：《中国老字号》（卷四），高等教育出版社，1998 年版，第 402 页。

[42][43][44] 孔令仁、李德征编：《中国老字号》（卷四），高等教育出版社，1998 年版，第 402 页。

[45] 天津市人民政府公报杂志编辑部：《天津市"风筝魏"风筝》，《天津政报》，http：//192.168.8.6：8085/KNS50/Navi/Bridge.aspx？LinkType＝BaseLink&DB Code＝cjfd& TableName＝cjfdbaseinfo&Field＝BaseID&Value＝%7b拼音刊名%7d&NaviLink＝%e5%a4%a9%e6%b4%a5%e6%94%bf%e6%8a%a52006 年第 19 期。

[46] 参见东胜：《"风筝魏"权利归属错综复杂》，《今晚报》，2005 年 3 月 23 日。

[47][48] 参见孔令仁、李德征编：《中国老字号》（卷四），高等教育出版社，1998 年版，第 414—417 页。

[49] 参见孔令仁、李德征编：《中国老字号》（卷十），高等教育出版社，1998 年版，第 350—351 页。

[50] 夏悦：《论当代湘绣衰落的成因和复苏对策》，《企业家天地》，2012 年第 7 期。

[51] 参见谢牧、吴永良：《中国的老字号》（上），经济日报出版社，1988 年版，第

138页。

[52] 参见孔令仁、李德征编:《中国老字号》(卷二),高等教育出版社,1998年版,第739—740页。

[53] 参见谢牧、吴永良:《中国的老字号》(上),经济日报出版社,1988年版,第139页。

[54][55] 孔令仁、李德征编:《中国老字号》(卷二),高等教育出版社,1998年版,第740页。

[56] 参见赵大川:《杭州老字号系列丛书·百货篇》,浙江大学出版社,2008年版,188页。

[57] 参见谢牧、吴永良:《中国的老字号》(上),经济日报出版社,1988年版,第142—143页。

[58] 参见赵大川:《杭州老字号系列丛书·百货篇》,浙江大学出版社,2008年版,第194页。

[59] 赵大川:《杭州老字号系列丛书·百货篇》,浙江大学出版社,2008年版,第195页。

[60][62] 参见孔令仁、李德征编:《中国老字号》(卷十),高等教育出版社,1998年版,第271—272页。

[61] 孔令仁、李德征编:《中国老字号》(卷十),高等教育出版社,1998年版,第272页。

[63] 转引自谢牧、吴永良:《中国的老字号》(上),经济日报出版社,1988年版,第50页。

[64]《尔雅·释器》。

[65][66](北魏)贾思勰:《齐民要术》(下册),商务印书馆,1930年版,第73页。

[67](唐)李肇:《唐国史补》。

[68](宋)孟元老撰,邓之城注:《东京梦华录注》卷之二《宣德楼前省府宫宇》,中华书局,1982年版,第52页。

[69](清)周家楣,缪荃孙等编纂:《光绪顺天府志·地理志》,北京古籍出版社,1987年版,第580页。

[70](民国)夏仁虎:《枝巢四述·旧京琐记》卷九,辽宁教育出版社,1998年版,第126页。

[71] 参见侯式亨编著:《北京老字号》,中国环境科学出版社,1991年版,第289页。

[72] （民国）夏仁虎：《枝巢四述·旧京琐记》卷九，辽宁教育出版社，1998年版，第128页。

[73] 参见孔令仁、李德征编：《中国老字号》（卷四），高等教育出版社，1998年版，第304—305页。

[74] 参见段炳仁主编，王红著：《老字号》，北京出版社，2006年版，第180页。

[75] 孔令仁、李德征编：《中国老字号》（卷四），高等教育出版社，1998年版，第305页。

[76] 参见孔令仁、李德征编：《中国老字号》（卷四），高等教育出版社，1998年版，第305页。

[77] 转引自中国人民政治协商会议北京市委员会文史资料研究委员会编：《驰名京华的老字号》，文史资料出版社，1986年版，第282页。

[78] 段炳仁主编，王红著：《老字号》，北京出版社，2006年版，第292页。

[79] 转引自侯式亨编著：《北京老字号》，中国环境科学出版社，1991年版，第289页。

[80] 转引自孔令仁、李德征编：《中国老字号》（卷四），高等教育出版社，1998年版，第305页。

[81] 参见孔令仁、李德征编：《中国老字号》（卷四），高等教育出版社，1998年版，第306页。

[82] 孔令仁、李德征编：《中国老字号》（卷十），高等教育出版社，1998年版，第238页。

[83] 转引自孔令仁、李德征编：《中国老字号》（卷十），高等教育出版社，1998年版，第238页。

[84] 孔令仁、李德征编：《中国老字号》（卷十），高等教育出版社，1998年版，第238页。

[85] 参见孔令仁、李德征编：《中国老字号》（卷十），高等教育出版社，1998年版，第237—240页。

[86] 孔令仁、李德征编：《中国老字号》（卷十），高等教育出版社，1998年版，第240页。

[87] 谢牧、吴永良：《中国的老字号》（上），经济日报出版社，1988年版，第38页。

[88] [89] 转引自谢牧、吴永良：《中国的老字号》（上），经济日报出版社，1988年版，第40页。

[90] 参见谢牧、吴永良：《中国的老字号》（上），经济日报出版社，1988年版，第

41—42页。

[91] 谢牧、吴永良：《中国的老字号》（上），经济日报出版社，1988年版，第43页。

[92] 江志伟：《徽墨制作技艺（中国非物质文化遗产撷英）》，《人民日报海外版》，2006年7月12日。

[93] 参见孔令仁、李德征编：《中国老字号》（卷十），高等教育出版社，1998年版，第312页。

[94] 孔令仁、李德征编：《中国老字号》（卷十），高等教育出版社，1998年版，第315页。

[95][98][99] 参见孔令仁、李德征编：《中国老字号》（卷十），高等教育出版社，1998年版，第278—280页。

[96][97] 参见戎彦编著：《浙江老字号》，浙江大学出版社，2011年版，第144—145页。

[100] 戎彦编著：《浙江老字号》，浙江大学出版社，2011年版，第147页。

[101] 参见侯式亨编著：《北京老字号》，中国环境科学出版社，1991年版，第304页。

[102][105] 参见孔令仁、李德征编：《中国老字号》（卷四），高等教育出版社，1998年版，第312—315页。

[103][104] 侯式亨编著：《北京老字号》，中国环境科学出版社，1991年版，第305页。

[106][107] 孔令仁、李德征编：《中国老字号》（卷四），高等教育出版社，1998年版，第314页。

[108] 侯式亨编著：《北京老字号》，中国环境科学出版社，1991年版，第306页。

[109][110] 参见孔令仁、李德征编：《中国老字号》（卷十），高等教育出版社，1998年版，第333—335页。

[111] 孔令仁、李德征编：《中国老字号》（卷十），高等教育出版社，1998年版，第335页。

[112] 戎彦编著：《浙江老字号》，浙江大学出版社，2011年版，第150页。

[113] 参见戎彦编著：《浙江老字号》，浙江大学出版社，2011年版，第151页。

[114][115] 参见孔令仁、李德征编：《中国老字号》（卷十），高等教育出版社，1998年版，第242—243页。

[116][117] 参见孔令仁、李德征编：《中国老字号》（卷四），高等教育出版社，1998年版，第360—362页。

[118][119][120][122] 参见孔令仁、李德征编:《中国老字号》（卷四），高等教育出版社，1998 年版，第 324—327 页。

[121] 孔令仁、李德征编:《中国老字号》（卷四），高等教育出版社，1998 年版，第 327 页。

[123]（唐）张彦远:《历代名画记》卷二。

[124]（明）文震亨撰:《长物志·卷七》。

第五章　老字号与金融文化

《清稗类钞》中记载:"山西票号虽创于明季,乾、嘉以后,始渐发达,同、光间,则为鼎盛时代。"[1]可见,明朝末期已经出现了票号这一金融形式。明代的文献和小说中也有关于钱庄的记载。明嘉靖《实录》卷一九一中记述:"各闭钱市,以致货物翔踊。"[2]清初《醒世姻缘》小说中第一回记载:"开钱庄的说道:'如宅上用钱时,不拘多少,发帖来小庄支取。等头比别家不敢重,钱数比别家每两多二十文。使下低钱任凭拣换。'"[3]刘应秋在《与大司徒石东泉书》中记述:"每一更易之际,列肆兑钱者,资本一日消尽,往往吞声自尽。"[4]可见,当时这种金融形式业已相当发达。

到了清朝,随着商品经济的发展,从事银钱兑换的钱庄和汇兑业务的票号在许多商业发达的城市迅速发展起来。当时京城银号有"四大恒"之称,这些都是著名的老字号。《旧都文物略》中记载:"旧都集市之外而银号则囊推恒庆恒肇四家,谓之四大恒。行使银票,贵重一时。又有所谓钱铺随意书条,一二吊而数十吊,市上通用,无虞赝鼎。"[5]《旧京琐记》中还记载"四大恒"的故事:"银号首推恒和、恒肇等四家,谓之四大恒。居人行使银票,以此为体面。昔与某旗下友人约赴城外观剧,此友已更衣入内,久之,俄闻诟詈声出,则嗫嚅曰:'甚抱歉,需稍候也。'询其故,乃愤然曰:'账房可恶,竟以烟蜡铺之票与我(彼时烟蜡铺亦兼兑换,并发行银钱票),故痛责之,已往易矣。'余曰:'误佳剧,奈何?'友则曰:'此无奈何,余岂可以此示人?'久之,仆返,则崭新之四恒票,始欢欣而出。……当时某枢臣好积四恒票,百金一纸,万金为一束,叠置平正,朱印鲜明,时于灯下取出玩弄,以为娱乐。已而不戒于火,屋中成束之四恒票并付祝融，四恒家为大获利市。"[6]

据史料记载，在华北经济中心的北京，自清康熙年间至道光十年（1830年）以前，先后开设的钱铺有389家。清光绪二十六年（1900年），"北京合城三百钱铺三百余家俱被匪徒勾结洋人，抢劫无遗"[7]。从这段京城钱铺惨遭劫掠的史料中可以看出当时钱铺数量之多。

在上海，自清乾隆五十一年（1786年）至嘉庆二年（1797年）以前，也陆续设立了钱庄124家。乾隆后期，钱庄逐渐在银钱兑换业的基础上发展成为信贷活动的机构。[8]值得一提的是，上海的钱庄在清乾隆年间已经成为一个具有相当规模的独立的行业。乾隆四十一年（1776年），上海已经设立了钱业公所，以期"集思广益，出谋发虑"，为同业利益服务，"当时有石源隆、三泰源等25家钱庄承办公所事务"，"其后20年中，承办公所事务的钱庄计有106家"。[9]嘉庆二年（1797年），"选举出的钱业董事有魏廷钧等12名"。[10]

清朝中叶，晋商创立的票号盛极一时。《旧都文物略》中说："汇兑庄则山西贾为之，交游阔绰。"[11]《旧京琐记》记载："汇兑庄亦曰票庄，皆山西人，交游仕宦，最为阔绰。有外放官吏，百计营图以放款。即京官之有外任资格者，亦以奇货居之，不惜预为接济。然失败者，亦往往而有。庄之执事，皆为财东之戚友，故不虞其逃匿。东家间岁一来查巡，布衣草履若村民，大抵数日即行。庄伙之衣服皆为公物，及去职，仍以布衣归也。"[12]"最初改为专营票号的商铺即是那些较为发达的行业，包括颜料业（适应手工纺织业需要而兴起的一种商品生产）、茶庄业（在国内外贸易中占有特殊重要地位，是政府财政收入的重要来源）、烟草业（明末开始的一种新的商品生产）、绸布业、盐业和冶铁业等。"[13]

当时，实力雄厚的晋商票号可分为三大帮，即平遥帮、祁县帮和太谷帮。总号皆设于本县，凡国内通商大埠，以及物产丰富的地区，大都设有分支机构。祁县帮著名的票号有大德通、大德恒、三晋源、巨兴隆、巨兴和、元丰久、存义公和大盛川等家。太谷帮著名的票号有世义信、志成信、协成乾和锦生润等。平遥帮著名的票号有蔚盛长、蔚长厚、蔚丰厚、蔚泰厚、天成厚、协同庆、协利信、协同信、百川通、日升昌和宝丰隆等家。三帮中以日升昌、蔚泰厚、存义公、天成厚、大德通、大德恒、志成信和协成乾等票号的分支机构最多，远至中国台湾和日本皆有分号。其中大德通票号在国内各地设立分支机构多至40余处，职员人数达300余人，存放款数额多到1000余万两，其本身的资本积累达60余万两。虽经庚子、辛亥两次变乱，损失巨大，但因其具有稳固的经济和社会基础，得以保全经营，信用倍增。[14]据悉，清庆亲王与大德通银钱往来前后达数十年，清光绪二十六年（1900年）庚子事变爆发，八国联军入侵北京，庆亲王将现银30万两交由大德通保存，大德通历尽险阻坚守住了信誉。庆亲王死后，其子孙仍继续与大德通往来，至新中国成立后大德通结束为止。1951年大德通停止营业时，其偿还和存款业务仍井然有序。

20世纪初期，中国的资本主义有了较大程度的发展，现代金融业得以发展。"由盛宣怀主持的中国通商银行于清光绪二十三年（1897年）在上海设立总行，发行货币，经营存放业务，并先后在汉口、北京、福州、天津、广州、镇江、烟台、香港、重庆和汕头等地设立分行。"[15]"同期中商办或官商合办银行则有俊川源银行（1905年）、信义银行（1906年）、信成银行（1906年）、浙江兴业银行（1907年）、四明商业银行（1908年）、裕商银行（1908年）、浙江银行（1909年成立，后改称浙江地方实业银行）、北洋保商银行（1910年）和殖业银行（1911年）等。"[16]

当时中国的金融业呈现钱庄票号、本国银行和外国银行三足鼎立的局面。这一时期，无论是传统金融业的钱庄和票号，还是现代金融业中中国人自主创办的银行，均受到来自外国资本主义的压迫和本国封建主义的阻挠，未能在正常的轨道上得以充分发展。据《申报》报道："北京内城永顺、永祥、北德胜、德兴厚、和丰通、同义长及报房胡同德成，外城乾异、义丰、天太厚等钱铺均被挤轧，且有多家不敷周转，相率倒闭。"[17]然而，"钱庄较多地依附于外国资本势力，有浓厚的买办性。票号则较多地依附于清政府的权势，有浓重的封建性"[18]。因此，票号钱庄的发展经历了19世纪60年代的重大发展，20世纪的大起大落，在辛亥革命政治风暴冲击下转向衰落，延至20世纪二三十年代，终于趋于消亡。[19]

值得一提的是，光绪十七年（1891年），英国人在上海开办了我国第一家交易所——上海股份公所。为了振兴和发展国家实业，光绪末年，梁启超等有识之士便发起建立交易所的倡议，但都因政府的反对无疾而终。

1913年，政府颁布了《交易所条例》，工商界人士纷纷响应。1918年，第一家由国人自己开办的交易所——北京证券交易所成立。1920年，上海证券物品交易所和上海华商证券交易所成立。1921年，上海金业交易所和上海华商纱布交易所成立。这些交易所的诞生为振兴民族工商业和发展国内商品经济作出了相当的贡献。然而好景不长，由于时局动荡、战争频仍，货币政策难以稳定，期货交易无序，再加上外货倾销和自身经营的弊端，大部分交易所都在20世纪三四十年代倒闭，成为近代金融业中存活时间最短的老字号。

新中国成立后，票号和钱庄废止，但其在中国金融史上的地位和对中国金融业发展的深远影响毋庸置疑。秦省如1935年在《钱业日报》上发表了《山西票庄在今昔经济上之地位》一文，写道："所幸山西票庄，筚路蓝缕，以启荆棘，调查各地之市况，制定兑换之标准，虽市制复杂，银色相差，亦可使之彼此流转，互为交易。盖此种业务，在当时本为汇兑之便利计耳。殊不知金融流通，即以此而作基础，我恐今日中国之金融事业，于混沌杂乱中，尚能回转流通者，山西票庄之所为或亦不无关系也。"[20]

2005年末，作为全国小额信贷组织的试点，山西省平遥县率先将历史上知名的票号——晋源泰和日升隆组建成两家纯粹由民间投资的小额贷款有限公司，以服务"三农"为宗旨，主要采用信用、担保、抵押和质押等多种形式进行贷款，实行市场化利率，以人民银行公布的基准利率的4倍为上限，不得吸收储蓄资金，不得跨县经营。[21]虽然票号的原始功能已经完全改变，但这种将老字号与现代金融相结合的举措也值得尝试并有待历史的检验。

第一节 票号钱庄

日升昌

日升昌创办于清道光三年（1823年），店址位于山西省平遥县，为中国首家票号。日升昌的前身为西裕成颜料作坊，作坊的老板叫李大全，祖籍陕西汉中，祖上曾在山西做官，留居平遥。作坊里有一个伙计名叫雷履泰，精明能干、诚实忠厚，深得李大全的赏识和信任。当时不少晋商在全国各地做生意，经常会与老家有钱银往来，一般是通过镖局押运或者自行捎带。但镖局运费较高，且途中匪霸不断，不幸遭劫之事时有发生。偶然一次机会，有位北京客商要给山西老家捎钱，客商和北京西裕成的经理协商，将钱交给北京西裕成，再委托经理亲笔写一封书信告诉山西西裕成，让老家的人去山西西裕成取款。由于双方非常熟稔，此事很快协商达成。后来，同乡们都听说了这个办法，觉得既便利又经济，省却了昂贵的镖局押运费，又免于路途中遭遇种种不测。雷履泰瞅准了这个商机，便和掌柜共同谋划，于清道光三年（1823年）将颜料庄改为日升昌票号，取名日升昌是希望票号如旭日东升、生意昌隆。票号专门经营银钱汇兑，兼营存放款业务。由于西裕成颜料坊在北京、上海和天津等大城市都有分号或贸易往来，所以由总号统筹，各号联动起来非常便捷。

图5-1-1　日升昌

中国第一家票号就这么应运而生，从此结束了货币周转需要自身携带或镖局押运的历史。山西乃至全国各地的票号也如雨后春笋般效仿日升昌而生。日升昌坚持"酌盈济虚，抽疲转快，信誉第一，客户至上"[22]的原则，严格按照铺法办事："黎明即起，伺候掌柜。一丝不苟，谨小慎微；顾客上门，礼貌相待；不分童叟，不看衣帽；察言观色，唯恐得罪；精于业务，体会精髓；算盘口诀，必须熟练；有客实践，无客默诵；学以致用，口无怨言。"[23]票号的收入主要有汇费、利息和平色余利。日升昌的汇费为1%，存款月息为二三厘，放款月息七八厘。[24]起初，日升昌的主营对象为山西和江南一带的商人。

鸦片战争后，社会动荡，为了免于丢镖或遭劫，各级官吏、豪绅和商人都开始与票号建立广泛的联系，日升昌的业务也得以飞速发展。后来官府、皇亲国戚等也开始与票号接触，票号成了各界财政周转的载体。在雷履泰的苦心经营下，日升昌票号发展至鼎盛时期，全国分号共计51处，年汇兑额3800万两。[25]"华北区有北京、天津、保定、张家口、太原、曲沃、运城、太谷、祁县、库伦等分号；东北区有沈阳、营口等分号；华东区有上海、苏州、镇江、扬州、清江浦、杭州、宁波、蚌埠、芜湖、南昌、九江、福州、厦门、济南、青岛、烟台等分号；中南区有开封、郑州、漯河、周家口、道口、汉口、沙市、宜昌、长沙、岳州、湘潭、常德、广州、汕头、琼州、香港、桂林、梧州、南宁等分号；西北区有西安、汉中、三原等分号。"[26]清道光二十九年（1849年），雷履泰病逝。

清末民初，随着外国银行和官办银行的出现，票号的生意受到非常大的影响，再加上时局动荡，各分号或丢失现银或遭人趁机打劫。民国二十一年（1932年），日升昌改为钱庄。现在，日升昌总号的老宅仍然坐落于平遥县城西大街，青砖灰瓦、高墙深院，力证着晋商票号的那一段传奇。

合盛元

合盛元创办于清道光十八年（1838年），是山西祁帮票号的代表之一，也是山西票号中唯一将分号开至国外的老字号。创办者为郭源逢和张廷将，前身为祁县著名茶庄，转为票号后，在上海、汉口、九江、安庆、北京、天津、沈阳、营口、辽阳、吉林、开封、西安、保定和太原等地开有20多家分号，并以多业务种类作为经营优势，如在奉天开设了合盛东钱铺，在辽阳开设了东聚发烧锅和泉巨发钱铺，在昌图开办了东兴义钱铺等，通过多业务企业实现了资本联动和合作，有效地增加了票号的收益。清光绪三十三年（1907年），经多方筹措与不懈努力，合盛元在日本东京、神户、横滨、大阪和朝鲜仁川等地开办了分号，成为侨商、留学生和进出口业务等存放汇兑钱款的主要载体，对中国农工商对外贸易的发展和振兴贡献巨大，影响深远。据悉，清光绪三十三年（1907年）和清光绪三十四年（1908年），每年的汇兑量多达2000万元。辛亥革命后，随着清政府的灭亡，合盛元于1914年停业。[27]

三晋源

三晋源创办于清同治元年（1862年），是山西祁帮票号中颇具民族精神的老字号。创办者为祖籍山西的渠源祯，世代以经营茶庄、盐店、药材和绸缎庄为生，为祁县大户。清同治元年（1862年），渠源祯创办了三晋源票号，由于其广交各地官吏，多揽官款存放，因此发展较为迅速。三晋源曾为山西巡抚曾国荃垫银买枪买炮。武昌起义后，三晋源票号借给时任山西都督阎锡山30万元以备军需。鼎盛时期的三晋源曾在北京、天津、上海、镇江、南昌、徐州、扬州、芜湖、汉口、重庆、沈阳和长沙等地设有十几处分号。

清政府灭亡后，大多数票号歇业倒闭，三晋源却坚持维持着经营，虽将主营业务调至利息较高的东北地区，但却因日本侵华战争而一切付诸东流。1934年，终于无奈宣告倒闭。值得一提的是，三晋源为民族工业和金融业的振兴发挥了重要的作用。清光绪三十三年（1907年），为了抵制英国福公司对山西矿权的垄断，三晋源组织创办了保晋矿务公司。取名保晋，顾名思义就是为了保住山西、振兴山西，后又与乔家合资，接管了山西官办火柴局，为振兴民族工业作出了重大贡献。

19世纪末20世纪初，外国银行渗透到中国，给票号钱庄业带来了巨大的冲击，三晋源票号曾力主改革票号运营模式，号召山西票号联合起来成立合组银行，但终因蔚泰厚票号的极力反对而未能实施，丧失了票号改革的良机，最终许多票号在辛亥革命后都难逃倒闭的厄运。[28]

阜康

阜康创办于清同治二年（1863年），是创立最早的南帮票号，号址位于杭州，后迁于上海，创办者为大名鼎鼎的红顶商人——胡雪岩。时值左宗棠出任闽浙总督，胡雪岩为了帮助其筹备粮饷，也为了方便调动资金，于清同治二年（1863年）在杭州创办了阜康票号。从此，南帮票号诞生，

图5-1-2 胡雪岩

打破了山西票号垄断全国票号业的格局。

据统计，从清同治五年（1866年）至清光绪九年（1883年），阜康票号先后代左宗棠向外商筹措1595万两、向华商筹措882万两。由于胡雪岩尽心尽力辅佐左宗棠，后被提升为福建道员。清同治五年（1866年），阜康票号帮助左宗棠创办了福州船政局，是中国第一家新式造船企业。清同治十一年（1872年），阜康票号投资李鸿章的轮船招商局，胡雪岩成为轮船招商局的重要人物。清光绪四年（1878年），胡雪岩又被赐黄马褂，成为票商中身价和地位最高者，阜康票号也发展至鼎盛时期，在北京、杭州、南京、扬州、福州、汉口、镇江、宁波和长沙等地开办了分号。

清光绪六年（1880年），阜康票号辅助左宗棠创办了兰州织呢厂。清光绪九年（1883年），由于外商把持中国丝价、剥削桑农，胡雪岩为了振兴民族丝业，将票号资本倾情投入于收购丝茧，结果遭遇外商联手抵制，货物囤积不得出口，阜康票号损失达125万两白银。左宗棠虽出面协理，但也未能挽回局势。清光绪九年（1883年），阜康票号宣告倒闭，所欠官私款银达1200万两。之后，上海的78家钱庄倒闭了68家。此次金融风暴使民族金融业遭受重创。清光绪十一年（1885年），胡雪岩病故，一代红顶商人给历史留下了无数评说。[29]

天顺祥

天顺祥创办于清同治十一年（1872年）或十二年（1873年），是云南人自主创办的首家票号，为南帮票号中存在时间最长的老字号。创办者是云南虹溪人王炽。清同治四年（1865年），王炽在昆明开办了同庆丰商号，同治十一年或十二年，王炽瞅准商机，觉得票号盈利颇丰，便将同庆丰改为天顺祥票号。从此，山西票号对云南和四川一代的垄断格局便被打破。

天顺祥借助与官府的密切关系，几乎包揽了各地划拨云南款项的代收和汇兑业务，独揽四川盐岸和鸦片税的收存业务。鼎盛时期的天顺祥在重庆、成都、北平、上海、广州、南昌、汉口、常德和贵阳等地都开有分号。

辛亥革命后，天顺祥成为南帮票号中的唯一幸存者。1916年，由于票号自身经营体制的弊端，再加上外国银行和官办银行的挤压，天顺祥终告歇业。天顺祥为云南近代工业的发展作出了不小的贡献。云南矿产资源丰富，为了解决当地人民的生计问题，政府决定招商开发。天顺祥经理王炽积极赴各地分号招股，在乱世之秋，为采矿所需购置的新式机器和招商集股贡献了不小的力量。[30]

源丰润

源丰润创办于清光绪九年（1883年），是南帮票号中影响较大的老字号，地址位于上海。创办者为浙江慈溪人严信厚，与胡雪岩交往甚密。胡雪岩创办的阜康票号于清光绪九年（1883年）倒闭之后，严信厚便把阜康接手下来，改为源丰润票号。原来由阜康主营的浙江、广东和福建等地海关的汇兑业务也转入源丰润名下，还统揽了上海江海关和汉口江汉关的官银。票号声势浩大，收益相当可观。分号遍及全国各地，包括我国北京、天津、广州、福州、杭州、汉口、宁波、厦门、琼州、汕头、香港和新加坡的一些地方，是为数不多的将票号开至国外的字号。

源丰润同许多票号一样，为中国发展近代工业贡献了许多力量。投资建设了许多工矿企业诸如浙江铁路公司、汉冶萍煤铁厂矿公司、江苏铁路公司、宁波通久源纱厂、宁波海门商轮局、宁波光明机器公司、宁波通利源油厂、江西瓷业公司、通州大生纱厂、赣丰油厂和海州海丰面粉等。清光绪三十二年（1906年），为天津万益机器造毡呢有限公司和南京金陵自来水有限公司招收股本。清光绪三十四年（1908年），为宁波商轮公司招收股本。清宣统二年（1910年），为上海制帽有限公司招收股本。此外，源丰润还在金融业多有投资。清光绪十八年（1892年），在浙江发行小银元。清光绪三十一年（1905年），与英国汇丰银行合作，在天津开办汇源银号。清光绪三十四年（1908年），创立四明商业储蓄银行。由此可见源丰润的业务之广、实力之雄厚。清光绪三十年（1904年），严信厚任上海商务总会总理，源丰润发展至鼎盛。然而好景不长，清宣统二年（1910年），著名的上海橡皮股票风潮爆发，源丰润由于客户投资不慎，以致欠下外商银行巨额钱款，虽倾家相授，却仍无济于事，终于在当年宣告倒闭，连带着许多钱庄票号都难于幸免。中国金融业在这次风潮中损失惨重，被外商银行卷走白银数千万两。[31]

大德恒、大德通

大德恒、大德通创办者为山西祁县乔致庸（1818—1907年），前者创办于清光绪七年（1881年），后者创办于清光绪十年（1884年）。乔家曾是包头首富，在祁县鼎鼎有名。后乔家以经营大德兴茶庄为生，渐渐开始兼营汇兑业务。票号创办之初生意兴旺，在北京、天津、张家口、沈阳、营口、呼和浩特、开封、周口、上海、汉口、重庆、包头、苏州、西安、清化、丹东、长沙、广州和香港等地开有分号。票号主营汇兑、存放款、发行票据和代办捐项等业务。官款一般不计息，私款月息二三厘。辛亥革命前，票号生意迅速上升。清光绪十四年（1888年），大德通每股分红利850两；清光绪十八年（1892年），每股红利增至3040两；清光绪三十四年（1908年），每股红利达1.7万两。大德通、大德恒票号生意如此兴隆与其资金雄厚和经营有方密不可分。据悉，乔家除了票号外，还经营粮、茶、钱庄和当铺等，全国各地各行字号累计200多处，流动资金有七八百万两。

图5-1-3 大德通总号门侧墙上刻有"泰山石敢当"，其意可表

此外，大德通、大德恒的发展还与其和官家的密切关系息息相关。大德通票号与京城庆亲王和户部尚书交往甚笃，与地方官则更为密切。据悉，大德通票号经理高钰曾通过京城关系打听到慈禧太后西逃有可能路过祁县，便设法与随行大臣取得联系，将慈禧太后和皇

帝的行宫设在了大德通票号内。从此票号声名远播，备受官府信任。清光绪三十二年（1906年），户部存放在大德通和大德恒票号的款银多达104万两，占户部存入票号总额的87%。

时至1921年，大多数票号渐渐倒闭，全国只剩下大德通、大德恒、三晋源和大盛川四家票号维持经营。1935年，三晋源和大盛川也倒闭了。大德恒迁至北京，大德通仍留守祁县。1937年，总号迁至北平。1940年，日寇推行金融暴政，大德通和大德恒以集股的方式将票号改为银号，借鉴银行的运营模式，继续经营。总号设在北平，天津设有分号，在京城金融业位高权重。新中国成立后，两家银号于1951年清理停业。[32]

义善源

义善源创办于清光绪二十一年（1895年），是南帮票号中存在时间较短却影响较大的老字号。地址位于上海。创办者为安徽合肥人李经楚和江苏吴县人席志前。李经楚是李鸿章兄长李瀚章的儿子，在创办义善源票号之前就曾在南京开设了宝善源号，在安徽芜湖开设了宝善长号，在河南正阳开设了顺康号。清光绪二十一年（1895年），李经楚出资五万两，席志前出资两万两，在上海合资开办了义善源票号。焦乐山和周惠臣任经理。清光绪二十四年（1899年），席志前病故，票号便完全转由李经楚掌控。当时，义善源在江宁、芜湖、汉口、南昌、汕头、广州、香港、北京、天津、济南、营口、开封、杭州、镇江、徐州和长沙等地开办了20多家分号。清宣统二年（1910年），源丰润票号倒闭，上海的金融业受到巨大震荡，义善源也深受影响。李经楚借执掌交通银行权利之便，为义善源进行资金周转，维持其经营。1911年，天津分号周转不灵，上海总号受到牵连，本想再次利用交通银行补一时之缺，却碰巧遇到官府要求交通银行拨付一大笔款银，义善源因周转不利，未能幸免此劫，终于宣告倒闭。

后来，李经楚由于资不抵债，又失却了朝廷关照，也随即破产。回顾义善源的发展历程，其重大事件主要有：由于其与政府的关系密切，1905年，160万两白银的庚子赔款便是通过义善源票号汇入列强的在华银行；义善源还为近代中国工业的发展作出了重要贡献，如清光绪三十二年（1906年），义善源为南京金陵自来水公司招收股本；清宣统二年（1910年），为山东中兴煤矿招收股金等。正因为其与政府交往甚密，也终而导致了其随着清政府的灭亡而走向没落。[33]

同和裕

同和裕创办于1912年，地址位于河南省新乡市，是河南最著名的银号之一，存在时间短暂却因其创新精神和发展范围之广而影响深远。创办者为王晏卿、赵安侯和姜含清。主营业务为存放款，兼营商业。同和裕银号具有市场敏锐性和创新精神。时值外国银行和本国官办银行渐趋垄断中国金融业之际，同和裕在继承传统票号钱庄的优势基础上，尽可能规避旧时票号钱庄的弊端，投资准确而灵活，比如1912年，河南督军府为增加收入发行铜元取代铜钱，同和裕窥视出老百姓都惧怕铜钱被废急需兑换成铜元的心理，遂大肆开展相关业务，获利万元。同和裕还不拘泥于钱庄业务，瞅准新乡的草帽辫出口业务，统一进行收购和出口，获利甚多。

在各钱庄开展高利贷业务的时候，同和裕发行低息贷款，招揽了大部分客户。在许多银号竞相贷款给以传统工艺生产液体蛋品的裕丰蛋厂的时候，同和裕认真研究国内外蛋业信息，认为机器生产蛋黄和蛋白粉出口才是大势所趋，便没有盲目跟风，许多投资的银号因裕丰的倒闭而一蹶不振，同和裕却免于遭受损失，并大力投资机器蛋业生产，继而垄断了蛋业金融市场。此外，同和裕还积极研究当时发展范围较广的山西票号和势头甚猛的银行的经营优势和特点，利用其本地优势与其展开竞争，如对山西票号的汇率变化了如指掌，一有变化，便及时调整自己的汇率，保证低于山西票号，抢夺了许多客户。再如，当时银行业基本是下午5点就下班，同和裕就将下班时间调整到晚上12点，适应了许多商号晚饭后才结账交款的模式。发展至鼎盛时期，同和裕不仅在河南省内建有20多处分号，在汉口、上海、天津、北京、石家庄、烟台、青岛、德州、潍坊、大连、营口和西安等地都设有分号。还投资了20多个新兴工业厂，涵盖造纸厂、火柴厂、印刷厂、织工厂、水电厂和毛巾厂等。20世纪30年代，由于王晏卿接手了倒闭的天津大中银行，超出能力所及地大肆发行钞票，遭到上海等地银行的联合挤兑。再加上时局动荡，又失去了政府的庇佑，于1937年宣告破产。[34]

义聚合

义聚合创办于 1928 年,是山东青岛首屈一指的钱庄大号。创办者为山东掖县王氏兄弟王德聚和王德合。王氏兄弟初来青岛只是小本起家,在路边摆钱桌兑换钱币。后与同乡合伙开办了钱庄。再又独立出来,开办了义聚合钱庄。取名义聚合乃各取兄弟王德义、王德聚和王德合中的一个字。钱庄主营业务为将市场上流通的银元兑换成非本位币的铜元和将外币兑换成本地钱币,同时兼营土产。义聚合经营有道,非常注重金融信息的采集和运作,如钱庄安装了 10 部联号号码,外部拨打钱庄任何一个号码如有占线则立刻转到另一个号码上,绝不会漏掉任何一桩生意或信息;经理室安装了 10 部电话,直通洋行;编辑《行情简报》,记录当日行情和预测明日情况,每日出版,分送各商号。此外,由于钱庄具备经纪人牌照并经营土特产业务,因此生意蒸蒸日上。繁荣时期资产达上百万元。1930 年之后,在大连开设分号,开办义聚隆百货商店;在青岛开办德源油坊、玉生池澡堂和永安百货店。抗日战争爆发后,义聚合生意趋于冷清。1944 年,改名为义聚合银行。抗日战争胜利后,恢复义聚合钱庄字号。1949 年,遣散员工,转投工业,创办新生化学工厂。[35]

第二节 现代金融

沈阳造币厂

沈阳造币厂创办于清光绪二十二年(1896 年),距今已有 120 多年历史,始建于辽宁省沈阳市,是中国现有历史最悠久的造币业老字号,为我国近现代金融业作出了重要的贡献。清光绪二十二年(1896 年),盛京将军依克唐阿在沈阳大东门内开工兴建了奉天机器局。从天津德国洋行购买机器设备,采用蒸汽为动力,制作一元、五角、二角、一角和半角的银币,在市面上流通。清光绪二十八年(1902 年),奉天机器局改称奉天制造银元局,制造出当十和当二十的铜元,这是在奉天首次以机器铸造铜元。清光绪三十三年（1907年），与吉林银元局合并，成立东三省制造银元总局，主要制造双角小银元。清宣统二年（1910年），清政府将各地造币权收归国有，造币总厂设在天津，东三省制造银元总局改为奉天造币分厂。民国后改为奉天造币厂。1930年，将兵器生产分离出去，厂名改为辽宁造币厂。"九一八"事变后，日本帝国主义垄断货币制造，于1933年，将其改为满洲中央银行造币厂。国民政府统治时期，工厂改称为中央造币厂沈阳保管处，基本没有开工生产。

新中国成立后，由东北银行总行接手，改为东北银行工业处，印制流通券。后又开始印制人民币。1953年，改为沈阳人民造币厂。1955年，改名为国营六一五厂，是全国几大造币厂之一。

改革开放后，将厂名改为沈阳造币厂。除了生产金属辅币外，还积极创新印制纪念币，比如新中国成立三十周年和三十五周年纪念币、第十三届冬奥会纪念币和十二生肖纪念币等。1982年，该厂生产的壬戌狗年纪念银币获得美国克劳斯新闻出版公司和世界硬币新闻杂志联合主办的世界纪念币评选会最佳银币奖项。1985年，铸造的马可·波罗纪念银币在世界硬币评选会上获得最佳历史意义题材奖。同年，被评为全国两百家资金利税率最佳企业。千年纪念金币、元亨利贞方孔金章和纪念郑和下西洋600年银章被载入上海大世界吉尼斯纪录，并分别被授予"最大的金币"、"最大的金章"和"最大的银章"称号。[36]

现在，沈阳造币有限公司隶属于中国印钞造币总公司，是国家指定的专门从事法定货币生产的特殊企业，主要产品包括流通硬币、金银纪念币和工业金银材等。下设沈阳中钞证券印制公司和沈阳泉银实业总公司。沈阳中钞证券印制公司属中国印钞造币总公司多元经营企业，在中钞实业总公司具体指导下主要从事银行重要凭证、有价证券、微机票据、证书及证件的印制，是中国人民银行总行指定银行票据凭证印制单位。沈阳泉银实业总公司成立于1993年，公司注册资金为1000万元人民币，现拥有资产1.35亿元人民币，员工327人。公司业务范围为对外承揽金银纪念章的加工业务和生产销售公司自主开发的纪念章（卡、册）产品。❶

---

❶ 资料来源于沈阳造币有限公司官方网站。

图 5-2-1　1985 年沈阳造币厂制造的马可·波罗纪念银币

图 5-2-2　1982 年沈阳造币厂制造的壬戌狗年纪念银币

中国通商银行

中国通商银行创办于清光绪二十三年（1897 年），是中国自办的首家现代商业银行，地址位于上海。创办者为江苏武进人盛宣怀。盛宣怀以协助李鸿章兴办洋务起家，时任轮船招商局、电报局、华盛纺织总厂、汉阳铁厂和中国铁路公司督办。清光绪二十三年（1897 年），为"杜洋商之挟持"，以期"利权不外溢"，奏请清政府成立了通商银行，以经营存放款、催款、代收拨付和发行货币（银两和银元）等业务为主。存款主要来源于清政府的公款、官督商办企业的间歇资本、各地关道和道台的待解款以及少数买办官僚的个人私款，后来铁路外债存款也成为主要来源。

开办之初，存款达 262 万两。光绪二十五年（1899 年），存款达 397 万两。放款对象主要为外国洋行、中国商号和钱庄，还有部分实业救国者开办的近代企业。通商银行相继在宁波、定海、北京、福州、天津、广州、镇江、烟台、香港、重庆和汕头等地开有分行。光绪二十六年（1900 年），由于外资银行涌入，通商银行的业务严重缩水，许多分行关闭。光绪三十一年（1905 年），只剩汉口、北京和烟台三个分行。之后，随着铁路外债业务增长，才又恢复生机。1911 年，可用资金额达 1000 万两。1919 年，傅筱庵接管通商银行，规模不断扩大。1932 年，张啸林和杜月笙入股通商银行。由于存款利率调高，业务随之增长。1935 年，杜月笙执掌通商银行时期，放款额达 3057 万元。1937 年，由于国民政府的加入，银行改组为官商合办。

中国通商银行与四明银行、中国实业银行、中国国货银行并称为"小四行"。抗日战争时期，总行转至重庆。新中国成立前，资金几乎全部转到香港等地。新中国成立后，实现公私合营。1951年，与新华、四明、中国实业和建业四家银行联合成立总管理处。1952年，加入公私合营银行。[37]

聚兴诚

聚兴诚创办于1915年，为四川省第一家民营商业银行，地址位于重庆。创办者为重庆大户杨氏家族的杨文光，世代经营业务广泛，包括票号、盐、丝和桐油等。1915年，杨文光的儿子杨希仲从日本留学回国，将新兴的金融理念传播给了杨氏家族，时值存放款和汇兑业务利润丰厚，便在家族企业聚兴诚商号的基础上成立了聚兴诚银行。银行为股份制，杨氏家族拥有股权的73.2%。聚兴诚银行是典型的家族企业，重庆总号和各地分号都由杨家人主理。1918年，银行成立国外贸易部，专营国际进出口业务。1920年，开展储蓄业务。1922年，设立航业部。企业规模和业务种类发展庞大而迅速。在上海、北京、天津、哈尔滨和汉口等地设有分行。后由于时局不稳，聚兴诚银行的业务战线又拉得太长，家族内部矛盾激化，聚兴诚不得已将业务和经营范围减少，杨希仲于绝望中自杀。

家族合力使聚兴诚发展至鼎盛，家族矛盾又使之不堪一击，家族企业的优劣之势昭然若揭。1930年，聚兴诚将航业部卖给民生航运公司。1936年，取消了国外贸易部及其业务，业务重点转回重庆。抗日战争爆发后，重庆成为大后方。聚兴诚除了金融业务以外，还积极辅助开展工业建设和进出口贸易，以重庆总行为支点，在昆明、贵阳、衡阳、柳州、上海、广州和香港等地开办分行，再度成为全国性的银行。抗日战争胜利后，共有分支行33个，职工21300人。内战时期，由于四大家族染指，再加上外资倾销，聚兴诚一度面临窘境，新中国成立后才有所恢复。1952年，公私合营后，加入全国公私合营银行联合会。[38]

北京证券交易所

北京证券交易所创办于1918年，位于北京，是中国第一家由国人开办的交易所。清光绪十七年（1891年），英国人在上海开办了上海股份公所，是我国最早的交易所。为了发展我国实业，包括梁启超在内的许多有识之士早在光绪末年便提出要建立具有买卖股票性质的交易所，但都因政府的反对而流产。民国成立后，1913年，抱着"国非富不强、富非实业不张"的理念，政府参照欧美和日本的证券交易法令，制定了《交易所条例》，为中国交易所的兴办提供了法律依据。

1918年，虞洽卿等人在孙中山的号召下在上海大张旗鼓筹备成立交易所，北京的金融界人士也不甘落后，并率先在政府立案成立了北京证券交易所，专做中外银行钞券和日本金票。采取现货交易、定期交易和便期交易形式。股本初额为50万元，实收15万元。营业期限为10年。内分四股七处。四股为征收股、出纳股、计算股和会计股。七处为现金处、代用品处、证据金处、差金处、付股票利息处、经手费处和市场处。1921年，股额增至100万元，实收60万元。1924年，由于战争爆发的谣言盛传，再加上交易所内部操控失误，导致公债价格暴跌，引发金融风暴。之后，交易所转为主营现货交易。1928年，营业期限又续延10年，但交易额日益降低，交易所惨淡维持。1932年，被迫宣告暂时歇业。1949年，开始对交易所进行清理。1953年，清理结束，中国第一家交易所退出了历史舞台。[39]

注释：

[1] （清）徐柯编撰：《清稗类钞》第五册，中华书局，1986年版，第2308页。

[2] 转引自童书业著，童教英校订：《中国手工业商业发展史》，中华书局，2005年版，第313页。

[3] （明）西周生辑著：《醒世姻缘传》，齐鲁书社，1980年版，第4页。

[4] 陈子龙等辑：《明经世文编》，卷四三一，中华书局，1962年版，第4718页。

[5] （民国）汤用彬：《旧都文物略》，北京古籍出版社，2000年版，第263页。

[6] （民国）夏仁虎：《枝巢四述·旧京琐记》卷九，辽宁教育出版社，1998年版，第124页。

[7] 仲芳氏：《庚子记事》，科学出版社，1958年版，第36页。

[8] 参见张国辉：《清代前期的钱庄和票号》，《中国经济史研究》，1987年第4期。

[9] 张国辉：《清代前期的钱庄和票号》，《中国经济史研究》，1987年第4期。

[10] [13] [18] 洪霞管：《略论山西票号、上海钱庄的性质和历史地位》，《近代史研究》，1983年第2期。

[11]（民国）汤用彬：《旧都文物略》，北京古籍出版社，2000年版，第263页。

[12]（民国）夏仁虎：《枝巢四述·旧京琐记》卷九，辽宁教育出版社，1998年版，第125页。

[14] 参见许敬敷、王子光：《山西票号纪略》，《武汉文史资料》，2007年第2期。

[15] [16] 张国辉：《二十世纪初期的中国钱庄和票号》，《中国经济史研究》，1986年第1期。

[17]《申报》，1910年10月18日。

[19] 参见张国辉：《二十世纪初期的中国钱庄和票号》，《中国经济史研究》，1986年第1期。

[20] 转引自李洋光：《浅谈晋商票号对中国金融业发展的影响》，《山西财税》，2012年第1期。

[21] 参见王慧峰：《晋商票号重开张》，《人民政协报》，2006年4月25日。

[22] 郑孝时、孔阳著：《明清晋商老字号》，山西经济出版社，2006年版，第9页。

[23] 郑孝时、孔阳著：《明清晋商老字号》，山西经济出版社，2006年版，第11页。

[24] 参见孔令仁、李德征编：《中国老字号》（卷十），高等教育出版社，1998年版，第444页。

[25] 参见郑孝时、孔阳著：《明清晋商老字号》，山西经济出版社，2006年版，第20页。

[26] 孔令仁、李德征编：《中国老字号》（卷十），高等教育出版社，1998年版，第443页。

[27] 参见孔令仁、李德征编：《中国老字号》（卷十），高等教育出版社，1998年版，第503—505页。

[28] 参见孔令仁、李德征编：《中国老字号》（卷十），高等教育出版社，1998年版，第373—376页。

[29] 参见孔令仁、李德征编：《中国老字号》（卷十），高等教育出版社，1998年版，第520—523页。

[30] 参见孔令仁、李德征编：《中国老字号》（卷十），高等教育出版社，1998年版，第430—433页。

[31] 参见孔令仁、李德征编：《中国老字号》（卷十），高等教育出版社，1998年版，第576—580页。

[32] 参见孔令仁、李德征编：《中国老字号》（卷十），高等教育出版社，1998年版，第381—387页。

[33] 参见孔令仁、李德征编：《中国老字号》（卷十），高等教育出版社，1998年版，第424—427页。

[34] 参见孔令仁、李德征编：《中国老字号》（卷十），高等教育出版社，1998年版，第495—499页。

[35] 参见孔令仁、李德征编：《中国老字号》（卷十），高等教育出版社，1998年版，第427—430页。

[36] 参见孔令仁、李德征编：《中国老字号》（卷十），高等教育出版社，1998年版，第516—519页。

[37] 参见孔令仁、李德征编：《中国老字号》（卷十），高等教育出版社，1998年版，第478—481页。

[38] 参见孔令仁、李德征编：《中国老字号》（卷十），高等教育出版社，1998年版，第584—589页。

[39] 参见孔令仁、李德征编：《中国老字号》（卷十），高等教育出版社，1998年版，第488—491页。

第六章　老字号中的中药与西药

中国传统药业的发展可谓历史悠久、影响深远。夏商以后，药物品种不断增多，中国传统医药文明初露端倪。西周时期，已根据患者等级和疾病的种类将从医者分门别类细分开来，如《周礼》中记载："医师掌医之政令，聚毒药以共医事。凡邦之有疾病者、疕疡者造焉，则使医分而治之。岁终则稽其医事，以制其食。……食医掌和王之六食，六饮、六膳、百羞、百酱、八珍之齐。……疾医掌养万民之疾病。四时皆有疠疾：春时有痟首疾，夏时有痒疥疾，秋时有疟寒疾，冬时有嗽上气疾。以五味、五谷、五药，养其病；以五气、五声、五色，眡其死生。两之以九窍之变，参之以九藏之动。凡民之有疾病者，分而治之。……疡医掌肿疡、溃疡、金疡、折疡之祝，药、劀、杀之齐。凡疗疡，以五毒攻之。以五气养之，以五药疗之，以五味节之。凡药以酸养骨，以辛养筋，以咸养脉，以苦养气，以甘养肉，以滑养窍。凡有疡者，受其药焉。古兽医掌疗兽病，疗兽疡。"[1]

战国时期，出现了我国历史上较为古老的医学著作，即1973年湖南长沙马王堆出土的《五十二病方》，内含医方总数283个，用药达247种，涵盖外科、内科和妇儿科等，见证了中药的早期发展历史及其特点，是中国传统制药文化的瑰宝。

东汉时期的《神农本草经》简称《本草经》或《本经》，是中国现存较早的药物学专著。书中记载了365种药物，并详细记述了每一味药的产地、性质、采集时间、入药部位和主治病症。可见两千多年前，我们的祖先就已经遍尝百草，医术惊人。值得一提的是，东汉医圣张仲景在担任长沙太守一职时，曾在衙门坐堂问诊，"坐堂医生"便由此而来。

东晋时期，诞生了我国第一部临床急救手册，即葛洪所著的《肘后救卒方》，书中摘录了可供急救医疗、实用有效的单验方及简要灸法。

唐代，生产力有了较大进步，社会文化和经济的发展欣欣向荣，对外交流日益加深，医药业也不例外。唐显庆四年（659年），唐高宗批准修订的苏敬等编著的《新修本草》完成，上面记载的药品有844种，还包括一部分外来药品，对中国乃至日本等国医药的发展有着深远的影响。当时包括药材在内的商品交换日趋活跃，高承所撰的《事物纪原》在《药市》一条中记载："唐王昌遇，梓州人，得道，号易玄子，大中祥符十三年九月九日上升。自是以来，天下货药辈，皆于九月初集梓州城，八日夜于州院街易玄龙冲地，货其所赍药，川俗因谓之药市，迟明而散。"[2]《唐国史补》记载："宋清，卖药于长安西市。朝官出入移贬，清辄卖药迎送之。贫士请药，常多折券，人有急难，倾财救之。岁计所入，利亦百倍。长安言：'人有义声，卖药宋清。'""王彦伯自言医道将行，时列三四灶，煮药于庭。"[3]

到了宋代，御医与民医仍分工明确。《东京梦华录》中记载："殿中省，六尚局（尚药、尚食、尚辇、尚酝、尚舍、尚衣），诸阁分内相药库、后苑作、翰林书艺局、医官局、天章等阁。"[4]北宋时期，中药业当时的格局可分为御药院、官办药局和民间药铺三种。《宋史》记载："和剂局、惠民局，掌修合良药，出卖以济民族。"[5]《梦梁录》记载："惠民利剂局，在太府寺内之右，制药以给。惠民局，合暑腊药以备宣赐。太平惠民局，置五局，以藏熟药，价货以惠民也。南局在三省前，西局众安桥北，北局市西坊南，南外局浙江亭北，外二局以北郭税务兼领惠民药局收赎。"[6]惠民局是朝廷惠济百姓用药的部门，在大灾大疫之时，尤为重要。

宋时民间药业渐趋发达起来，药铺林立，且已经有了自家字号。《东京梦华录》里记述了都城药铺的繁华景象："马行街北医铺。马行北去，乃小货行时楼。大骨传药铺，直抵正系旧封丘门。两行金紫医官药铺，如杜金钩家、曹家独胜元、山水李家口齿咽喉药、石鱼儿班防御、银孩儿栢郎中家医小儿、大鞋任家产科。其余香药铺席、官员宅舍，不欲遍记。夜市比州桥又盛百倍，车马阗拥，不可驻足，都人谓之里头。"[7]《梦梁录》里也记载了许多药铺字号，如"潘节干熟药铺""坝头榜亭安抚司惠民坊熟药局""市西坊南和剂惠民药局""张家生药铺""讷庵丹砂熟药铺""陈直翁药铺""梁道实药铺""杨将领药铺""官巷前仁爱堂熟药铺""修义坊三不欺药铺""官巷北金药臼楼太丞药铺""漆器墙下李官人双行解毒丸""外沙皮巷口双葫芦眼药铺""陈妈妈泥面具风药铺""大佛寺疳药铺""保和大师乌梅药铺""三桥街毛家生药铺"和"郭医产药铺"[8]等大小铺席，遍布大街及诸坊巷。

元朝初期，药材买办一度遭禁，民间药业发展缓慢。直至元朝中后期，许多民间药店才逐渐兴起，如杭州较著名的有蒋正斋药室、夏应祥的寿安堂药室和泮氏的中和堂等。多为官员或富商开办，比如寿安堂的创办者夏应祥便身居杭州金玉总管府大使一职。

明代以后，中国传统药业发展迅速，医药分工也明显细化。宋应星的《天工开物》中记载："药铺所货牡蛎，即此碎块。"[9]李时珍所著的《本草纲目》，堪为药学巨著，书中载有药物1892种，收集医方11096个，在中国药业发展史上具有跨时代的意义。此间出现了许多至今仍活跃于历史舞台的传统药业老字号，如创办于明嘉靖末年（1525年）的北京历史最悠久的中药店鹤年堂、明嘉靖三十一年（1552年）的厦门怀德居药铺、明万历初年（1573年）的广东佛山梁仲弘蜡丸馆、明万历十年（1582年）的湖北武汉马应龙药店和明熹宗天启二年（1622年）的陕西西安藻露堂药店等。

清康熙以后，垄断专卖的官药局撤销，民营药业随即得以大力发展。中国传统药业老字号发展繁荣，北京同仁堂、杭州胡庆余堂、湖北汉口叶开泰和广州陈李济，在当时并称为四大药店。《旧都文物略》中记载："同仁堂、西鹤年堂药铺，皆数百年营业，声闻全国。近虽西药房林立，即同仁、鹤年二家家族，于平市四城设分肆无数，而购药者仍不约而同趋前门桥及菜市口两处。"[10]除了四大药店外，其他药店也出现百花争艳之势。据《旧京琐记》记述："药肆有专售秘制一种，传之数百年成巨室者，其可数者，如酱坊胡同之庄氏独脚莲，土儿胡同同德堂之万应膏，观音寺雅观斋之回春丹，鹿犄角胡同雷万春之鹿角胶，皆以致富。此外熟药铺，则菜市口之西鹤年堂、大栅栏之同仁堂，每年所作膏丹，行之各省，亦至巨万。"[11]此时出现并流传至今的老字号有：创办于清顺治七年（1650年）的湖南长沙劳九芝堂药铺、清康熙初年（1662年）的江苏镇江唐老一正斋药店、清康熙四十九年（1710年）的廖元和堂、清雍正十二年（1734年）的苏州雷允上诵芬堂药铺、清乾隆元年（1736年）的宁夏首家中药店德泰永、清乾隆十七年（1752年）的浙江绍兴首家药店震元堂、清乾隆四十五年（1780年）的四川成都陈同仁堂药店和湖南常德聂振茂药店、清道光八年（1828年）的广州王老吉凉茶铺、清乾隆五十五年（1790年）的广州敬修堂制药厂、清咸丰七年（1857年）的云南昆明福林堂、清光绪十六年（1890年）的广州潘高寿和清光绪十九年（1893年）的辽宁丹东老天祥药房等。

清朝晚期，随着洋务运动的兴起，许多中国人自办的西药药店、药厂初露端倪。上海是我国制药工业的发祥地，中国最早的西药药店——创建于清光绪十四年（1888年）的"中西药房"就诞生于此。随后"中法药房"（1890年）和"中英药房"（1894年）创办。当时，中国有四大西药厂之说，为上海信宜制药厂（1924年由湖南人何子康和德籍俄国人霞飞合作创办）、上海新亚制药厂（1926年由许冠群、赵汝调和屠焕生合伙创办）、杭州民生药厂（1926年，由爱国人士周师洛创办）和上海海普制药厂。

抗日战争和解放战争时期，中国传统药业饱受战争摧残，许多药业老字号辗转于内地或港澳地区，又面临着国外药品的冲击，发展缓慢。直至新中国成立，传统药业才恢复了生机。公私合营后，大部分老字号转为国营，制药工艺和设备得以改进，由手工艺生产提升为机械生产，许多传内不传外、传男不传女的制药秘方也献给了国家。改革开放后，经过转企改制后的众多药业老字号成为股市上的生力军，在传承传统药品的基础上，不断更新产品内容和种类，逐渐发展成中国药业的代表，将中医文明发扬光大。也有部分老字号，在城市重建的进程中，面临着几度拆迁和回迁困难的窘境，亦或被西药产业和新兴药业冲击，丧失了原有的传统中药制售特点，变成毫无特点的现代药房或药厂。

第一节　四大中药店

陈李济

陈李济创建于明万历二十八年（1600年），迄今已近420年，创办于广州,是中国四大中药店中历史最为悠久的。创办者为南海县人陈体全和李升佐。据悉,两人的合作还源于一段津津乐道的故事。明万历二十八年(1600年)岁末,陈体全收到货银后坐船回广州,到广州后匆忙上岸,货银全部落在了船上。同船的老乡李升佐捡到了货银,没有见利忘义,整日在码头驻足等候,终于归还给赶回来急寻货银的陈体全。陈体全感动于李升佐的诚实厚道,想出钱感谢,却被婉言谢绝,于是他诚恳地提出要投资李升佐开办的中草药店,李升佐推辞不掉,便只好应允。店名取为"陈李济",意思是陈李二人共同经营、同心济世。两个人还写下合作文书:"本钱各出,利益均沾,同心济世,长发其祥。"[12]

清顺治七年(1650年),陈李济依经方创制乌鸡丸,该产品后来衍生成御用名药乌鸡白凤丸。康熙年间,陈李济首创蜡壳药丸剂型。每年学子赴京赶考的时候,陈李济还将药品拿到京城去卖,有力地扩大了其影响。陈李济的蜡丸还被学子们买来作为珍品返乡的时候送给亲友。陈李济发展至鼎盛的原因与同治皇帝密不可分。据悉,当年同治皇帝偶患感冒,腹痛吐泻不止。御医便将陈李济生产的"追风苏合丸"拿来给同治皇帝服用,果然药到病除。同治皇帝大悦,便赐陈李济"杏和堂"三个字作为封号,慈禧太后还钦点陈李济的"百年陈皮"作为贡品,陈李济从此名声大噪,[13]可谓"北有同仁堂,南有陈李济"。从此,光绪年间,帝师翁同龢为之题写"陈李济"店名,保存至今。

当时陈李济在继承历代古方验方的基础上,研制生产出数十种中成药,包括膏、丹、丸、散、茶和酒等,具体产品有:"琥珀抱龙丸、追风苏合丸、附子理中丸、全鹿滋肾丸、湿病紫雪丹、天王补心丹、救急通关散、万应如意油、参茸卫生酒、万应午时茶、太乙紫金锭等。"[14]陈李济的药品还远销南洋等地,包括新加坡、马来西亚、越南和泰国等。

清咸丰七年(1857年),英法联军侵占广州,陈李济毁于炮火,店铺迁至佛山。战火平息后又迁回广州。民国初年,注册"杏和堂"商标,沿用至今。1922年,在香港皇后大道中206号开设分店。1935年,在上海北四川路开设分店。1935年,资本累计达60万银元。[15]1942年,在澳门新马路开设支店。1949年,陈李济负责人陈叔平、陈汝昭携带资金和主要人员,将广州总店移至香港。广州本地仅剩93人,勉强维持经营。

1956年公私合营后，以陈李济为基础，并入"神农、伟民、冯致昌、何弘仁、万春园、燮和堂、橘香斋等7家制药厂和一家甘泉药社、一家专业加工蜂蜡的'大生合记'等",[16]成立广州陈李济联合药厂。为了开拓新产品，陈李济大量引进国外先进设备。1958年，首创补肾名药壮腰健肾丸。"文革"期间，改为广州中药二厂。1979年，恢复陈李济名号和"杏和堂"商标。1984年，壮腰健肾丸荣获国家质量银质奖。1993年，陈李济首批获得国内贸易部中华老字号称号。1998年，投资1.3亿元按国家GMP标准易地建设的新厂落成，告别了前店后厂的作坊模式。2004年，陈李济中药博物馆落成。2006年，研制出国家级新药昆仙胶囊。2008年，"陈李济中药文化"入选国家级非物质文化遗产名录。2009年，被授予广东省最具文化价值品牌，同年荣获高新技术企业称号。

2010年，广州陈李济药厂（注册商标：陈李济）被商务部认定为中华老字号。陈李济中药博物馆被广州市政府确认为广州市爱国主义教育基地。同年，陈李济品牌成功获得英国吉尼斯"全球最长寿制药厂"认证，并作为南药代表登上"中医药堂"国家邮票。2011年，"广药集团陈李济健康养生研究院"及"岭南中医药文化体验馆"在陈李济北京路旧址揭牌，集健康养生、医药零售和旅游参观为一体，高悬的"火兼文武调元手，药辨君臣济世心"木质楹联彰显着陈李济的制药文化和优良传统。

2012年6月，广州陈李济药厂有限公司更名为广州白云山陈李济药厂有限公司。如今，广州白云山陈李济药厂有限公司是一家现代化的中成药生产企业，隶属于广州医药集团有限公司❶，是在沪、港两地上市的广州药业股份有限公司❷的全资子公司。现有员工近600人，各类专业人员占全厂总

---

❶ 广州医药集团有限公司是广州市政府授权经营管理国有资产的国有独资公司，主要从事中成药及植物药、化学原料药及制剂和生物医药制剂等领域的研究与开发以及制造与经营业务。现有注册商标1021个，其中中国驰名商标5个（包括白云山、王老吉、陈李济、中一和抗之霸）、广东省著名商标23个、广州市著名商标30个、百年企业6家（包括陈李济、王老吉、敬修堂、中一、潘高寿和明兴）和获得中华老字号认证的企业12家。拥有国家级非物质文化遗产6件（星群夏桑菊、白云山大神口焱清、王老吉凉茶、陈李济传统中药文化、潘高寿传统中药文化和保滋堂保婴丹制作技艺）。资料来源于广州医药集团有限公司官方网站。

❷ 广州药业股份有限公司是由广州医药集团有限公司属下八家中成药制造企业和三家医药贸易企业于1997年9月1日重组成立的上市公司，下属星群药业、中一药业、王老吉药业、潘高寿药业、奇星药业、陈李济药厂及敬修堂药业与广州白云山制药股份有限公司等。

人数的35%，其中执业药师35人，高中级工程技术人员60人。

叶开泰

叶开泰创办于明崇祯十年（1637年），距今已有愈380年历史，店址位于湖北汉口，是中国四大中药店之一。创始人叶文机，祖籍安徽徽州。明末清初，战乱纷起，百姓疾苦。明崇祯十年（1637年），旅居汉口的叶文机医术高明，适逢岳州一带瘟疫流行，便前去应诊，效果甚好。于是，驻军简亲王赞助他在汉口大码头鲍家巷开办起了叶开泰药室，前店后厂，生意逐年兴旺。[17]取名叶开泰，寓意药室开业只图国泰民安。

图6-1-1　20世纪初老叶开泰药铺

至清乾隆年间，从叶文机的后人叶松亭始，叶家后人开始走科举入仕的道路，聘请经理管理药店，亦官亦商，有钱有势。叶松亭曾官至诰受中宪大夫，助推了叶开泰的声势和发展。清道光年间，叶松亭的曾孙叶名琛考中进士。清道光二十七年（1847年），38岁的叶名琛出任广东巡抚。清咸丰二年（1852年），叶名琛升为两广总督兼商务钦差大臣，成为南国封疆大员。清咸丰七年（1857年），英法联军进犯广州，次日失陷，叶名琛被俘。清咸丰八年（1858年），叶名琛被英军押至印度加尔各答，绝食而死。[18]叶名琛是叶家后人中官位最高和仕途最盛者，他的义举使得叶开泰名声倍增。而后其弟叶名沣率领叶开泰潜心钻研医理，扩大生产，振兴传统中药,坚决抵制洋货和西药。

叶开泰大量生产自制的参桂鹿茸丸、八宝光明散、虎骨追风酒和十全大补丸等。所产药品选料地道、品质上佳,比如参桂鹿茸丸中的人参"非高丽参而不用,不是边油桂而不取"。[19]虎骨追风酒"用料讲究,除选用山西上好的汾酒外,配方中还有28种治疗风寒暑湿、舒筋活络的中药材",[20]制作工艺也很严格,"如虎骨胶、鹿角胶,要在溶化以后按量均衡投入酒中;杜仲、故子一定要用盐水炒焦;川乌、草乌含有乌头砒毒素,不能生用,一定用有关辅料煮制、消除毒素后,再投入酒中"[21]。由于叶开泰自制药品货真价实、效用良好,因此得以驰名湘、鄂、赣、豫、陕等各省,并远销港、澳及海外地区。清同治九年(1870年),药材行帮会馆——三皇殿重建,"叶开泰为争得在药材行业中的地位,乃出巨资资助。三皇殿落成时,叶开泰借机为叶名琛之妻叶江氏做寿,在三皇殿设筵演古三天。其热闹场面,轰动全市,进而扩大了叶开泰的影响"[22]。

至1911年,叶开泰除了药店外,在北京、汉阳、汉口和武昌等地都有房屋、会馆或地皮,田地千亩。[23]此后历经辛亥革命和军阀混战,叶开泰曾因家族矛盾和战乱发展迟缓,直至第九代传人叶凤池主理叶开泰后,他审时度势,得以在夹缝中发展。1927年,叶开泰"积累资金达白银105万两,比1912年基金增长74倍"[24]。抗日战争时期,由于兵荒马乱,叶开泰每况愈下。汉口沦陷后,叶开泰打破不设分店、不售饮片的祖训,在车站路附近开了一家分店维持经营。

新中国成立后,叶开泰获得了新生。1953年,叶开泰第十代传人叶蓉斋等联合陈太乙、陈天保等药业大户,在汉口大夹街原叶开泰药店的旧址开办私营武汉健民制药厂,董事长为叶蓉斋。1956年,改为公私合营武汉市健民制药厂,由叶蓉斋主管。建厂之初,年产值不过数百万元。1980年,突破2000万元。1982年达到2400万元。[25]1987年,研制出防治小儿佝偻病的龙牡壮骨冲剂,成为现在的名牌产品。1988年,恢复叶开泰老字号。1993年,武汉健民药业集团股份有限公司成立。1996年,斥资3900万元在央视黄金时段投放龙牡壮骨颗粒广告,使得该产品声名远扬。1997年,集团总资产达3.02亿元,为1986年的40倍。[26]2004年,集团在沪市上市。2006年,"叶开泰中医药传统"入选武汉市非物质文化遗产名录。

2010年，武汉叶开泰药业连锁有限公司（注册商标：叶开泰）被商务部认定为中华老字号。

如今，武汉健民药业集团股份有限公司为中国医药工业50强企业、国家重点高新技术企业、全国中成药小儿用药生产基地和全国重点中药企业。近几年，集团大力实施科技兴业战略，确立了坚持以中药研发、生产和销售为主业，重点开发市场急需的小儿用药、老年用药和重大疑难病症用药，构建以中药现代化、产业化为基础，以高新技术药品为支撑的科技先导型医药集团。名牌药品有龙牡壮骨颗粒、健民咽喉片、健脾生血颗粒、便通胶囊和慢肝宁胶囊等。现拥有十余个子公司，集生产、科研与经贸于一体，年生产能力近十亿元。先后荣获"全国质量效益型先进企业""全国中药行业优秀企业"和"全国五一劳动奖状"等称号。❶

同仁堂

同仁堂创办于清康熙八年（1669年），距今已有350多年历史，地址位于北京前门外大栅栏路，是北京现存历史较为悠久的传统药业老字号，为中国四大中药店之一。创办者为浙江宁波人乐显扬，号尊育，祖辈为世代铃医，走街串巷行医卖药。后传至第四代子孙乐显扬一代，终于获任清朝皇室太医院吏目一职，结束了乐氏祖传的铃医生涯。期间，乐显扬收集了大量宫廷秘方、古方和民间祖传秘方等。清康熙八年（1669年），乐显扬报着济世养生的精神，创办了同仁堂。清康熙二十七年（1688年），乐显扬逝世，其子乐凤鸣恪守祖业，于康熙四十年（1702年）在北京前门外大栅栏路南开设同仁堂药铺。他勤于钻研医道，于康熙四十四年（1706年）完成了《乐氏世代祖传丸散膏丹下药配方》，收入宫廷秘方、古方、家传秘方和历代验方共362种，提出了"遵肘后，辨地产，炮制虽繁必不敢省人工，品味虽贵必不敢减物力"[27]的指导思想，成为历代同仁堂人的制药精神和原则，为同仁堂积累了良好的声誉。清雍正元年（1723年）开始，同仁堂开始供奉御药房，历经八代皇帝，达188年之久。

清乾隆十八年（1753年），同仁堂不慎失火，财产几乎全部烧毁，获

---

❶ 资料来源于武汉健民药业集团股份有限公司官方网站。

第六章 老字号中的中药与西药

图6-1-2 同仁堂店面

朝廷招商承办。此事颇有一段渊源。乐尊育的孙子乐礼与清宫御药房领班张世基的女儿联姻。失火之前，乐礼已经病逝。失火之后，乐礼的长子又故去，留下张世基的女儿乐张氏和幼子接管同仁堂。当时同仁堂欠了朝廷许多官款，乐氏一族已无力经营。张世基为了接济女儿，便请旨朝廷出面招商承办同仁堂。于是，他得以出资重建同仁堂，保住了同仁堂这块招牌。时有九门提督告示一份，内容大致为：同仁堂由张世基出资二万两银子重新修建，将残存药料及房地基折价，除去年终股息外，每月由张姓支付钱财作为乐姓孀孤的赡养费。此后同仁堂的一切财产及经营，与乐姓无关，其他闲杂人等，不许骚扰滋事。[28]之后，同仁堂经历了一段外股合营的局面，先由张姓接办继而外股日增，后又历经典让，乐姓家族濒临危境。

清道光二十三年（1843年），乐印川终于收复了祖业。同仁堂也形成了一套"自东自掌"的祖训家规，即"一切不假手外人"、"不用徒弟，不用资方代理人，不准子孙经营其它业务"。[29]乐印川交友广泛，善于经营和宣传，他效仿许多商人捐官以繁荣生意。清光绪四年（1878年），乐印川位居二品，同仁堂声势达到鼎盛。当时在北京城每年照例要清挖一次城沟，乐氏就在四面城门开沟的地方设立"沟灯"。每当夜幕降临，同仁堂的红字大灯辉煌耀眼，格外受人关注。乐氏还热衷于消防公益事业，清同治六年（1867年）设立同仁堂普善水会，并在清光绪十四年（1888年）十二月十五日扑灭皇宫贞度门失火时发挥了重要作用。慈禧知情后非常高兴，便封同仁堂普水会为"小白龙"，同仁堂借此名震京都。

清光绪十五年（1889年），同仁堂印制的《同仁堂药目》中有495种成药。十大名药有："安宫牛黄丸、乌鸡白凤丸、安坤赞育丸、参茸卫生丸、苏合香丸、再造丸、局方至宝丹、活络丹、女金丹、紫雪散。"[30]再加上牛黄清心丸、十香返还丹和虎骨酒，又有"十三太保"之称。[31]同仁堂用药不惜工本，药材讲究，一些特殊的药材都要到当地采购。比如，麝香要购置于河南杜盛兴号，大山参和鹿茸要去辽宁营口购买，陈皮要广东新会的，当归要来自甘肃岷县，配制乌鸡白凤丸的柴胡要来自宁夏和内蒙古河套一带。还比如紫血丹古方中要用金锅银铲，同仁堂就搜集100两金银首饰用作工具。提到同仁堂的经典名药，非安宫牛黄丸和乌鸡白凤丸莫属。安宫牛黄丸、局方至宝丹和紫雪散被历代医家称为"温病三宝"。安宫牛黄丸较早记载于清朝吴鞠通所著的《温病条辨》中，由牛黄、犀角和珍珠等十多种名贵药材制练而成，专治高烧不退、神昏谵语、脑炎以及高血压引起的昏迷等。乌鸡白凤丸源自唐代白凤丹方，是用乌鸡配以人参、黄芪、当归和鹿角胶等制成，具有补气养血、健身益智和滋阴润颜等功效。[32]

清政府灭亡以后，同仁堂结束了承办官药的皇差，由乐印川的四房后人经营。除了乐家老铺同仁堂外，全国共开起了34家打着乐家老铺旗号的药店，如宏济堂、乐仁堂、永仁堂、怀仁堂和达仁堂等，但都不准许使用同仁堂名号。1931年，四房统一改由乐达义管理，改变分散经营的局面。[33]

抗日战争时期，同仁堂历经磨难。1948年，乐氏第十三代传人乐松生接任同仁堂经理。1954年，实现公私合营。1955年，乐松生出任北京市副市长。1957年，成立同仁堂中药提炼厂。"文革"时期，同仁堂老匾被砸烂。1966年，改名为北京中药店。1979年，恢复同仁堂店号。

1989年，国家工商行政管理局商标局认定"同仁堂"为驰名商标，受到国家特别保护。1991年，同仁堂制药厂晋升为国家一级企业。1992年，中国北京同仁堂集团公司组建成立。1997年，由集团公司六家绩优企业组建成立北京同仁堂股份有限公司。同年，同仁堂股票在上证所上市。1998年，全国总工会授予同仁堂"全国五一奖状"。2000年，同仁堂大厦落成。

同年，成立了北京同仁堂科技发展股份有限公司，在香港创业板上市，并成立同仁堂和记（香港）药业发展有限公司。2001年，北京同仁堂股份有限公司获得北京市科学技术委员会颁发的高新技术企业证书。2006年，"同仁堂中医药文化"被列入首批国家级非物质文化遗产名录。同年，被商务部认定为首批中华老字号。

目前，中国北京同仁堂（集团）有限责任公司为国有独资企业。已形成六个二级集团、三个院、五个直属子公司的主体架构。六个二级集团（含三个上市公司）为：股份集团、科技发展集团、国药（香港）集团、健康药业集团、商业投资集团、药材参茸投资集团；三个院为：研究院、中医医院、教育学院；五个直属子公司为：制药公司、投资公司、生物制品公司、文化传媒公司、中药配方颗粒投资公司。涵盖现代制药业、零售商业和医疗服务三大板块。截至2017年末，集团拥有药品、保健食品等六大类产品2600余种，36个生产基地，105条现代化生产线，一个国家工程中心和博士后科研工作站。集团系统共有零售终端2121家（其中海外140家）；医疗服务终端（含中医医院、诊所）488家（其中海外80家）。❶

胡庆余堂

胡庆余堂开业于清同治十三年（1874年），距今已有140多年的历史，店址位于浙江省杭州市，是中国四大中药店之一。创始人为清末著名红顶商人胡雪岩（1823—1885年）。据说胡雪岩投资药业源于一件小事。有一次胡雪岩的妻子生病，他派人到杭州当时最著名的药房叶种德堂买药，发现有一两味中药质量较差，便提出调换，但却遭到店家的冷遇，伙计还说："请你家胡大先生自己开一爿药铺。"胡雪岩听闻后甚怒，便决心自己开药店压倒叶种德。之前，胡雪岩一直为左宗棠的军队筹办药品，有一定的资源，便斥资30万两创办了胡庆余堂。店名取自对联"向阳门第春常在，积善人家庆有余"。[34]据说胡庆余堂的筹备非常充分。清同治十三年（1874年），设立胡庆余堂雪记国药号筹备处，邀请名医和医药界人士共同筹谋。先是以南宋官方制定的皇家药典《太平惠民和剂局药局方》的制药

---

❶ 资料来源于同仁堂官方网站。

技艺和行业规范为基础，选出配制丸散膏丹及胶露油酒的验方 400 多个开始试制，之后又设立了制丹丸大料部、制丹丸细料部、切药片子部、炼拣药部和胶厂等部门。

图 6-1-3　胡庆余堂的戒欺匾额　　　图 6-1-4　胡庆余堂的金铲银锅

清光绪二年（1876 年），在杭州涌金门设办的胶厂占地 10 余亩，下有晒驴皮工厂、铲驴皮工场、丸散工场和养鹿园等。此外，还将编印好的《胡庆余堂雪记丸散全集》派送各界各地，在《申报》上连载广告，在水陆码头赠送药品，将在军营中业已有了一定口碑的自产的胡氏避瘟丹、诸葛行军散等广施民间。而且，胡庆余堂的选址位于寺庙集中、香火旺盛的吴山大井巷，建筑飞檐重阁、气势宏伟，店堂后面即是别有趣味的鹿园。

图 6-1-5　旧时胡庆余堂作坊式的传统制药工场

因此，药店尚未开张即已名扬四海，开业后更是生意兴旺。[35]

开业之际，胡雪岩亲笔书写"戒欺"匾额，右附数列小字为："凡百贸易均着不得欺字，药业关系性命，尤为万不可欺。余存心济世，誓不以劣品弋取厚利，惟愿诸君心余之心，采办务真，修制务精，不至欺予以欺世人，是则造福冥冥，谓诸君之善为余谋也可，谓诸君之善自为谋也亦可。"这个匾额是胡雪岩留存至今的唯一墨宝，昭示着胡雪岩创办胡庆余堂的宗旨和经营原则，也是胡庆余堂兴盛百年的原因所在。自创办之时，胡庆余堂一直尊尚匾额中所书的"采购务真，修制务精"理念，药品原料和加工都非常讲究质量、要求严格。比如，驴皮要采制河北新集或山东濮县，龟板要去汉阳采办，麝香、贝母和川连要去川贵购买，山药、生地和黄芪等要去淮河流域采购。

再如胡庆余堂自制的具有镇惊通窍功用的局方紫雪丹，最后一道工序如果用金铲银锅疗效更佳，于是店家便请来能工巧匠用黄金133克和白银1835克制作了金铲银锅，这套金铲银锅现保存完好，被列为国家一级文物，存于胡庆余堂中药博物馆，成为胡庆余堂开店信誉的见证和医药工艺的瑰宝。清光绪九年（1883年），因金融风暴，胡雪岩破产。胡庆余堂由时任刑部尚书文煜接手。辛亥革命后，由商人施凤翔竞标买办。1914年，在上海设立分号，后上海分号独立经营。❶ 1921年，商人徐祖沅和徐斌辉成为胡庆余堂的大股东。由于胡庆余堂影响深远，虽几经转手，但店号一直保留未变，胡氏子孙也照旧拥有招牌权。[36]抗日战争时期，胡庆余堂受时局影响，再加上管理不善，经营惨淡。

新中国成立后，胡庆余堂获得了新生，改变了传统的手工生产方式。1955年，胡庆余堂率先进行公私合营，成为一个制胶车间。1958年，叶种德堂并入胡庆余堂，成立了制药厂。1972年，独立建制，改为杭州中药二厂。此后，胡庆余堂一度由于体制和经营问题濒于破产。1996年，由出身于中药世家、1949年便入胡庆余堂拜师学技的冯根生先生管理的青春宝集

---

❶ 胡庆余堂、童涵春堂、雷允上和蔡同德堂并称为上海四大国药店。1939年，胡庆余堂杭沪两地分立。1956年，上海胡庆余堂、童涵春堂、雷允上和蔡同德堂合并，成立上海中药联合制药厂。1980年，恢复胡庆余堂字号。

团收购已经负债 7500 万元的母厂——胡庆余堂制药厂,使胡庆余堂免于破产。同年,厂址迁至杭海路。1997 年,胡庆余堂仅用了一年时间,便扭亏为盈,创利税 1100 多万元。[37] 1999 年,胡庆余堂顺利完成国企改革,成立杭州胡庆余堂药业有限公司。2001 年,成立杭州胡庆余堂国药号有限公司。同年,胡庆余堂商标被国家商标局认定为国家驰名商标。2003 年非典期间,胡庆余堂坚持"戒欺"理念,坚决不跟风提升药价,颇受百姓好评。2006 年,"胡庆余堂中药文化"被收入首批国家级非物质文化遗产名录。同年,杭州胡庆余堂国药号有限公司的"胡庆余堂"被商务部认定为首批中华老字号。

2007 年,胡庆余堂集团成立。集团现已形成从药材种植、饮片加工、成药生产、药品零售、中医门诊到养生旅游的完整中医药产业链,主打名牌产品有胃复春片、庆余救心丸、障翳散、沉香化气胶囊、神香苏合丸、小金丸、大补阴丸、石斛夜光丸和杞菊地黄等。现有连锁门店 40 余家,其中旗下庆余堂、种德堂和保和堂 3 家连锁店为浙江省老字号,❶ 还应时推出网上销售门店。集团旗下现拥有胡庆余堂投资公司、胡庆余堂药业公司、胡庆余堂国药号、青春宝依科生物公司、胡庆余堂天然药物公司、参茸公司、青春宝保健品公司、医技公司、庆余中医门诊部、中药博物馆、庆余旅行社、药材种植基地、浙江省中药现代化研究发展中心和浙江省天然药用植物研究中心。[38]

吴山老厂古建筑群现已改建为胡庆余堂中药博物馆,是国内首家中药博物馆,也是全国重点文物保护单位。2012 年,胡庆余堂中药博物馆被授予首批联合国教科文组织全球创意城市网络"工艺与民间艺术之都"传承基地称号。2015 年,公司从杭州市区江干区杭海路 78-10 号整体搬迁至余杭经济技术开发区新洲路 70 号。公司现拥有国家批准生产的药品 184 种,保健食品 9 种。拥有 6 个发明专利,7 个新型实用专利,13 个外观专利。

---

❶ 资料来源于胡庆余堂集团官方网站。

图6-1-6 1965年胡庆余堂欢庆国庆的店面照

图6-1-7 如今的胡庆余堂药局已成为全国重点文物保护单位

第二节 知名西药店

中西

中西创建于清光绪十四年（1888年），距今已有130多年历史，店址位于上海，是国内第一家华人自办的西药房。创始人为顾松泉、徐亦庄和程尧臣，他们都曾在英国商人开办的大英医院药房实习，掌握了西药调剂技术和经营策略，后辞职合伙创办了中西大药房。店址位于上海福州路河南路转角，资金数千银元，主销外国药品，兼营医疗器械、照相材料和化妆品等。由于其品种多样、服务周到，所以生意颇为红火。清光绪三十二年（1906年），资本已达5万银元。还将经销的药品按品名、用途和服法印制成一本小册子《环海皆春》，堪称中国西药制造业的第一本产品目录。1922年，产品多达百种。1923年，由于顾松泉经营面粉工业投资失败，又自感年老力衰，便将中西药房转由旧上海鼎鼎有名的中法大药房总经理黄楚九经营。1931年，黄楚九病逝，中西大药房转由周邦俊经营，其将药房改为股份制，以经销药品和化妆品为主。1936年，产品多达三四百种，年营业额190万法币。

图 6-2-1　20 世纪三四十年代民生药厂

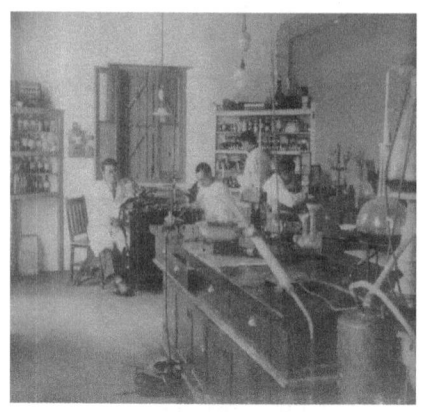

图 6-2-2　20 世纪三四十年代民生药厂已初具现代化的影子

抗日战争爆发后，市场出现畸形发展，起初是萎缩状态，1939 年又回升，1941 年营业额达 2346.8 万法币，创历史新高。上海解放后，由上海市军事管制委员会管理。1952 年，结束军管，实行公私合营。1954 年，改为公私合营中西制药厂，之后兼并良园、太平洋、维德、大丰和张裕丰几家药厂。"文革"期间改名为上海第十四制药厂。1985 年，恢复中西药厂名号。[39] 1991 年，改为中西药业公司。1992 年，改制为上海中西药业股份有限公司，是上海医药行业第一家改制企业。1994 年，公司股票在上海证券交易所上市交易。2001 年，中西丹香冠心注射液被评为上海市名牌产品。2006 年，中西硫酸羟氯喹片被评为上海市名牌产品。2008 年，中西药业股份有限公司被上海市企业技术创新服务中心认定为上海市知识产权示范企业。现在的中西药业股份有限公司隶属于上药集团。

五洲

五洲成立于清光绪三十三年（1907 年），距今已有 110 多年历史，厂址位于上海市。最初由商务印书馆总经理夏粹芳、中法药房总经理黄楚九、中英药房总经理陈列卿和毕业于杭州广济医院的谢瑞卿等人合伙集资万元开办而成，主营各种西药和配方。1911年，项松茂受聘担任上海五洲药房经理，自制了一系列成药，其中治疗贫血症的人造自来血比进口的西药便宜很多，所以受到消费者的普遍欢迎，成为五洲药房的王牌产品，在中国自制西药史上占有重要地位。

1913年，人造自来血年产量比1911年上升44.73%。1914年，人造自来血参加日本东京举行的大正博览会，颇受瞩目。1915年，在美国旧金山巴拿马展览会上，荣获银奖。此后又在菲律宾、泰国和新加坡等地的展览会上展出，均获嘉奖。1915年，改组成立五洲股份有限公司。第一次世界大战爆发后，西药进口受到影响，人造自来血替代了德国拜耳健身素和瑞士罗氏大补药，销量激增，1918年的销量比1914年增加了62.24%。1921年，收购德商固本皂药厂，成立五洲固本皂药厂，同年又收购了德国人办的亚林化学制药厂。1925年，收购南洋木塞厂。1929年，收购宁波东吴药棉绷布厂。此间，派员赴国外深造，不断改进制药技术和设备，产品已至780种。

1929年，据《密勒氏评论周报》记述：上海自开埠以来，华人营西药业，设有化学制药厂者，自五洲药房始，项松茂君实主持之。1930年，五洲在全国的支店已达20处，联号55处。产品畅销海内外。1932年，上海"一·二八"事变中，项松茂为营救店员被日寇杀害。其子项绳武子承父志，致力于振兴民族经济。同年，在淮海西路兴建五洲第二制药厂。1934年，在闸北恒业路开办五洲第三厂。1936年，五洲公司资本总额达280万法币，职工1233人，发展至全盛时期。抗日战争期间，五洲饱受日寇摧残，屡屡陷入困境，第一厂被日军强占。1947年，项绳武病逝。

新中国成立后，五洲公司公私合营，改造成专门生产合成原料药的化学制药厂。1967年，改为上海第五制药厂。1980年，生产的利福平连获国家质量金奖。1985年，恢复五洲药厂名号。[40] 1995年，被上海市政府列入第一批现代企业制度试点企业。1996年，公司改制为国有独资的上海五洲药业有限公司。2001年，上海五洲药业股份有限公司创立。现在的上海五洲药业股份有限公司是国家二级企业和上海市高新技术企业，生产、经营和开发解热镇痛、半合成抗生素、抗结核、胃肠道解痉与心血管等大类原料药和各类相应的制剂产品，各大类产品畅销欧洲、南美洲、非洲和东南亚的三十多个国家和地区。[1]

民生

民生创建于1926年，距今已有90多年历史，地址位于浙江省杭州市，是中国最早的四大西药厂之一，见证了中国西药制药的历史。创始人周师洛是一名爱国主义者，1920年毕业于浙江公立医药专门学校，回家乡浙江诸暨创办诸暨病院。1922年，其侄周思溥在杭州同春坊开设同春医院，周师洛负责主持。他有感于西医所需药材器械皆受制于他国，便立志振兴民族西药工业。1926年，与范文慰等七人集资6000银元成立同春药房股份有限公司，开设同春药房，并以民生制造厂化学药品部的名义对外销售自制针药。取名"民生"是为了推崇孙中山的"三民主义"，立祖训为"登民寿域，解人困苦"。

1930年，自制安瓿研制生产，从此结束了安瓿完全依靠进口的历史。此后开始扩大玻璃制品的生产。1932年，公司玻璃业务盈利已达5万银元。1936年，民生制造厂改名为民生药厂股份有限公司，同春药房为其一部分。资本累计至10万银元。1937年，资本达15万银元。抗日战争时期，当时上海的知名西药厂海普、新亚和信宜都原地不动，只有民生药厂迁往内地支援，辗转于浙江、安徽、福建和江西等省，历经磨难。1945年，抗战胜利后，迁回杭州。之后美国药品充斥国内市场，为了联合抗争，与上海海普、新亚和信宜三大西药厂合并成立上海联合制药厂，但也难以维持。

1949年新中国成立后，民生药厂获得了新生。1954年，公司改组更名为公私合营民生药厂股份有限公司，重新启用民生药厂厂名。1958年，民生药厂和国营浙江制药厂合并成立地方国营浙江民生制药厂。1959年，地方国营浙江民生制药厂更名为地方国营民生制药厂。1965年，民生制药厂更名为杭州制药厂。"文革"时期，经济效益严重倒退。1985年，恢复杭州民生药厂厂名。改革开放后，民生制药厂将工作重心转移到生产上来，积极开展技术改造并调整内部管理制度。1991年，儿药分厂开办。1993

---

[1] 资料来源于上海五洲药业股份有限公司官方网站。

年，杭州民生药业集团公司成立。在全国50家最大医药工业企业中排名第24位。1994年，兼并杭州药厂。

2000年，成立杭州民生药业集团有限公司，竺福江任董事长。[41] 2003年，组建杭州民生投资有限公司。2004年，"21金维他"被国家工商行政管理总局认定为中国第一个多维元素类产品驰名商标。2007年，杭州民生投资有限公司变更为杭州民生集团有限公司。2006年，民生被商务部认定为首批中华老字号企业。2009年，杭州民生药业集团有限公司更名为杭州民生药业有限公司，母公司为杭州民生医药控股集团有限公司。如今，杭州民生药业已是全国医药50强之一，成为具备专业化和现代化能力的国家大型骨干制药工业企业，主要药品种类有处方药（抗肿瘤药、抗乙肝、心血管类）、OTC（含维生素和保健品类）、大输液（包括特种输液）以及原料药等。❶

第三节　其他传统药店

马应龙

马应龙创办于明万历十年（1582年），距今已有430多年历史，店址位于湖北省武汉市，是中国现存历史较为悠久的药业老字号。创办者为河北定县人马金堂，回民，对中国传统医学，尤其是眼科有一定研究。经反复钻研，马金堂试制出了用料名贵讲究的"定州眼药"，麝香选用当门子，制炉甘石的用水要用定州八大名泉的"白果树"。制作方法也传内不传外、传男不传女，且择优而传。由于对红肿烂眼、见风流泪、老眼昏花、云翳白点、内外两障和胬肉攀睛等眼疾药效尚佳，又免费施予患者，不收坐诊酬劳，因此"定州眼药"深得百姓好评。

明朝末年，马金堂的后人马应龙在定州开店，以制售眼药为业，并将"定州眼药"改为"马应龙定州眼药"。清道光年间，马应龙的后人马万兴不满足于在定州发展，将眼药业发展到了北京，在前门外西河沿开了北京

---

❶ 资料来源于杭州民生药业有限公司官方网站。

马应龙眼药店，马应龙眼药得以进一步传播和发展。最初生意并不理想，但马万兴持之以恒，仍坚守阵地，数年后终于苦尽甘来，生意日渐兴隆，在京购置房产计三十多处，并开设有分店。后马万兴将制药绝技传给胞弟马生德之长孙马歧山。马歧山秉性诚笃、兢兢业业，得尽真传。

1915年，北京农商部国货展览会上，马应龙眼药以优质取胜。1919年，由于南方眼药市场需求量大增，马歧山几经辗转，选址武昌开办马应龙眼药店，作为南方的经营中心。店面虽不繁华，但却由于马应龙眼药的名声而门庭若市，且与许多省内外中药店建立了供销关系，在外省如湖南长沙、安徽安庆和广西柳州等地开设了分店。当时，进口眼药如英国的沃古林眼药冰、日本的老笃眼药水和大学眼药水等一度充斥国内市场，但马应龙眼药以它疗效可靠、适应症广泛和剂型独具民族特色等优势，有力地抵制了洋货，保持了竞争力，还远销东南亚诸国。

军阀混战时期，马应龙药店饱受摧残，几乎被搜刮殆尽，但其名声却始终不衰。1936年，马应龙眼药荣获实业部春季国货展览会优等奖，同年荣获南京铁道部国货展览会一等奖。抗日战争时期，药店生意发展缓慢。1952年，改名为马应龙制药厂。1956年公私合营后，生产工艺逐步革新，业务和品种渐渐扩大。1964年，制药厂迁至武昌南湖。1966年，改为武汉市第三制药厂。[42]

改革开放后，药厂锐意革新，既保留了传统的特色和规范，又根据新的形势研发出一系列新产品，如马应龙麝香痔疮膏等，现在仍是马应龙药厂的名牌产品。1994年，武汉第三制药厂改制为武汉马应龙药业集团股份有限公司。1995年，中国宝安集团入股马应龙。2002年，公司被湖北省科学技术厅评为国家中药现代化科技产业（湖北）基地骨干企业。2004年，马应龙药业集团有限公司股票在上交所上市。2005年，马应龙荣获"中国行业最具影响力品牌"。马应龙麝香痔疮栓被国家科学技术部火炬高技术产业开发中心评为"国家火炬计划重点项目"。2006年，武汉马应龙药业集团股份有限公司被商务部评为中华老字号企业，"马应龙"被中国商标局认定为驰名商标。2009年，马应龙被中国非处方药物协会评选为"中国非处方药品牌企业十五强"。2010年，马应龙荣获湖北省医药行业"生产企业十强"。2011年，"马应龙眼药制作技艺"入选国家级非物质文化遗产名录。在世界品牌实验室、世界经理人周刊联合评估的 2011 年"中国最具价值品牌 500 强"排行榜中，马应龙名列第 193 位，品牌价值达到 71.08 亿元。

如今的马应龙药业集团已成长为一家专业化医药类上市公司，以肛肠及下消化道领域为核心定位，拥有马应龙麝香痔疮膏、麝香痔疮栓和龙珠软膏等几十个品种的独家药品，可供生产的国药准字号药品超过 300 种。各类软膏年生产能力近亿支，栓剂生产能力过亿粒。据南方医药经济研究所研究数据表明，马应龙在痔疮药品零售市场的份额超过 40%，成为治痔领域的第一品牌。❶

九芝堂

九芝堂创办于清顺治七年（1650 年），距今已有近 370 年历史，地址在湖南省长沙市，是湖南历史最为悠久的中药业老字号。创办者为苏州人劳澄，退职后曾寄居长沙，时有疾疫肆虐，民生疾苦，劳澄便利用所熟之医道于清顺治七年（1650 年），在坡子街开设药铺，悬壶济世。因劳澄老先生晚年"绘天香书屋图，

图 6-3-2 九芝堂商标

植双桂，桂生芝九"，因此药铺名便取为"劳九芝堂"。清康熙六十一年（1722 年），其子劳楫迁来长沙，继承药铺。清乾隆四十年（1775 年），劳楫的孙子劳碌久继承药铺并将药铺进一步发扬光大。清同治年间，劳九芝堂为皇宫加工湖南荸荠粉、百合粉、白莲藕粉和玉兰片等贡品，使其逐渐成为湖南药业大户，月平均营业额达 4000 两纹银。清末民初，因为进贡业务取消，再加上家族矛盾，药店日渐衰落。1928 年以后，因为湖南连年农业收成大好，市场活跃，药店业务随之兴旺。1930 年，营业额达 18 万银元。

抗日战争初期，资本额累计达 40 万银元。1938 年文夕大火之后一直在夹缝中生存，业务持续萎缩。1956 年，公私合营，与中新联合制药厂合

---

❶ 资料来源于马应龙药业集团官方网站。

并组成劳九芝堂加工厂，启用"芝"牌商标。1959年，并入省内马应龙眼药店、陈力新堂、鄢复兴药店、张福泰和源泰祥等多家药业老字号，成立九芝堂制药厂，职工63人。1963年，生产的五积散酒、特种虎骨酒、蕲蛇追风酒和风湿药酒等产品曾远销香港、澳门等地区和东南亚。1966年，转为国营。1967年，改为长沙中药厂。1971年，改为长沙中药一厂。1989年，恢复九芝堂名号，年出口额达120多万美元。1992年，恢复长沙九芝堂制药厂厂名。1993年，九芝堂药铺在长沙市黄兴路开业。[43]1994年，改制为长沙九芝堂药业集团公司。1995年，兼并长沙市药材公司。1996年，与长沙神箭制药总厂组建长沙九芝堂（集团）有限公司。1991年至1996年连续被评为全国医药工业行业经济效益百强和湖南省工业企业经济效益百强，综合经济效益在湖南省医药行业排名第一。1999年，集团公司与国投药业投资有限公司、海南湘远经济贸易公司、湖南省医药公司和湖南长沙友谊（集团）有限公司等五家发起成立湖南九芝堂股份有限公司。

2000年，公司股票在深交所上市。2002年，荣获首届湖南省质量管理奖。2004年，"九芝堂"商标被国家工商行政管理总局商标局认定为中国驰名商标。2005年，被评为"2005年度中国最具文化价值品牌"。2006年，九芝堂股份有限公司被商务部认定为首批中华老字号企业。2008年，"九芝堂传统中药文化"被列入国家级非物质文化遗产保护目录。九芝堂选料上乘，制作考究，如蜂蜜必用水分少、浓度高的冬蜜；薄荷要用秋叶；黄丹要按季节下料，冬季少、夏季多；制膏时要趁热洒水入锅；制作灵宝如意丸时，天麻要用煮透姜汁等。九芝堂的传统中药炮制技术和传统制剂技术（包括独家的方剂、特有的中药炮制技术）代表了湖湘传统中药制药技术和方法的最高标准及水平。2009年，九芝堂再次被评为中国制药工业百强。2010年，获得国家火炬计划重点高新技术企业称号。

目前九芝堂股份有限公司是国家重点中药企业和国家重点高新技术企业，已经发展成湖南省内最大的医药企业，在全国中药行业中排名前20。公司主要从事补血系列、补益系列和肝炎系列等中药以及调节人体免疫力的生物制剂的生产与销售，主打产品为浓缩六味地黄丸、驴胶补血颗粒、斯奇康注射液、健胃愈疡片、补肾固齿丸、逍遥丸、小金丸、足光散、裸花紫珠片、杞菊地黄丸和乙肝宁颗粒等。

九芝堂始终秉承"九州共济、芝兰同芳"的企业理念，现已发展成为下辖20余家子公司，拥有300多家连锁门店，集生产、销售、科研、健康管理于一体的现代大型医药企业。截至2018年底，公司总资产达52.48亿元，净资产43.11亿元，2018年公司实现营业收入31.23亿元，上缴税费5.54亿元。连续六年入选中国最有价值品牌500强，始终位列湖南省中华老字号企业第一名。❶

廖元和堂

廖元和堂创办于清康熙四十九年（1710年），距今已有310年历史，地址位于贵州省遵义市，是贵州现存历史最为悠久的传统药业老字号。相传廖家先人廖品武乃江西省吉安县人士，迁至贵州省遵义板桥镇居住后，看到当下瘴气盛行，百姓缺医少药，便根据廖家祖传秘方潜心研制出一种朱红色水丸丹药，如梧桐子大小，对四时惊风、偏瘫、中风、癫痫和小儿高热惊风有特效，取名"化风丹"。清康熙三年（1664年），廖家通过特殊发酵处理，提高了药性，并使用了具有安神镇痉的朱砂，疗效大增。

清康熙四十九年（1710年），建立廖元和堂，正式开始使用廖元和堂化风丹的名号，并逐渐在云、川、黔、滇和桂各地声名远扬。此后，廖家传人在板桥和遵义先后设办了十几间分店。清光绪四年（1878年），建立元和利。1918年，设立廖仁和堂。1922年，在遵义设办老元和，在板桥设办天德堂。1936年，在板桥创办兄弟大药房。1938年，在遵义建立元和堂。1944年，在板桥开办天得堂。

抗日战争时期，由于廖元和堂化风丹疗效非凡，成为人们的必备药品。1953年，化风丹获批生产。1954年，遵义市和板桥镇六个廖家牌号组织联营后成立板桥化风丹制造厂。1956年，公私合营，厂名改为公私合营廖元和堂化风丹制造厂。1958年，化风丹制造厂、遵义市中药厂和遵义市西药厂合并成立地方国营遵义市制药厂，以生产化风丹为主，由廖家后人担任厂长，并将秘方献给了国家。"文革"期间，工厂处于瘫痪状态。改革开放后，又焕发了生机。

---

❶ 资料来源于九芝堂股份有限公司官方网站。

20世纪80年代，廖元和堂化风丹被评为贵州名牌，远销中国二十多个省份。1983年，成立遵义市侨联企业公司元和堂药厂。2003年，恢复廖元和堂名号，定厂名为遵义廖元和堂药业有限公司。2008年，"化风丹制作技艺"被列入第一批国家级非物质文化遗产扩展项目名录。2009年，公司获得国家级高新技术企业称号。2010年，贵州遵义廖元和堂药业有限公司（注册商标：廖元和堂）被商务部认定为中华老字号。如今的贵州遵义廖元和堂药业有限公司主要产品有廖元和堂化风丹和生精胶囊等9个国药准字号品种。❶

王老吉

王老吉创办于清道光八年（1828年），距今已有190多年历史，店址位于广东省广州市，是广东较为知名的以生产凉茶为主的药业老字号。创办者为王泽帮，小名阿吉。自幼继承祖业以药业为生。清道光八年（1828年），王泽帮配制成以岗梅根等十味中药为主的凉茶，在广州市十三行路靖远街开办了一个凉茶铺，借其乳名，取名叫"王老吉"。

图6-3-3　1870年的十三行，王老吉就是开办于这里

王老吉凉茶主治四时感冒、发烧发热、消暑解毒、去湿消滞和止渴生

---

❶ 资料来源于贵州遵义廖元和堂药业有限公司官方网站。

津,且凉而不寒、味苦回甘,非常适合广东的气候,所以颇得当地人喜爱,稍有不适,当地人就会饮杯凉茶,即使无病也可解渴。清道光二十年(1840年),凉茶铺开始生产王老吉茶包。其后,王泽帮之子又在广州其他地方开办了王老吉成记、王老吉祥记和王老吉远恒济分店,其孙在香港和澳门也开办了分店,并于清光绪二十三年(1897年)在香港注册了商标"杭线葫芦"。王老吉茶包远销国内北京、上海、广西、湖南、江西和湖北等地,后又传至东南亚各国。凉茶铺除了售卖凉茶外,还兼卖蔗水、生鱼葛菜汤和龟苓膏等。抗日战争时期,王老吉凉茶铺转至澳门经营。抗战胜利后,在广州市海珠中路复业。

新中国成立后,广州的王老吉凉茶铺成立了王老吉药厂。1956年,王老吉药厂兼并了生产各种茶的何天福、嘉宝栈、存仁堂、康寿堂、陈燃氏、卢薛昌和常炯堂,成立公私合营王老吉联合制药厂,厂址位于广州市十三行路故衣街。"文革"时期,药厂改名为广州中药九厂。1982年,改名为广州羊城药厂。1982年,该厂生产的保济丸获广东省优质产品称号。1983年,荣获国家银质奖。1987年,研制出王老吉冲服凉茶(颗粒),重新注册了"王老吉"商标。[44] 1992年,改制成为广州羊城药业股份有限公司。

2004年,恢复王老吉字号,正式更名为广州王老吉药业股份有限公司。2005年,通过与香港同兴药业合资转制为中外合资企业。2006年,广州王老吉药业股份有限公司(注册商标:王老吉)被商务部认定为首批中华老字号。同年,"凉茶"入选国家级非物质文化遗产保护名录,涵盖54个凉茶秘方及术语,其中包括邓老、王老吉、夏桑菊和黄振龙等品牌。2009年,王老吉位列中国医药工业百强榜第68位。

2010至2012年,王老吉与加多宝的品牌之争闹得沸沸扬扬,由于内部管理人员收受贿赂,险些让王老吉品牌流诸他人。2012年,中国国际经济贸易仲裁委员会判定广药胜诉,广药集团赢得王老吉商标。现广州王老吉药业股份有限公司是广州医药集团广州药业的子公司,主要产品包括食品和药品两大类。传统凉茶已经成为国人常喝的保健饮品之一。

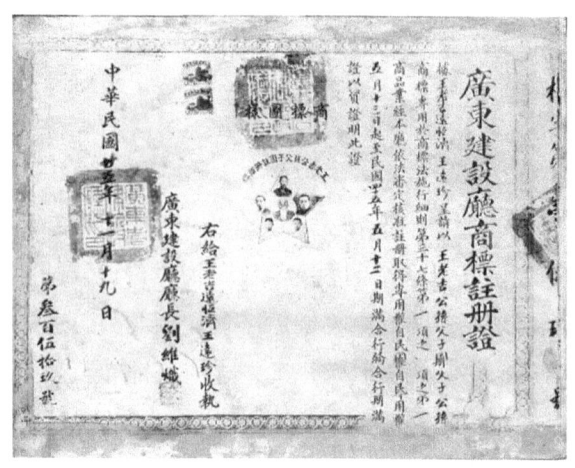

图6-3-4 1936年广东建设厅为王老吉颁发的商标注册证

老天祥

老天祥创办于清光绪十九年（1893年），距今已有120多年历史，店址位于辽宁省丹东市锦山大街，是丹东市历史最为悠久的传统药业老字号。时值安东（今丹东）开埠，四方客商云集于此。

清光绪十九年（1893年），山东人荆寿山瞅准商机，通过老家老字号天祥顺与当地老字号日生堂合伙，在安东开办了天祥福药店，占地1800平方米，从业人员40多人。天祥福的早期经营自成特点，以股份制为主。内设八大部门，分工合理有序：账桌，主管财会；大屋子，负责批发；栏柜，负责零售；西药部，负责进口药品；坐堂医，皆为中医，设有妇科、小儿科；西药诊室，有一名西药大夫、一名护士和一名药师；饮片加工室；丸散膏丹等成药的制造室。由于物美价廉，选料精细，又处于开埠之地，因此天祥福的生意日益兴隆。

1920年，店名改为天祥兴。1926年，改名为老天祥。1933年，老天祥药房始设西药专柜，药品种类达上百种。繁盛时期，老天祥曾在辽宁丹东市内和黑龙江牡丹江等地开设有分店，年净挣白银达两万两，在安东乃至东北地区都属药业大户。据说当年老天祥的坐堂名医多达5名，且各有绝招。据悉，1941年，朝鲜新义州总督的母亲病重，总督亲自驾车来安东请老天祥的大夫刘鼎臣去治病，经过近一周的精心诊治，其母痊愈。刘鼎臣回国时，总督一家跪地送行，称其为"活神仙"。日伪统治时期，由于实行中药材封锁政策，生意日渐萧条。

新中国成立后，复焕发生机。1955年，实现公私合营，更名为中国药材公司辽宁省安东分公司。1985年，恢复老天祥字号，改药店名称为丹东市医药公司老天祥大药房。[45] 1994年，老天祥大药房被国内商贸部认定为中华老字号，注册商标"老天祥"。2006年，丹东市老天祥大药房（注册商标：老天祥）被商务部认定为首批中华老字号。如今的老天祥大药房仍是丹东人心目中地位较高的传统药业老字号，制作和主营中药，兼营西药。坐堂中医医术高超，深受老百姓好评。

鹤年堂

鹤年堂创办于明朝永乐三年（1405年），距今已有610多年历史，可以称为北京历史最悠久的中药店。创办者为回族诗人、著名医学家丁鹤年。创办之初店铺坐落在宣武区（现西城区）菜市口大街铁门胡同迤西路北，骡马市大街西口，与丞相胡同相对，与回民聚居的牛街相邻。

创店初期，鹤年堂首开采制长白山人参、鹿茸、不老草的先河，并以"药材地道、炮制精良、药力麽足"而闻名于朝野。抗倭英雄戚继光所题的"调元气、养太和"一匾仍挂于鹤年堂内堂。明朝宰相严嵩为感谢鹤年堂使之恢复体力、精神，特提写匾额，现在鹤年堂的匾额据说就是严嵩的手迹。❶ 清朝时期，鹤年堂曾开设四家分号，寓意"五鹤朝天"，因老号在城西，后更名为"西鹤年堂"。[46]

1927年，出身医药世家的刘一峰出资五万银元盘下西鹤年堂，在严格选药、精细加工及卫生标准和账簿管理等方面进行了大刀阔斧的改革，又增加了其父刘辅庭（曾任同仁堂经理）提供配方的几种新药酒，如橘红药酒、佛手药酒、玫瑰药酒和茵陈药酒等。

1929年至1936年间，鹤年堂在东安市场、西单商场等附近开设了两家支店，又在西安市鼓楼前开设了第三家分店。三家分店和总店一样生意兴隆，可谓发展至鼎盛。当时老北京流传着这样一句话："要吃丸散膏丹，

---

❶ 也有说"鹤年堂"原是严嵩为府上一个厅堂所题之字，后被药店主人使用，悬挂至今。

请到同仁堂；要吃汤剂饮片，请到鹤年堂。"《旧都文物略》中记载："同仁堂、西鹤年堂药铺，皆数百年营业，声闻全国。近虽西药林立，即同仁、鹤年二家家族，于平市四城设分肆无数，而购药者不约而同趋前门及菜市口两处。"[47]《旧京琐记》也曾记述："熟药铺则菜市口之西鹤年堂、大栅栏之同仁堂，每年所作膏丹行之各省，亦至钜万。"[48]

鹤年堂的成功有其独具优势之处，比如药材选取强调一定要正品，每年春冬两季派人赴祁州（河北安国县）全国药材集散中心采购名贵药材，一般药材由北京各大药行货栈供应，特殊药材则去产地选购，比如金银花去河南采购，要求花嫩、尖硬，未开朵。加工药品也有着特殊工艺，比如制作大熟地、何首乌等，要用黄酒反复蒸制，直到内软有糖心。鹤年堂还在每一味药的包装内放一张"图说内票"，上面印着药材的药名、产地、气味、药效、图形等，便于患者了解和使用药品。

除了药品质量上乘，鹤年堂的管理也很有特色。比如要求每一位新入店的员工，按照梨园科班的形式，排字命名，店里曾先后排了 10 个字，即西、鹤、年、永、茂、东、鹿、寿、康、宝。再如，员工工资由 1 至 15 元不等，除工资外，每月还有销售额提成，全体员工提 14%，再分等级按每人所得分数进行分配。一般门市部售丸药的提 7%，售水药的提 14%，售参茸的提 5%，有了销售提成，有的员工甚至比经理工资还要高，充分调动了药店每一位员工的积极性。鹤年堂的工资高，福利也好，员工享受理发免费、笔墨纸、茶叶、火柴、手纸免费、膳食免费等等，员工病假期间工资照发，药费不超过 10 元的话，药店会全部支付，家属用药享受 7 折优惠。

1949 年 9 月，刘一峰当选为中国人民政治协商会议第一届委员。1954 年，鹤年堂与同仁堂等一起，率先进行公私合营。而后曾易名为人民药店、菜市口中药店。1976 年，恢复药店原名鹤年堂。[49]2002 年至 2004 年，鹤年堂经济体制改造基本完成，注册了"北京鹤年堂医药有限责任公司"，注册资金 1000 万元，开始了二次创业的历程。2006 年，鹤年堂被商务部认定为"中华老字号"。2008 年，"鹤年堂中医药养生文化"被列入国家级非物质文化遗产名录。鹤年堂提出养生应以"调"为主，调元气、养太和。用多种方法作为调的手段，最终达到养太和的境界。其养生酒、养生茶、养生药膳、养生功法、养生食疗、养生药浴等养生方法集天下之大成，在防病健体、预防衰老、延年益寿方面有着独特的优势和效果。

六百年来，鹤年堂的掌门人历经四大家族共17代。如今在政府的重视支持下，鹤年堂充分发挥中华老字号的优势，溯根源、挖祖方、重文化、求创新、树品牌，大力宏扬五千年中医药养生文化，已发展成包括鹤年堂医药有限责任公司、鹤年堂中医药（养生）研究院、鹤年堂中医门诊、老年病防治中心、鹤年堂连锁药店、鹤年堂（吉林）参茸制品有限公司、鹤年堂（广东）中药材批发中心、鹤年堂科技发展有限公司、天津鹤年堂健康饮品公司、鹤年养生品牌推广项目管理机构等以中医药产业为龙头、以养生保健项目和产品为主的综合性健康养生产业集团，年销售逾亿元。[50]

注释：

[1]《周礼·天官冢宰第一》。

[2] 转引自周左峰：《论"药市"之起源》，《中医药导报》，2011年第10期。

[3]（唐）李肇：《唐国史补·卷中》。

[4]（宋）孟元老撰，邓之城注：《东京梦华录注》卷之一《大内》，中华书局，1982年版，第41页。

[5]《宋史·卷一六五》。

[6]（宋）吴自牧：《梦梁录》卷九。

[7]（宋）孟元老撰，邓之城注：《东京梦华录注》卷之三《马行街北诸药铺》，中华书局，1982年版，第82页。

[8] 参见（宋）吴自牧：《梦梁录》卷十三。

[9]（明）宋应星：《天工开物·卷下》。

[10]（民国）汤用彬：《旧都文物略》，北京古籍出版社，2000年版，第255页。

[11]（民国）夏仁虎：《枝巢四述·旧京琐记》卷九，辽宁教育出版社，1998年版，第126页。

[12] 孔令仁、李德征主编：《中国老字号》（第九卷），高等教育出版社，1998年版，第347页。

[13][15] 参见孔令仁、李德征主编：《中国老字号》（第九卷），高等教育出版社，1998年版，第348—349页。

[14] 孔令仁、李德征主编：《中国老字号》（第九卷），高等教育出版社，1998年版，

第 350 页。

[16] 孔令仁、李德征主编：《中国老字号》（第九卷），高等教育出版社，1998 年版，第 349 页。

[17] 参见孔令仁、李德征主编：《中国老字号》（第九卷），高等教育出版社，1998 年版，第 157 页。

[18] 参见涂德深：《叶开泰药店的发展历史》，《湖北文史》，2005 年，第 1 期。

[19] 王默：《买药要买"叶开泰"》，长江日报，2005 年 1 月 4 日。

[20][21][22] 涂德深：《叶开泰药店的发展历史》，《湖北文史》，2005 年，第 1 期。

[23] 参见孔令仁、李德征主编：《中国老字号》（第九卷），高等教育出版社，1998 年版，第 158—159 页。

[24] 孔令仁、李德征主编：《中国老字号》（第九卷），高等教育出版社，1998 年版，第 159 页。

[25][26] 参见余汉民：《从叶开泰药室到健民集团风风雨雨数百年》，《武汉文史资料》，1999 年，第 1 期。

[27] 参见孔令仁、李德征主编：《中国老字号》（第九卷），高等教育出版社，1998 年版，第 245 页。

[28] 参见中国人民政治协商会议北京市委员会文史资料研究委员会编：《驰名京华的老字号》，文史资料出版社，1986 年版，第 4—5 页。

[29] 孔令仁、李德征主编：《中国老字号》（第九卷），高等教育出版社，1998 年版，第 246 页。

[30] 段炳仁主编，王红著：《老字号》，北京出版社，2006 年版，第 161 页。

[31] 参见段炳仁主编，王红著：《老字号》，北京出版社，2006 年版，第 161 页。

[32] 参见侯式亨编著：《北京老字号》，中国环境科学出版社，1991 年版，第 400—401 页。

[33] 参见孔令仁、李德征主编：《中国老字号》（第九卷），高等教育出版社，1998 年版，第 246—248 页。

[34][35][36] 参见孔令仁、李德征主编：《中国老字号》（第九卷），高等教育出版社，1998 年版，第 366—370 页。

[37] 参见陆峰、陈婉丽、徐敏编：《杭州老字号系列丛书·医药篇》，浙江大学出版社，2008 年版，第 157 页。

[38] 参见张继焦、丁惠敏、黄忠彩主编：《中国"老字号"企业发展报告》，社会科

学文献出版社，2011年版，第287—288页。

[39] 参见孔令仁、李德征主编：《中国老字号》（第九卷），高等教育出版社，1998年版，第102—106页。

[40] 参见孔令仁、李德征主编：《中国老字号》（第九卷），高等教育出版社，1998年版，第93—98页。

[41] 参见陆峰、陈婉丽、徐敏编：《杭州老字号系列丛书·医药篇》，浙江大学出版社，2008年版，第227—249页。

[42] 参见孔令仁、李德征主编：《中国老字号》（第九卷），高等教育出版社，1998年版，第67—70页。

[43] 参见孔令仁、李德征主编：《中国老字号》（第九卷），高等教育出版社，1998年版，第293—298页。

[44] 参见孔令仁、李德征主编：《中国老字号》（第九卷），高等教育出版社，1998年版，第74—77页。

[45] 参见孔令仁、李德征主编：《中国老字号》（第九卷），高等教育出版社，1998年版，第217—220页。

[46] 参见段炳仁主编，王红著《老字号》，北京出版社，2006年版，第163页。

[47] （民国）汤用彬：《旧都文物略》，北京古籍出版社，1999年版，第255页。

[48] （民国）夏仁虎：《枝巢四述·旧京琐记》卷九，辽宁教育出版社，1998年版，第124页。

[49] 参见孔令仁、李德征主编：《中国老字号》（第九卷），高等教育出版社，1998年版，第543—547页。

[50] 参加商务部中华老字号信息管理平台网站：http：//zhlzh.mofcom.gov.cn/index.jsp。

附录　老字号目录索引
（按首字汉语拼音为序）

百津（福建永春老醋） …… 34	鹤年堂 …… 237
宝发园 …… 87	亨得利 …… 122
宝庆 …… 115	恒顺 …… 32
宝时 …… 128	胡开文 …… 161
保宁 …… 31	胡魁章 …… 163
北京证券交易所 …… 206	胡庆余堂 …… 221
长清斋（风筝魏） …… 143	火宫殿 …… 67
陈李济 …… 213	剑南春 …… 41
萃华 …… 123	锦华丽 …… 146
大德恒、大德通 …… 200	九芝堂 …… 231
大盛祥 …… 26	聚兴诚 …… 206
大益 …… 57	孔雀 …… 119
德昌源 …… 27	奎元馆 …… 81
德大西菜社 …… 95	老边饺子 …… 73
东来顺 …… 85	老凤祥 …… 117
都锦生 …… 148	老龙口 …… 42
都一处 …… 70	老天祥 …… 236
仿膳 …… 90	李占记 …… 126
阜康 …… 197	醴泉居 …… 23
狗不理 …… 77	莲香楼 …… 83
广州酒家 …… 91	廖元和堂 …… 233
桂馨斋 …… 25	六必居 …… 21
合盛元 …… 196	龙抄手 …… 92

楼外楼	76	王麻子	135
马家烧麦	71	王星记	139
马聚源	101	王一品斋	158
马应龙	229	王致和	24
毛源昌	120	吴良材	114
茅台	37	吴裕泰	56
民生	228	吴肇祥	57
内金生	111	五粮液	39
内联升	103	五星	48
清和元	65	五洲	226
全聚德	79	西泠印社	173
全素斋	88	咸亨酒店	84
日升昌	194	谢裕大	53
荣宝斋	155	信孚	105
瑞蚨祥	106	杏花村	40
三晋源	197	杨柳青	151
三枪	112	叶开泰	216
砂锅居	67	一得阁	167
商务印书馆	171	义聚合	203
邵芝岩	165	义善源	201
沈广隆	145	益源庆	29
沈阳造币厂	203	源丰润	199
沈永和	44	张小泉	138
盛锡福	109	张裕	45
孙义顺	51	正兴德	52
太平馆	94	正阳楼	75
陶陶居	82	知味观	89
天顺祥	198	中国铅笔厂	179
天有信	103	中国通商银行	205
同和裕	202	中国宣纸集团公司（红星）	182
同仁堂	218	中和福	55
鸵鸟	177	中华书局	175
王老吉	234	中西	225

参考文献

（以时间为序）

[1] 曾纵野. 中国名酒志 [M]. 北京：中国旅游出版社，1980.

[2] 吴慧. 中国古代商业史 [M]. 北京：中国商业出版社，1983.

[3] 中国人民政治协商会议北京市委员会文史资料研究委员会. 驰名京华的老字号 [M]. 北京：文史出版社，1986.

[4] 谢牧，吴永良. 中国的老字号 [M]. 北京：经济日报出版社，1988.

[5] 侯式亨. 北京老字号 [M]. 北京：中国环境科学出版社，1991.

[6] 孔令仁，李德征. 中国老字号 [M]. 北京：高等教育出版社，1998.

[7] 曹源. 老字号的文化底蕴 [M]. 北京：中国时代经济出版社，2003.

[8] 李文滨. 老字号 [M]. 济南：山东画报出版社，2004.

[9] 齐守成. 盛京老字号 [M]. 沈阳：沈阳出版社，2004.

[10] 童书业. 中国手工业商业发展史 [M]. 童教英校订. 北京：中华书局，2005.

[11] 郑孝时，孔阳. 明清晋商老字号 [M]. 太原：山西经济出版社，2006.

[12] 王正志，等. 中华老字号——认定流程、知识产权保护全程实录 [M]. 北京：法律出版社，2007.

[13] 宋宪章. 杭州老字号系列丛书·美食篇 [M]. 杭州：浙江大学出版社，2008.

[14] 赵大川. 杭州老字号系列丛书·百货篇 [M]. 杭州：浙江大学出版社，2008.

[15] 陆峰，陈婉丽，徐敏. 杭州老字号系列丛书·医药篇 [M]. 杭州：浙江大学出版社，2008.

[16] 黄小杭，陈天堂，崇岩，杨凯，张根芳. 金华老字号 [M]. 北京：方志出版社，2010.

[17] 戎彦. 浙江老字号 [M]. 杭州：浙江大学出版社，2011.

[18] 张继焦，丁惠敏，黄忠彩. 中国"老字号"企业发展报告 [M]. 北京：社会科学文献出版社，2011.

[19] 夏挽群，程健君. 河南老字号 [M]. 郑州：大象出版社，2011.

[20] 王成荣，李诚，王玉军. 老字号品牌价值 [M]. 北京：中国经济出版社，2012.